沈从文的最后40年

李扬 著

浙江人民出版社

只 为 优 质 阅 读

好
读
—————
Goodreads

1922 年沈从文在保靖

20 世纪 30 年代沈从文北平留影

1933 年 9 月，沈从文在北平前门火车站为来参加自己婚礼的黄村生表弟送行

1933 年，沈从文和张兆和婚后在北京

1950 年，沈从文与黄永玉在北京

1946 年，沈从文（后排右二）与张家姐妹以及连襟合影

目录

引子

玄黄未定之际

1

1946年5月4日，在战争中临时组合起来的西南联合大学宣告解散，北京大学、清华大学、南开大学三所学校的教职员工各自返归原校，沈从文被北京大学国文系聘为教授。

7月12日，沈从文全家乘飞机从昆明飞抵上海。但在上海他听到的却是昆明发生惨案的消息：7月11日晚上，李公朴偕夫人外出时，被云南警备司令部的特务暗杀，次日凌晨不治身亡；7月15日，闻一多在参加完李公朴的追悼会后，在归途中又被特务枪杀。这消息让沈从文万分震惊，事情很明显，抗日战争虽然结束了，但内战的阴霾依然笼罩在中国大地上。沈从文忧虑的是，战争并不是解决问题的办法，他曾经在给巴金的信中说过："你即或相信法国革命大流血，那种热闹的历史场面还会搬到中国来重演一次，也一定同时还明白排演这历史以前的酝酿，排演之时的环境了。使中国进步，使人类进步，必这样排演吗？能够这样排演吗？你提历史，历史上一切民族的进步，皆得取大流血方式排演吗？阳燧取火自然是一件事实，然而人类到今日，取火的简便方法多得很了。人类光明从另外一个方式上就得不到吗？人类光明不是从理性更容易得到吗？"[1] 在他看来，"因之书呆子所表现的社会理想和文学观，虽似乎并不曾摇动过当时用武力与武

---

[1] 《给某作家》，《沈从文全集》第17卷，第222页，北岳文艺出版社2002年版。
说明：除特别注明外，本书所引沈从文作品均出自这一版本，引文个别字词等按现代汉语标准略有改动。

器统制的军阀社会，却教育了一代年青人，相信社会重造是可能的，而武力与武器能统制这个国家，却也容易堕落腐烂这个国家民族向上向前的进取心！"[1] 李、闻惨案的发生，越发使得沈从文忧心如焚，从这两个不幸事件中，他看到的是国家明日更大的不幸。为此他写下了对昆明惨案表示极大关注的《怀昆明》，指出：此时主持昆明军事和地方警务的湖南人"如何使这件事水落石出，彻底清楚……实在其责任和义务待尽"[2]。

在上海，沈从文见到了多年未见的老朋友巴金、李健吾、郑振铎，席间自然会谈到未来的局势和个人的打算，大家都不同意沈从文回北平工作，因为目前的北京大学关系复杂，而教学也不是沈从文最擅长的，与其到那里为难，还不如留在上海，看看时局的走向，再定取舍。沈从文是个一诺千金的人，既然答应了北京大学国文系的聘请，就应该履约，权衡之下，他还是决定返回北平。

马上就要返回北平了，而北平的情形又怎么样呢？还是自己熟稔的那个北平城吗？在这种情绪下，沈从文写了《忆北平》。作为一个崇尚自然、歌咏理想的"乡下人"，他渴望过上宁静的生活，但不安定的时局，却使他的大半生一直在颠沛流离中度过。好不容易盼到抗日战争胜利了，但还没有容他喘一口气，内战又来了。在这篇文章中，沈从文祭出了"理性"的旗帜，走上了反对"战争"的道路：

> 若知从远处深处看，可就得承认要理性，要想方设法使理性完全抬头，从武力武器以外求各种合理解决，这个国家的明日方

① 《编者言》，《沈从文全集》第 16 卷，第 448 页。
② 《怀昆明》，《沈从文全集》第 12 卷，第 227 页。

好办！不仅负责方面要理性，在野各方面，凡对于国家人民稍具爱与不忍之心，想把团体或个人能力和一腔热忱加上去，堆上去，黏上去，有所表示时，也需要理性，凡一举一动都得谨慎！①

在文章的最后，沈从文呼吁美国驻中国大使司徒雷登注意孙中山"革命家的真挚热情，和政治家的宽宏气度"：

孙先生难道当真就死了吗？为了中国，他应当还活着，他的意见，他的理想，还必须在一切有清明头脑与做人良心的中国人心中好好活着。中国要得救，这一点十分重要。倘若这种意见在国人已成为老生常谈，决不能有何反应时，我还希望刚刚上任的司徒雷登大使先生能好好记住。司徒先生过去个人是中国人的朋友，现在且是美国和中国友谊的代表……司徒先生今年已七十过一，据闻学校职务本来即拟退休，今当此大暑天气，不仅不能休息，还冒暑往返南京和牯岭，为中国当前和明日而奔走，可知耶稣、孔子之"爱"与"不忍"，已深中于心。明白中国青年和美国青年一样，决不宜从任何内战方式中再作广大牺牲。但事极显明，目前实已到一个严重关头，即中国战争的毒瘤，随时会恶化，会爆裂，若不即早设法，中国大规模战争既无从避免，美国明日也就决不能避免不重新卷入战争！司徒先生若体念及人类死亡流血之愚蠢可悯，以及残酷可怕，一定会承认除认识耶稣、孔子外，还必须注意到中山先生的理想，与中国国运荣枯及世界安定，实如何不可分！

---

① 《忆北平》，《沈从文全集》第12卷，第271页。

但当他于 1946 年 8 月 27 日乘飞机返回阔别整整 9 年的北平时，他发现这一切只不过是空想。他看到了天安门前停靠的用来发动战争的美国坦克，发现了中国的政治中心和商业中心与"老米"（美国）的密不可分。在中国，"权势"和"财富"甚至都可以改作"美国"，他切实地感受到了这个东方帝国的没落。但他最为担心的还是战争。当他 8 月 31 日接受《大公报》记者子冈、徐盈采访的时候，表示自己"一生最怕听打杀之类的事"。他隐隐约约听到了过去的老朋友丁玲批评自己"与人民脱节"，但他不以为这是在伤害他，因为丁玲在 20 世纪 30 年代初就这样说他。即便对于与自己的生活方式格格不入的"向人民学习，为人民服务"以及写作"题材直接汲取于农工且就正于农工的创作方法"，他也不表示反对。沈从文心里很明白，自己要自由，首先就要给予别人自由。但他疑惑的是，"丁玲他们为什么去了，反倒没有什么作品了呢？"①

　　此时，沈从文并不知道来访的彭子冈和徐盈夫妇是中共地下党员，他只知道这两位写得一手好文章，"钦佩得很"，他还曾经把他们的文章选入自己编写的教科书中。当他拿到彭子冈的小说稿《惆怅》的时候，尽管作品流露出了对生活在解放区的革命干部的怀念，生性不怕邪的他还是将它在《大公报·星期文艺》上刊登了。三个人谈得很投机，成为知心朋友，他甚至觉得徐盈对时局的意见，要比"张东荪、梁漱溟二老具体。言重造，徐先生的意见，也比目下许多专家、政客、伟人，来得正确可靠！"②

　　9 月，北平的秋季是色彩斑斓的，但沈从文已无心像郁达夫那样

---

①　参见子冈：《沈从文在北平》，《大公报》（上海）1946 年 9 月 19 日。

②　《复黄灵》，《沈从文全集》第 18 卷，第 450 页。

赏玩故都的秋天。在金色的秋天里，他看到的却是无处不在的战争阴影：

十月已临，秋季行将过去。迎接这个一切沉默但闻呼啸的严冬，多少人似乎尚毫无准备。从眼目所及说来，在南方有延长到三十天的满山红叶黄叶，满地露水和白霜。池水清澄、明亮，如小孩子眼睛。这些孩子上早学的，一面走一面哈出白气，两手玩水玩霜时不免冻得红红的，于是冬天真来了。在北方则大不相同。一星期狂风，木叶尽脱。只树枝剩余一二红点子，柿子和海棠果，依稀还留下点秋意。随即是负煤的脏骆驼，成串从四城涌进。（从天安门过身时，这些和平生物可能抬起头，用那双忧愁小眼睛望望新油漆过的高大门楼，容许发生一点感慨："你东方最大的一个帝国，四十年，什么全崩溃下来了。这就是只重应付现实缺少高尚理想的教训，也就是理想战胜事实的说明。而且适用于任何时代任何民族。后来者缺少历史知识，还舍不得这些木石堆积物，从新装饰，用它来点缀政治，这有何用？"也容许正在这时，忽然看到那个停于两个大石狮前面的一件东西，八个或十个轮子，结结实实。一个钢铁管子，斜斜伸出。一切虽用一片油布罩上，这生物可明白那是一种力量，另外一种事实，——美国出品坦克。到这时，感慨没有了。怕犯禁忌似的，步子一定快了一点，出月洞门转过南池子，它得上大图书馆卸煤！）还有那个供屠宰用的绵羊群，也挤挤挨挨向四城拥进。说不定在城洞前时，正值一辆六轮大汽车满载新征发的壮丁由城内驶出，这一进一出，恰证实古代哲人一生用千言万语也说不透澈的"圣人不仁"和"有生平等"。——于是冬天真来了。

这篇文章发表于9月22日（农历八月），按照时令刚刚进入秋分时节，离冬天尚远，远没有达到草木凋零的地步。不过，作家的这种描写似乎与时令无关，它只是作家的心境进入"冬季"的一个信号罢了。"北平缺少得十分严重的不仅是煤。煤只能暖和身体，无从暖和这大城中过百万人疲乏僵硬的心！"沈从文反对战争，但天安门前的坦克、运送新兵的汽车……处处昭示着战争的来临，"五十万人在东北在西北的破坏，若尚不能引起我们的关心，北平的文物和知识，恐当真的就只能供第五颗原子弹作新武器毁旧文明能力的测验！"在他眼里，只要是战争，除耗损国家民族力量、导致生灵涂炭外，别无他用，人民实在太累了，要的是休息，慢慢才能恢复元气。正是带着这种悲悯与博爱的心态，原本不过问政治的沈从文走上了坚决反对战争的道路。①

在这一时期，沈从文把主要精力放在了政论文写作上，把自己反对党争、反对战争的态度公之于众。尽管是政府的军队率先挑起了全面内战，但沈从文对这"在朝""在野"的两方面都有微词。长期以来，他既不满于国民政府的统治，同时对共产党领导的解放区也有着相当的隔膜。他既不想区分"革命"与"反革命"，也不愿去谈什么"正义"与"非正义"，只是把国共双方的战争看作"数十万同胞在国内各处的自相残杀"②；而那些"用武力推销主义寄食于上层统治的人物，都说是为人民，事实上在朝在野却都毫无对人民的爱和同情"③。这种认识导致了沈从文对所有的党派都抱有本能的反感。

在他眼里，政治最怕"反对"，而特别需要"拥戴"，对于一个

---

① 《北平的印象和感想》，《沈从文全集》12卷，第279—286页。
② 《编者言》，《沈从文全集》第16卷，第447页。
③ 《从现实学习》，《沈从文全集》第13卷，第395页。

秉持自由主义立场的写作者来说，这是最要不得的。他晚年在跟王亚蓉谈话时曾经重申了这一点："什么处，什么协会，笔会，兼一个，兼一二十个的有的是。能干的不可能凭空生成，不可能，总要有一个过程的。有些人还看不出来，从延安跑到南京，告、争得厉害……内部勾心斗角，我也可以参加，不参加也没什么，参加就出不来了，不过唯一的就是少了机会让人家伺候我。……张先生都看不起这些，我要是热心这个，不知做国民党中央委员做多久了。我那些朋友都是中央委员，什么原因呢？我看到北京大革命前搞党争啊，坐椅争啊，为了这个，争得不可开交。"[1]他曾经以论辩的方式阐明了自己脚踏实地做一个"投稿家"的志向：

> "老弟，不用写文章了。你真太不知道现实，净作书呆子做白日梦，久想产生伟大的作品，那会有结果？不如加入我们一伙，有饭吃，有事做，将来还可以——只要你愿意，什么都不难。"
> "我并不是为吃饭和做事来北京的！"
> "那为什么？难道当真喝北风，晒太阳，可以活下去？欠公寓伙食账太多时，半夜才能回住处，欠馆子饭账三五元，就不大敢从门前走过，一个人可以如此长远无出息地活下去？我问你。"
> "为了证实信仰和希望，我就能够。"
> "信仰和希望，多动人的名词，可是也多空洞！你就呆地守住这个空洞名词拖下去，挨下去，以为世界有一天忽然会变好？老弟，世界上事不那么单纯，你所信仰希望的唯有革命方能达到。

---

[1] 沈从文：《论公平还是读者公平》，载王亚蓉编《沈从文晚年口述》，陕西师范大学出版社2003年版，第183—184页。

革命是要推翻一个当前，不管它好坏，不问用什么手段，什么方式。这是一种现实。你出力参加，你将来就可做委员，做部长，什么理想都可慢慢实现。你不参加，那就只好做个投稿家，写三毛五一千字的小文章，过这种怪寒碜的日子下去了。"

"你说信仰和希望，只是些单纯空洞名词，对于我并不如此。它至少将证明一个人由坚信和宏愿，能为社会做出点切切实实的贡献。譬如科学……"

"不必向我演说，我可得走了。我还有许多事情！四点钟还要出席同乡会，五点半出席恋爱自由讨论会，八点还要……老弟，你就依旧写作你的杰作吧，我要走了。"

时间于是过去了，"革命"成功了。现实使一些人青春的绿梦全褪了色。我那些熟人，当真就有不少凭空做了委员，娶了校花，出国又回国，从作家中退出，成为手提皮包，一身打磨得光亮亮小要人的。但也似乎证实了我这个乡下人的呆想头，并不十分谬误。做官固然得有人，做事还要人。挂个作家牌子，各处活动，终日开会吃点心固然要人，低头从事工作更要人。守住新文学运动所提出的庄严原则，从"工具重造"观点上有所试验，锲而不舍的要人，从"工具重用"观点上，把文学用到比宣传品作用深远一些，从种种试验取得经验的尤其要人。革命如所期待的来临，也如所忧虑加速分化。①

唯其如此，从事写作二十多年来，沈从文才能一直恪守着自由主义立场，采取不党、不群的态度，即使机会摆在面前，他也婉言谢绝。

---

① 《从现实学习》，《沈从文全集》第13卷，第378—380页。

民盟曾邀他入盟，被他婉拒了。① 其真正的原因在一封信中谈得更透彻："为争取群众，以北大作对象，凡值得糟蹋的自由主义者，总想法来一手，在他们自己学校中，却与党员教授如鱼得水，免得因内部冲突减少作用。这就是政治！"②1948 年，当钱昌照筹办中国社会经济研究会的时候，萧乾曾经来到沈从文住处，邀请他参加中国社会经济研究会的刊物《新路》的筹办，并在发起人的名单上签名。沈从文看着眼前的名单，"眉间起了一丝阴云，心里起了一点忧郁，几分怀疑。'我不参加。'他轻轻地却又断然决然地说"③。他对自己的处境很明白，"我很恼怒了一些人。我的不入帮态度有时近于拆台，我的意见又近于不喝彩，而我的写作恰恰又'都要不得'"④。

从当时的时局来说，沈从文这些充满了书呆子气的议论着实有些"不识时务"。在风云变幻的战争年代里，他既不懂得察言观色，也不懂得随行就市，一心想着推销他的自由主义文学运动，致力于创造一个吃政治饭的越来越少、知识理性完全抬头的和平世界，结果使"在朝""在野"的所有党派都把他看作"对头"。对沈从文的激扬文字，远在上海的巴金、李健吾着实为这位老朋友捏着一把汗，他们

① 1950 年，沈从文在华北人民革命大学毕业时所作的传记中曾经提及此事："到他（指闻一多）已经在行动时，想邀我入民盟，还和某兄（指吴晗）特意下乡来谈了一次，没有结果。原因极简单，我认为我还是只宜于写小说，能处理文字，可不善处理人事。"（《沈从文全集》第 27 卷，第 91 页）在晚年与美国学者金介甫的对话中再次谈到这一点，抗日战争胜利以后，闻一多曾和吴晗一同到沈从文的乡下小屋，"跟我谈让我参加民盟。我说我不懂，我可以做文章。我不懂实际上怎么做"。（《沈从文晚年口述》，第 155 页）

② 《致阙名朋友》，《沈从文全集》第 18 卷，第 468 页。此信缺收信人姓名，从上下文看，可能是写给萧乾的；这里的党员指国民党党员。

③ 凌宇：《沈从文传》，北京十月文艺出版社 1988 年版，第 413 页。

④ 《政治与文学》，《沈从文全集》第 14 卷，第 254 页。

让当时正在上海的汪曾祺给沈从文写信，劝他不要再写这样的杂论，还是写他的小说为好。汪曾祺为此连写两信，说服自己的老师不要再写这样得罪人的文章，[①] 但已经是覆水难收，革命作家对沈从文的批判早已蓄势以待了……

---

① 汪曾祺：《沈从文转业之谜》，载巴金等著《长河不尽流——怀念从文》，湖南文艺出版社 2018 年版，第 162 页。

2

沈从文关乎时政的论文只不过是使他遭受批判的诱因，更直接的原因还是沈从文长期以来对革命文艺的不满意的态度。他的许多文章中都流露出了这种情绪，他总是觉得革命文艺与政治的关系过于紧密，总是变来变去，没有多少实际的价值可言。

沈从文在接受了子冈的采访以后，当年10月，他又接受了《益世报》记者的采访，后者把访谈记录以《学者在北平——沈从文》为题发表在1946年10月26日的《益世报·益世副刊》上。在这篇访谈中，沈从文对过去曾经写过文章，现在却到处"出风头"的作家表示"爱莫能同意"，而对那些默默地坚持工作的作家表示了由衷的敬意。更致命的是，沈从文把参加革命的作家与"出风头"联系起来：郭沫若"飞莫斯科"、凤子"穿得花红柳绿跑到苏联大使馆去朗诵诗"、丁玲"到铁矿上去体验工人生活"、何其芳"到延安后，把心力花费在政治上了""李辰冬与光未然都沾点政治气氛"……在沈从文看来，这些作家都是"随政治跑的"，而"很多文学天才都葬送在这上面了"。在他眼里，"文学是可以帮助政治的，但是用政治干涉文学，那便糟了"，"假若国家把作家都放在宣传部里，那成什么样子"！① 这几乎是一篇对具有代表性的"革命作家"进行点名批评的文章，同样是谈解放区文学，其口吻比子冈采写的《沈从文在北平》中的口吻严厉

---

① 姚卿祥：《学者在北平——沈从文》，《益世报》1946年10月26日。

多了，而该文此后又在沈从文不知情的情况下被《侨声报》转载，更大大地扩大了它的"影响"。

对此，沈从文曾在给朋友的一封信中大吐苦水，"四个月来，一大堆访问记，都从莫名其妙情形中转成上海报纸资料，如说巴金不问国事，如说西谛，如说凤子，断章附会，都成瞎说。到之琳来，方知道还多为《侨声报》故意大大登载。又这里一某某，又说我提拔的萧乾如何如何，我想生平从不曾如此说，怎么会有这类语气？"[①]但不管这些话是被记者"断章附会"，还是被人施展了欲擒故纵之计，反对"文学"与"政治"联姻确实是沈从文的一贯立场。他曾经在一封信中更是把抗日战争时期没有"处理得特别好的作品问世"的原因归因于"政治社会意识"对作家的"操纵"。"30 年来做参谋的，做秘书的，……应当有许多人都可以在环境中培养出一个作家的头脑，可是很少有用笔的，只因为不曾有个用笔习惯，所以抗战八年，这部分悲壮伟大场面，本应由他们加以处理而得到极好成就的工作，至今还无什么作品，真十分可惜！本应有三十、五十部《西线无战事》作品，事实上却一个还没有。至于要职业作家来执笔，职业作家也实在乐意从事，战事发生后即有好些作家随军工作，一面工作一面有所准备。可是这八年还不曾有处理得特别好的作品问世。这虽有各种原因（有些或不肯发表），但就我估想，这些作者所碰到的困难问题，恐怕还是对官兵的理解，是表面的，属于观念部分的，至于情绪状态，实把握不住。其次即是手中一支笔无办法。因为照近二十年一般理论说来，总以为文学不重'笔'，文笔是可轻视的东西。要经验，要政治社会意识正确，结果是两无把握。尽管用一个谦虚而诚恳的态度向

① 《致阙名朋友》，《沈从文全集》第 18 卷，第 467—468 页。

人民学习，学来的还是无从加以表现，得到应有作用。至于只是守住空洞理论原则的，就自然更无从用笔去争取读者了。"① 如果沈从文笼统地反对"文学"与"政治"联姻，那还好说，因为国民党、共产党都有着自己的一班写作人马，保不准各方都以为沈从文是在批评自己的对手，因此犯不着跳出来自动对号入座。不幸的是，这次用不着谁来对号入座，沈从文在访谈中所列举的作家都是倾向革命的：何其芳、丁玲两位均来自延安，郭沫若来自国统区，但其"革命"倾向不言自明。在那个特定年代里，对于沈从文这种观点，人们所关心的只是他的立场的"革命"抑或是"反革命"，自然不会有人从"纯文学"角度来理解它的合理之处。在这种情况下，沈从文关于战争与和平、政治与文学的一系列看法必然引起革命作家们的严厉批评。

1947 年的元旦，杨华在《文萃》周刊上发表了《论沈从文的〈从现实学习〉》，文章的题目虽然是《论沈从文的〈从现实学习〉》，但真正使作者深感不快的还是姚卿祥的那篇访谈文章，杨华在文章的开篇就写道："上月，在上海的《侨声报》上刊出了一篇沈从文访问记，赫然大字标着《沈从文论作家》，在这篇访问记中所记关于作家的'精警'之论是：'茅盾很沉稳，不像郭沫若一般的飞莫斯科，……丁玲则到铁矿上去体验工人生活，写了文章还要请工人纠正。'"由此可见，沈从文的这篇访问记是杨华写这篇文章的直接原因。在杨华看来，沈从文自称是"多产作家"，但他写的《摘星录》一类的东西，"即使再'多产'百篇千篇，这样的作家再多三十五十，又于'国家的不祥局势'何补？于'人民的觉醒'何助？"同时，沈从文把昆明的民主热潮看作"少数人领导欲要寻找出路"，是"对于闻一多先生

① 《致镇潮》，《沈从文全集》第 18 卷，第 456—457 页。

以及其他昆明民主运动中的牺牲者的最卑鄙的诬蔑"。文章最后写道："沈从文先生除了常说'我是个乡下人'之外，还不时地流露出'我们这种买卖'等话。大概沈从文先生确是把文学当作'买卖'，而且深通'买卖'之道的；你看，可诬蔑的尽量诬蔑，该吹捧的大胆吹捧，而且从来不忘记抓住机会，委婉曲折地自吹自捧一番。要不是深通'买卖'之道，焉能运用巧妙，一臻于此！"相比之下，默涵的《"清高"和"寂寞"》则要比杨华的文章刻薄得多了，他先把自己的对手形容为"穆季""赵司晨""赵太爷"，继而又说沈从文对昆明民主运动的看法和昆明中央社的电讯没有什么区别，"关麟徵、陈立夫是准会感谢他为他们舐净了手上的血污的"。① 就这样，论争还没有开始，作者就全然不顾沈从文对国民党政府不满的一面，先把自己的对手推到了为世人不齿的政府那边去了，面对这样的战法，向来温文尔雅的沈从文只有选择沉默。

但他的沉默不等于认可别人的批判，沈从文还是在给朋友的私人信件中发泄了自己的不满，也为自己得到的"待遇"深感不平。"照上海扫荡沈从文的消息说来，我倒俨然像是要清算的一位，事实上清华方面的民盟和国民党教授倒要好得很，我在此却从不曾和办党（报）的对过面……我在这里从不和党老爷来往，他们倒造谣言说我是帮凶！这里转载上海新闻，却说文协在清华同学会开会，圣陶主席，一同检讨鸳鸯蝴蝶派沈从文，倒真是动人新闻！民盟在云南初期，做文章专在管军事特务的楼某某办的刊物写文章，这刊物，学校有见识的国民党员还不愿写，他们却混成一气，内幕我完全明白，现在倒先来

---

① 默涵：《"清高"和"寂寞"》，《新华日报》1947年2月22日。

批判一下，说我是帮凶，这倒真是政术！"①在写给青年朋友李霖灿等人的信中他说，"在这里一切还好，只远远地从文坛消息上知道有上海作家在扫荡沈从文而已。想必扫荡得极热闹。唯事实上已扫荡了二十年，换了三四代人了。好些人是从极左到右，又有些人从右到左的，有些人又从官到商，从商转政，从政又官，旋转了许多次的。我还是我。在这里整天忙。"②说是这样说，文坛上的这些风言风语还是让沈从文感到身心俱疲。1947年的除夕之夜，沈从文自己独守书斋，一种孤单、寂寞的心情油然而生，他想念远在南方的张兆和，也为自己目前的处境感到伤感，甚至对工作产生了一丝厌倦之感：

　　累了一天，桌上乱糟糟的文件似乎永远理不清楚，使人对工作不免感到烦扰。也许因为太累，人不大舒服，可是明早依然得上课。真是一种离奇的存在。一面是只想从幼芽中寻觅好种，一面却为这个拣选工作感到无比的疲乏，一切如此，一切还是在进行。比战争还难处理的一种反复挣扎，什么时候才可望释然于怀无萦无累？三三，这也许只是一会儿，到明天，我就又会充满兴致来在这个工作上继续下去了。一到这个时候，我即觉得在呈贡有一阵子生活十分合理，用体力劳动代替了手和心和脑，在生命上正常得多。在此一到疲乏时，我实在并我自己的一切成就也感到烦心，觉得无意义可言的。需要的是松一口气，为无事而松一口气。目下可不知要到何时方能得到一整天休息。或一礼拜不必

①　《致阙名朋友》，《沈从文全集》第18卷，第467—468页。
②　《复李霖灿、李晨岚》，《沈从文全集》第18卷，第465页。李霖灿、李晨岚均为青年画家，在昆明时期即与沈从文相熟，他们到玉龙雪山写生时，沈从文曾为他们写过一篇小说《虹桥》。写这封信时，李霖灿在南京中央博物院工作，后移居加拿大。

为任何他人事而如此如彼忖度计量。真累！我似乎得休息了。①

　　沈从文确实太累了，需要一个人在身边照顾，好在一家人马上就要团聚了。春节过后不久，张兆和即携龙朱、虎雏回到了阔别8年的北平城，住在北平中老胡同32号北京大学的教职工宿舍。1938年10月张兆和带着孩子们逃离北平时，虎雏刚1岁多一点，当他再度来到北平的时候，这里的一切让他充满了新鲜感。相隔40年后，虎雏在一篇文章中写下了这次团聚的印象：

　　　　中老胡同三十二号有红漆大门，进去不远又有二门，爸爸引着我们绕好几幢平房，才到西北角上新家，这院子真大。
　　　　…………
　　　　空寂的北海冰已开始疏松，我头一次见到一个滑冰的人，那种式样的白塔也没有见过。
　　　　"山顶那个白塔真大！爸。"
　　　　"妙应寺还有个更大，元朝定都时候修的，比故宫早得多。这个塔更晚，清朝的。"
　　　　故宫博物院金碧辉煌，我原以为凡是古董爸爸都欣赏，到这才知他有褒有贬。
　　　　"皇帝身边有许多又贵又俗气的东西，并不高明……"
　　　　他对每个角落每件器物，好像都能讲出些知识典故，时而嘲笑当年的种种古怪礼仪，自己说得津津有味，听的人都累极了。
　　　　天坛壮美无比，圜丘坛像巨大的三层奶油蛋糕，袁叔站在蛋糕上环顾四周：

① 　《致张兆和》，《沈从文全集》第18卷，第463页。

"这简直是几何！是几何！"

我被祈年殿的庄重完美镇呆了，什么也说不出。爸爸指着那高处：

"梁思成伯伯上去过，测绘了所有的构造。"

他还讲北京另外许多建筑有多美，但又说：

"啧！可惜了！已经毁掉很多了！"

日子一长我注意到，他在欣赏一棵古树、一片芍药花，凝视一件瓷器、一座古建筑时，往往低声自语：

"啧！这才美哪！"

就跟躺在杨家大院后山坡看云彩一样，但现在经常接着轻轻叹息。他深爱一切美好东西，又往往想到美好生命无可奈何的毁灭。[①]

孩子的感觉是敏锐的，他发现爸爸已经没有了在云南呈贡乡下时的那种闲情逸致，也没有了全家围坐一起忘情谈笑的机会，更不用说陪着他玩"打股骂曹"了。那个和他纵情玩闹的爸爸已经离他远去，眼前的爸爸实在是太忙了。北大复员以后的这段时间可能是沈从文最为忙碌的一个时期，他是北京大学国文系的教授，同时又在辅仁大学兼课，给他带来更沉重负担的，还是业余从事的文学编辑工作。从他回到北平的那一刻起，他就与平津的报纸副刊结下了不解之缘，相继承担了多家报刊的编辑任务：

1946年10月13日，沈从文和杨振声、冯至一起主持编辑天津《大公报·星期文艺》，不久交由冯至全面负责该刊。

---

① 沈虎雏：《团聚》，载沈从文著《无从驯服的斑马》，中国青年出版社2004年版，第163—165页。

同一天，沈从文主持的天津《益世报·文学周刊》第 8 期正式出版，至 1948 年 11 月 8 日第 118 期止。

同年 12 月，由沈从文等编辑的杂志《现代文录》出版。

12 月 29 日，主编的北平《平明日报·星期艺文》出版，沈从文为该刊题写了刊头，该刊物实际主要由沈从文的北京大学同事周定一负责。

1947 年 6 月 1 日，朱光潜担任主编的《文学杂志》复刊。《文学杂志》创办时，沈从文负责小说的选稿工作，由于沈从文有多年从事编辑工作经验，朱光潜请沈从文看全部稿件。据助理编辑常风回忆：“每月在朱宅开一次编辑委员会，讨论稿件取舍，决定每期刊登什么稿件时，沈先生发言最热烈。组织稿件他更是积极，他还一贯注意发掘有希望的文学青年，吸引他们写稿子。《文学杂志》上刊登的青年作家的作品都是沈先生组来的。”[1]1948 年 11 月，《文学杂志》出于时局的原因停刊，复刊后共出版 18 期。

作为一个著名作家、声誉卓著的副刊编辑，沈从文的工作态度在当代编者看来是不可想象的。不管作者有名还是无名，思想是左还是右，沈从文只是从文学的角度决定稿件的取舍。更让他劳累不堪的是，他并不是仅仅选用现成的稿件，一些青年作者的稿子都要经过他的润色，这可以从他致作者的书信中看出来：“你文章擅自增减了些，和本意有不合处，极歉仄”[2]；“尊文载出，略增饰过”[3]；“最近因为北来刊物一年作个生日，选了几篇旧文章刊载，最先刊出的是你在《今日评论》发表过的一篇，当时似乎有些小小增饰涂抹，这一次

---

① 常风：《留在我心中的记忆》，载《长河不尽流——怀念从文》，第 75—76 页。
② 《致彭子冈》，《沈从文全集》第 18 卷，第 445 页。
③ 《致张香还》，《沈从文全集》第 18 卷，第 477 页。

又擅自动了动字句，寄原稿来作个纪念"①。据与沈从文合作编刊物的周定一回忆，"编辑工作中给稿件润色加工是一种无偿服务性劳动，沈先生在这方面既热心，又高明。经过他看过的许多青年作者的稿件都有他细心修改的笔迹：有的只稍作字句改换，有的地方则大拆大改，处处见出着手成春的功夫。他为此不知倾注过多少心血，把一篇篇青年作者的文章收拾得干净利落去面见读者"。② 就是对那些字迹潦草不堪难以辨认的无名作者来稿，沈从文也决不轻易放弃，他总是能认真读过后，决定取舍，再向作者提出善意的忠告：

香还先生：

大作拜读，极好。只是字太难认识。以编者写草字能力说，认识尊文犹十分费力，排字人和校对吃力可知。因恐错误，易失本意，故特寄还。尊文若乐意发表，最好能写得清清楚楚，标点也明白具体，用一定行格稿纸，可以省编者改字、加标点、计字行精力，也可以节省排字人与校对精力。据私见，此虽小事，亦作者一种义务，且近于道德，因本人若尚吝啬气力，不能将文章写得完完整整，怎么好意思费他人精神？推己及人谓之恕，话若迂腐，亦大有道理也。不知尊见以为何如？

又"百夫长"似在译文上用，趣剧上可用，普通恐得找个代替。队长、甲长、团练长、连长、特务长，都现成名词，唯百夫长近外国古典，似得改改。正如有人称先生为"员外""相公"，虽趣而不切，不甚相宜。

---

① 《致林蒲》，《沈从文全集》第18卷，第479页。
② 周定一：《沈从文先生琐记》，载《长河不尽流——怀念从文》，第244页。

又私见，字能耐烦写得清清楚楚，占去作者时间较多，作者不以为意时，即必然还可以在字里行间多用点心，更仔细安排得好些。（熟人中卞之琳先生，每有译著，如排印齐整，即标点亦不苟且，真可示范。）事虽琐屑，但想想如系将稿寄给最挑剔文字之编者过目，排出后又照例有个十万读者来看，作者就会觉得细心处理为必须了。闲话一堆，不以为意，幸甚。

并候著安。

沈从文 顿首

九月五日 [①]

张香还此时只是同济大学中文系的一名学生，沈从文不以作者的身份取舍稿件，虽字近天书，但在认真读过之后，觉得稿子写得不错，于是写下了这封循循善诱的书信，他的这篇作品最终刊发在沈从文主编的《益世报·文学周刊》上。沈从文自己早年有过被《晨报副刊》编者羞辱的遭遇，这遭遇给他带来的心理创伤一直未能释怀。[②] 他知道，编者看似无关痛痒的一些行为对初学写作者的伤害有多大。因而，在沈从文的编辑生涯中，绝不慢待青年作者，总是不遗余力地培育着

---

① 《复张香还》，《沈从文全集》第18卷，第475页。

② 沈从文曾多次提及过这次创伤性经历，"……我把所有初期作品上百篇，向一个著名副刊投稿时，结果却只作成一种笑话传说，被这位权威编辑，粘接成一长幅，听人说在一回什么便宜坊□□客吃烤鸭□□，当着所去一群名教授 ×××× 说……一齐揉入字纸篓里。这另外一种现实教育，这对我的侮辱，还是一个曾经参加这次宴会的某××，后来和我相熟以后，亲自告我的。为了否定它，也就把我永远变成一个理想主义者，一个'吉诃德'！凡曾经用我的同情和友谊作渡船，把写作生活和思想发展由彼到此的，不少朋友和学生都万万不会想到，这只忘我和无私的抽象渡船，原是从一种如何'现实教育'下造成的！"（手稿中有些文字已经模糊不清，在文中用□代替，见《一个人的自白》，《沈从文全集》第27卷，第18—19页。）

年轻作家，为他们编发稿件、推荐书稿，穆旦、杜运燮、郑敏、袁可嘉、郑敏、陈敬容、李瑛、刘北汜、汪曾祺、吴小如、肖望卿等一大批青年人在他的扶植下走上了文坛，成为当时颇具影响的诗人、小说家、研究者，仅从编辑的角度来讲，说沈从文"开一代新风"一点也不为过。

沈从文是一个热心肠的人，尽管自己家境并不是很好，但他总是在力所能及的范围内帮助一些生活困难的作者，帮助他们渡过难关。

1947年秋，诗人柯原的父亲去世，为了给父亲治病及料理后事，家中负了一笔债，为了偿还债务，柯原抱着试试看的心情，给素未谋面的沈从文写了一封信，提出预支一些稿费的请求。沈从文接到信后，马上给他写去回信，表示愿意为他义务卖字，以解燃眉之急。不久，9月20日的《益世报·文学周刊》上刊出了沈从文的一则启事：

> 有个未识面的青年作家，家中因丧事情形困难，我想做个"乞醯"之举。凡乐意从友谊上给这个有希望的青年作家解除一点困难，又有余力做这件事的，我可以为这作家卖二十张条幅字，作为对于这种善意的答谢。这种字暂定最少为十万元一张。我的办法是凡要我字的，可以来信告我，我寄字时再告他如何直接寄款给那个穷作家。这个社会太不合理了，让我们各尽所能，打破惯例做点小事，尽尽人的义务，为国家留点生机吧。
>
> …………
>
> 沈从文敬启 [1]

---

① 转载自《启事》，《沈从文全集》第 14 卷，第 350—351 页。

在沈从文的热心帮助下，柯原还清了债务，但因战事频繁，两人直到1980年才第一次见面，一时传为美谈。沈从文是一个倔强的人，一旦认准了，轻易不会改变自己的看法。不管外面批评的声浪多么刺耳，他依然我行我素，反对战争、争取和平，在这一点上，他是彻头彻尾的"不识时务"。为纪念五四，沈从文写下了《五四》一文，文中历数中国30年来的灾难，指出造成国家越来越糟、人民无可奈何的现状的主要原因，就是有些政治家"由于武力和武器在手，一种有传染性的自足自恃情绪扩张的结果。这个现实虽带来将军伟人的具体财富和抽象功勋，但是，给国民多数却只会带来灾难；无辜的流血，普遍的穷困，以及一切进步的好梦的破灭。国家一切向上机会，都被这种人轻轻放过了，而持着的却是由于贪得自私招来的悲惨局面"。① "政治"这个字眼，在沈从文眼里几乎等同于"战争"与"腐败"，已经无可救药。它"只能作成驱人死亡迫人疯狂的行为扩大与延长，政治家或思想家于此情形下，凡已失去做人良心的，尚认为系必然现象，正可于此变中求有以自见，做人良心未泯的，亦大都除束手缄口，等待同归于尽，殆无事可为"，由此"一个民族自残的流血大悲剧"无可挽回了。②

1946年，他还寄希望于美国人的调停，一年之后，战火依然在中国土地上蔓延，而美国却又对给世界带来无尽的灾难的日本做出"种种鼓励"，这种现实让沈从文深感失望。当魏德迈再度来到中国的时候，沈从文感受到的是一种无言的痛苦，"喉头为悲痛所扼住，什么话也不能说了"。他明确地向魏德迈转达了在屈辱和饥饿中长大的中

① 《五四》，《沈从文全集》第14卷，第269页。
② 《新党中一个湖南乡下人和一个湖南人的朋友》，《沈从文全集》第14卷，第294页。

国青年对时局的看法：

> 他们觉得凡有计划扶助日帝国主义武力或经济复兴的，对中国都是极不友谊行为。
>
> 他们再不会如上一代在温饱中培养出的知识分子或官吏，以媚悦英美日苏为政术或自见之方。他们可以照自己意思选择朋友或同伴。
>
> …………
>
> 魏德迈先生应当明白中国青年原和美国青年有一点相同，即对外战争过久，精神身体都已十分疲惫，实在不希望在本国本土还有战争继续，更不希望另一国家来帮助这种无终结的战乱。他们求和平的背景或动机即在此，他们对于邻邦的友敌印象也即在此。美国的对华政策，仅仅注意到买办、官吏、受英美文明熏陶的高级知识分子，还不中用，注意点的确也应当变更了。美国如愿扩大友谊至中国青年一代，中国孔夫子有两句话值得记住："己所不欲，勿施于人。"这个"人"是个万万多数恓恓待毙的人民，以及对美国友谊已感到惑疑的知识青年。[1]

显然，他的思想观念发生了巨大的转变，他不但对美国的调停不再抱任何希望，甚至反对美国干涉中国的内政。

在这种情况下，沈从文出人意料地提出了自己的政治主张。1947年10月21日，沈从文在上海《益世报》发表了《一种新希望》一文，他把"政治上第三方面的尝试""学术独立的重呼""文化思想运动

---

[1] 《欢迎魏德迈》，《沈从文全集》第 14 卷，第 273—275 页。

更新的综合"看作扭转时局的妙药良方。在他看来，第三方面如能重造，将来必有其光辉前途，学术独立则有利于保存人的心智资源，如果能在此基础上孕育一个"在政治学术以外作更广泛的黏合与吸收，且能于更新的世界局势中作有效适应"的"第四组织"，必将有利于我们民族的新生和国家的重造。[1] 他的这些想法，也集中地体现在他以巴鲁爵士笔名发表的总题为"北平通信"的系列文章当中，他对古都的保护、文化建设、政治信仰的重造以至战争与和平等问题都提出了看法，但他也知道，这不过是痴人说梦。"北平明日能否如此设计发展，期于目前中央政府，自如一荒谬绝伦有悖现实之梦，决无实现可能"。[2]

这个时候的沈从文，已经不是那个埋首写作的小说家，他已经成为一个名副其实的政论家。他反对战争、反对美国对中国内政的过多干涉、呼吁和平、抗议政府抓捕学生，可以说是站在了政府的对立面。[3] 如果这些言论发表于 1946 年年初政治协商会议召开期间或国民党军队率先挑起内战的时候，无疑会受到在野的各党派，特别是中国共产党的欢迎。然而，此一时彼一时也，1947 年 7 月 29 日，具有标志性的鲁西南战役结束，刘伯承、邓小平率领的晋冀鲁豫野战军成功突破了国民党军队的防线，完成了挺进大别山的跃进计划，内战爆发一年多来，共产党军队已歼灭国民党军 97 个旅、歼敌 78 万人，由战略防御转入了战略反攻，此时再呼吁和平，真是不合时宜之举了。

1948 年年初，战争的形势已经基本明朗，政府军的溃败只是一

---

① 参见《一种新希望》，《沈从文全集》第 14 卷，第 276—281 页。

② 《故都新样》，《沈从文全集》第 14 卷，第 369 页。

③ 1947 年 3 月 1 日，沈从文为抗议当局抓捕学生，曾在北平和五所大学教授响应"十三教授《保障人权宣言》"上签名。

个时间的问题。此时的沈从文依然不能"审时度势"地思考问题,还是按照自己的固有思路讨论时政,这决定了他永远不会成为什么"政治家",只能属于书呆子一路。当中国共产党正在解放区斗地主、分田地的时候,沈从文却充满温情地书写着地主的宽容与农民的感恩。

1947年12月25日,是熊希龄逝世十周年的日子,当熊希龄夫人毛彦文女士请他为熊希龄写些什么的时候——沈从文早年曾在熊府住过一年多,后来又到熊希龄创办的香山慈幼院工作,他不但自己毫不犹豫地答应了下来,还致函胡适,请他也写些悼念的文字:

> 适之先生:
>
> 前天我到石驸马大街熊家,听熊太太毛彦文先生谈及:"秉三前辈死去已十周年,想请先生写点纪念文章。能在一月三号载出,极感谢。"文章拟分别在各报发表,《大公报》上盼望有先生的文章。这文章如不太麻烦您,或能在二三日内写成,作独立时论稿分寄各处,自然更好。熊夫人说将过府上拜访,我怕她为慈幼院事忙来忙去,到先生家时又见不着面,心中着急,所以写这个信一说。
>
> 从文 敬启
> 十二月廿五 [①]

沈从文为此写下了日后给他惹下无数麻烦的《芷江县的熊公馆》。在左翼作家笔下你死我活的阶级斗争,到了沈从文笔下变得温情脉脉起来:"当地规矩,佃户每年照例都要按收成送给地主一点田中附

---

① 《致胡适》,《沈从文全集》第18卷,第486页。

产物，此外野鸡、鹌鹑、时新瓜果，也会按时令送到，有三五百租的地主人家，吃来吃去可吃大半年的。老太太心慈，照老辈礼尚往来方式，凡遇佃户来时，必回送一点糖食，一些旧衣旧料，以及一点应用药茶，总不亏人。"[1] 沈从文这样写并不仅仅是因为他曾经在熊家住过一年半，受过人家的恩惠，写此文章借以报恩，而是向来以这样的眼光看待湘西的民俗风情，我们也很难在《边城》中看出顺顺、老船夫之间的阶级分野来。

对于沈从文，这些文字只是性之所至、信手拈来的，他长期以来建筑的就是这样的人性的小庙，几乎用不着思考。然而，对向来以阶级划分敌我的革命阵营来说，沈从文的上述言论只能被看作一种思想反动的证明，由此，一场更大的批判风暴不可避免地到来了……

---

[1] 《芷江县的熊公馆》，《沈从文全集》第12卷，第288页。

3

1948 年 3 月，《大众文艺丛刊》第 1 辑《文艺的新方向》在香港出版。在这一期的刊物上，发表了荃麟执笔的《对于当前文艺运动的意见——检讨·批判·和今后的方向》，郭沫若的《斥反动文艺》，乃超的《略评沈从文的〈熊公馆〉》等文章。刊物在宣传革命文艺思想的同时，将矛头指向了以朱光潜、沈从文为代表的自由主义文艺思想。在这一期的刊物上，沈从文成了批判的主角，除了乃超撰写的批判专文以外，《对于当前文艺运动的意见》《斥反动文艺》也都将沈从文作为批判的对象。荃麟执笔的《对于当前文艺运动的意见》开篇就写道：

> 文艺和群众的需要脱了节，呈现出一片混乱和空虚。
>
> 对于这现象，我们今天再不应回避或缄默，我们应该坦白承认，并且应该勇敢地检讨和批判自己的错误和弱点，向社会群众承认我们的责任。
>
> 但这绝不是像沈从文之流所能指摘的。他们躲在统治者的袍角底下，企图抓住一二弱点，对新文艺作无耻的诬蔑，甚至幻想借这种诬蔑，把文艺拉回到为艺术而艺术的境域中去。这是不可能的。①

---

① 《大众文艺丛刊》同人，荃麟执笔：《对于当前文艺运动的意见》，《大众文艺丛刊》第 1 辑《文艺的新方向》。

文章把沈从文的作品看作"地主大资产阶级的帮凶和帮闲文艺"，称他倡导的"第三方面的活动"是"配合四大家族的和平阴谋"。作者对此评述道："以一个攻击艺术家干政治的人，也鬼鬼祟祟干这些浑水摸鱼的勾当，它的荒谬是不堪一击的。但我们决不能因其脆弱而放松对他们的抨击。因为他们是直接作为反动统治的代言人的。"相对于1947年年初对沈从文的批评，这一波批判来得更为凶猛，也更富有组织性。批评家们在严格按照党的文艺政策行事的同时，极力从人格上贬低自己的批评对象。在郭沫若的笔下，沈从文所写的是"文字上的裸体画""文字上的春宫""他一直是有意识地作为反动派而活动着"的；① 而在乃超看来，沈从文是"地主阶级的弄臣"，他所继承的是"中国文学的清客文丐传统"，是"今天中国典型地主阶级的文艺，也是最反动的文艺"；② 而在此之前，荃麟已经称沈从文是"二丑的二丑"，是"三丑"③。真可谓嬉笑怒骂皆成文章，这些文学批评家在没有硝烟的文学战场上进行着残酷的肉搏战，不幸的是，他们所针对的是一个手无寸铁、倡导和平、捍卫艺术纯洁性的无党无派的自由主义知识分子，随着历史的延展，他们最终会发现这次集体行动对中国文学事业的伤害有多大。

在所有的批判文章中，郭沫若的文章是最引人注目的，他的文章标题不仅最为旗帜鲜明，他的身份也最为特殊。此时，他已经被看作继鲁迅之后的中国革命文学的一面旗帜。认真追究起来，郭沫若对沈从文的批判未必全然是从思想立场的对立出发的，他们的个人恩怨由来已久。1930年，作为小说家的沈从文已经得到文坛的认可，他在《日

---

① 郭沫若：《斥反动文艺》，《大众文艺丛刊》第1辑《文艺的新方向》。
② 乃超：《略评沈从文的〈熊公馆〉》，《大众文艺丛刊》第1辑《文艺的新方向》。
③ 荃麟：《二丑与小丑之间》，《华商报》1948年2月2日。

出》第 1 卷第 1 期上发表了《论郭沫若》，文章在肯定郭沫若新诗成就的同时，对他的小说创作却大大地不以为然，甚至奉劝郭沫若放弃小说创作：这不是他发展天才的处所，"一株棕树是不会在寒带地方发育长大的"。此后沈从文又在《论中国创作小说》一文中重申了类似观点，他这种不客气的指责，不免令已经功成名就的郭沫若有些难堪，尽管郭沫若当时并未就此作出回应。从此以后，沈从文的言论似乎格外地受到郭沫若的注意。

1936 年 10 月，沈从文提出了当时文学创作中的"差不多"现象，号召作家们来一个"反差不多运动"，针对自己的弱点，好好地各自反省一番，以振作自己，改造自己，去庸俗，去虚伪，去人云亦云，去矫揉造作，自甘寂寞，略与流行观念离远，不亟亟于自见，使自己的作品更加壮大与深入。① 而郭沫若在《抗战与文化问题》一文中虽然没有提沈从文的名字，但却表现了对提出"反差不多"主张的人的极度不满："近来听说又有人在鼓动着'反差不多'的论调了，主旨是嫌抗敌理论过于单纯，而大家说来说去，说了半年，反正都'差不多'，因而便激起了一些'反感'。抱着这种'反感'的君子，朝好处说，自然是过于高尚了一点，朝坏处说，实在是于不知不觉之间犯了为虎作伥的嫌疑"。② 20 世纪 40 年代初期，沈从文在《文运的重建》《新的文学运动与新的文学观》《文学运动的重造》等几篇文章中，相继表达了反对作家从政的观点，认为作家从政只不过是"趋时讨功""凑趣帮闲"。对此，郭沫若在《抗战以来的文艺思潮》中指出：沈从文

---

① 沈从文"反差不多"主张集中反映在以下文章中：《作家间需要一种新运动》《一封信》《再谈差不多》，分别发表于《大公报·文艺》1936 年 10 月 25 日、1937 年 2 月 21 日，《文学杂志》第 1 卷第 4 期（1937 年 8 月），上述文章均署名"炯之"。

② 郭沫若：《抗战与文化问题》，《自由中国》第 1 卷第 3 号。

在战争当中提出"反对作家从政论"，"把作家努力参加动员工作误认为'从政'，那也不免是超过误解范围的诬蔑"。[①] 1943 年 1 月，沈从文在《"文艺政策"检讨》一文中批评国家的文艺政策，顺便对政治部第三厅的设置发了几句议论："第三厅的成立，是先闻每月可动用一百万元经费，可见起始期望相当大。但事到后来，可供使用经费尚不及十分之一，从数目变更上又可见出若不是这笔钱在当局认为用不得当，就是主持者钱用不了，因为这个工作固然值得花钱，但也要会花钱。"[②] 对此，郭沫若并没有直接回应，但在他的自传《洪波曲》中，说沈从文是"造谣"。当 1946 年沈从文说郭沫若"飞莫斯科"的时候，郭沫若则针锋相对地说："有一位'自由主义'的教授，听说一提到我便摇头，因为我去年曾经'飞莫斯科'，更成了他的摇头材料。……假使有机会飞，我还是要飞的，尤其是'飞莫斯科'。我并不怕教授们向我摇头……我假如努力到使教授们把头摇断，那是最愉快的事。"[③] 1947 年，沈从文在《大公报·图书周刊》上发表了《新书业和作家》一文，文中有这么一段话涉及创造社：

先是创造社郭沫若、郁达夫、成仿吾诸先生之努力，一面感于受当时恶势力文学社团压迫，一面感于受出版方面压迫，作品无出路，想突破这个独占不合理局面，希望作品有以自见，也希望能用作品自给自足，因此来自办出版，直接和读者对面。努力的结果，虽若干短时期即成两面的突破，过不久终因经济方面转手不及，不易维持。

① 郭沫若：《抗战文艺》，文协成立 5 周年纪念特刊。
② 《"文艺政策"检讨》，《沈从文全集》第 17 卷，第 276—277 页。
③ 郭沫若：《新缪斯九神礼赞》，《文汇报》1947 年 1 月 10 日。

平心而论，无论沈从文所写的是不是事实，他的这段文字本没有什么恶意，只不过是以创造社为例谈文学创作的艰难，"受当时恶势力文学社团压迫"一句，也与创造社自己所说的"自文化运动发生后，我国新文艺为一二偶像所垄断，以致艺术之新兴气运，湮灭将尽。创造社同人奋然兴起打破社会因袭，主张艺术独立，愿与天下之无名作家共兴共起而造成中国未来之国民文学"①的话相近。但郭沫若读过这篇文章后，马上在 1 月 27 日的《文汇报》上发表了《拙劣的犯罪》一文，逐条批驳沈从文的文章：

> 我假如不也是创造社的一个人，对于这个叙述，我只好佩服作者的明于掌故，而且会疑心他也就是创造社发起者之一人了。然而不幸得很，这么一点简缩的叙述，却差不多全盘不符事实。所谓"受当时恶势力文学社团压迫"，不识作者何所指？是说当时的"礼拜六"派吗？他们倒并不曾"压迫"过我们。是指先后约略同时成立的文学研究会吗？他们不能算是"恶势力"。会与社诚然有过一些由于误会所生的摩擦，但那是相对的，说不上谁"压迫"谁。假使要说研究会"压迫"创造社，又何尝不能说创造社"压迫"研究会呢？
>
> "作品无出路"更是信口开河。……
>
> "希望作品有以自见"，这倒还说得过去。凡是存心作为一个作家，谁也应该有这种的"希望"。但是"希望能用作品自给自足"，尽管通货还没有当今这样膨胀，发行还没有当今这样困难，如不是地道的市侩，谁也不敢存那样的几希"希望"的。

---

① 郁达夫：《纯文学季刊〈创造〉出版预告》，《时事新报》1921 年 9 月 29 日。

那么为什么要来"自办出版"？对不住得很，要在沈从文的贫乏的观念之外提出一个观念来，便是要把创作、出版、读者打成一片，作为新文化运动的一个有生力量。有创造社出版部的章程可以证明，这项资料应该还没有丧失干净。当时的创造社出版社部是以读者为股东的，每股五元，有各种应享的股东权利。我想在今天四五十岁左右的朋友，怕有很多是曾经做过创造社的股东。……

它的结束，我要明明白白地告诉沈从文，并不是什么"终因经济方面转手不及，不易维持"的。

这种不顾事实、自我作古的态度，就是沈从文的态度。

达夫虽然死了，成仿吾和我还没有死，田寿昌、郑伯奇、阳翰笙、李一氓、冯乃超、彭康、朱镜我及不少的"小伙计"和股东们都还没有死，冒充一个文坛长老而捏造事实，蒙蔽真相，那明明是一种犯罪，而且是拙劣的犯罪。

比较沈从文、郭沫若的文章，就会感觉到两人的情绪判然两样。在沈从文来说，他是"说者无心"，而郭沫若是"听者有意"，郭沫若如果对沈从文没有成见，断不会对沈从文如此不客气的。由此可见，郭沫若个人对沈从文的恶感由来已久，1937 年以后，他几乎没有放过一次批判沈从文的机会，在此积怨之下，对沈从文痛下杀手也就不难理解了。

这次集束性的批判几乎是对沈从文人生命运的一次宣判，其上纲上线的程度之高、用词之严厉为历次批判之最。但令人奇怪的是，沈从文的反应并不像去年那次强烈，不是持续的批判已经麻木了他的神经，就是他并不知道《大众文艺丛刊》的编辑内幕，或许他压根儿就没有读过这本杂志。显然，沈从文并没有把这次有组织的批判放在眼里，他对自己的写作充满信心，依然我行我素地埋头工作着。

　　1948年夏天，他和许多朋友又来到了霁清轩度假。霁清轩是颐和园东北偏僻处的一所庭院，由乾隆题名，大门在谐趣园的一角。这里原本是北平市市长何思源度假的地方，因何思源忙得不可开交，就让老友杨振声夏天到此地避暑。两年来，每到暑期，杨振声就邀请北京大学文学院几位教授和年轻朋友自带行李到这里度假。沈从文住在一处曾经做过浴室的房子里，房子在低处，门前有一条小溪，因长久无人居住，到处都生了毛，沈从文将其形容为"一块待加作料的豆腐乳"，倒也贴切。从这里向上望，"不拘早晚，那所主要房子，那长廊一搭，那个亭子，那石头间大松树和小小虎耳草，人工天然，都仿佛配置得有点宋人画意"。① 而在傅汉思笔下，这小小的庭院则更美丽迷人："那园子不大，却有丘有壑，一脉清溪从丘壑间潺潺流过。几处精致的楼阁亭舍，高高低低，散置在小丘和地面上，错落有致。"② 对于忙累了一个学期的沈从文来说，这里空气清新、气氛宁静，再配上孩子们充满童趣的游戏，无疑是一个度假的好去处。沈从文曾在一封家信中透露了自己此刻心境：

　　　　我一面和虎虎讨论《湘行散记》中人物故事，一面在烛光摇摇下写这个信，耳朵边听着水声秋蛩声，水面间或有鱼泼剌，小

---

① 《霁清轩杂记》，《沈从文全集》第14卷，第306页。
② 傅汉思：《我和沈从文初次相识》，载朱光潜等著《我所认识的沈从文》，岳麓书社1986年版，第14页。傅汉思为北京大学教拉丁文、德文及西洋文学的教师，此时正和张兆和的妹妹处于热恋之中，因而他也随沈从文一起到霁清轩度假。1948年11月19日，傅汉思与张充和结婚，后与张充和返回美国。

虎虎即唉哟一喊,好像是在他心上跳跃。又问《史记》是谁作的,且把从报纸上看到的罗马史故事复述。因为日长无事,读了许多报上问题。一切如此真实,一切又真像做梦!人生真是奇异。我接触的一分尤其离奇。下面是我们对话,相当精彩:

小虎虎说:"爸爸,人家说什么你是中国托尔斯泰。世界上读书人十个中就有一个知道托尔斯泰,你的名字可不知道,我想你不及他。"

我说:"是的。我不如这个人。我因为结了婚,有个好太太,接着你们又来了,接着战争也来了,这十多年我都为生活不曾写什么东西。成绩不大好。比不上。"

"那要赶赶才行。"

"是的,一定要努力。我正商量姆妈,要好好地来写些。写个一二十本。"

"怎么,一写就那么多?"(或者是因为礼貌关系,不像在你面前时说我吹牛。)

"肯写就那么多也不难。不过要写得好,难。像安徒生,不容易。"

"我看他的看了七八遍,人都熟了。还是他好。《爱的教育》也好。"①

沈从文对自己的创作有着很强的自信。1947 年,他曾经在《八骏图》自存本上作出过这样的题识:"从这个集子所涉及的问题、社会、人事,以及其他方面看来,应当得到比《呐喊》成就高的评语。

---

① 《致张兆和》,《沈从文全集》第 18 卷,第 504 页。

事实上也如此。这个小书必永生。"①

这段对话表明了沈从文对自己的创作依然充满了信心，全然不是受过围攻的样子。但时局的动荡不可能不在他的内心世界里留下阴影，一种生活的不安全感笼罩在他的心头。他向张兆和倾诉着自己的烦恼："我不能说厌，可是却有点'倦'，你懂得这个'倦'是什么。不知为什么总不满意，似乎是一个象征！"②"晚上做了个梦，一家人在什么一个小店半途中候车，每家大门都关得严严的，且不见一个人。到后许久才找到旅馆、车站……比真实还烦心，就醒了。"③这无疑是一种心理紧张的表现。

1948年，虽然他依然写了《五四和五四人》《"中国往何处去"》等杂文，一如既往地呼吁着和平，但数量已经比前两年明显地减少了。沈从文已经对时局彻底失望，也预见到了战争的不可避免。他在写给徐盈的信中说："国家在变化中，从我们这一代看来，总以为如能由战争外平衡矛盾，或可减少些消耗牺牲。但势不可能，末了是到处着火。"④"中国往何处去？往毁灭而已。"⑤世事既然已经如此不可挽救，沈从文转向了埋头工作，从一点一滴做起，脚踏实地地做一些有意义的实事。1948年2月，北京大学筹建博物馆，作为国文系教授的沈从文是筹备委员，也是最热心者之一。博物馆里没有文物，哪里能叫"博物馆"呢？沈从文实在看不过去了，他把自己多年搜集的几十种漆器和瓷器一件不留地送给了博物馆。博物馆里缺少图书作参考，他

---

① 《题〈八骏图自存本〉》，《沈从文全集》第14卷，第465页。
② 《致张兆和》，《沈从文全集》第18卷，第496页。
③ 《致张兆和》，《沈从文全集》第18卷，第506页。
④ 《致徐盈》，《沈从文全集》第18卷，第478页。
⑤ 《"中国往何处去"》，《沈从文全集》第14卷，第323页。

又把自己购置的《书道全集》《世界美术全集》送到了筹备处。不但如此，他还千方百计地义务为博物馆搜集有价值的藏品：

当时北大筹备一所配合教学研究用的历史和民俗性质的博物馆，着手从公私各方征集资料。沈先生对此事的热心不亚于历史系的几位负责人。他把自己从冷摊上或古玩店里搜罗到的一些有艺术或历史价值的文物都赠送给筹备处，并随时留意熟人中有没有这类东西。有一次他见我案头摆了个青花小瓷杯，是逛琉璃厂贱价买的。他拿在手里仔细翻看，认为式样别致，质料、花色都好，是康熙青花瓷精品，问我愿意不愿意捐赠给博物馆筹备处，我慨然应允，又给他看一枚铜钱，是吴三桂在云南称王时所铸的"利用通宝"。这种钱，据北大中文系一位教授说，抗战前在北平每枚值一百多现洋，但我看重的是这枚钱的一番不平凡的来历：1943年昆明南菁中学在北门外一个山坡上扩建校舍，拆除一所尼庵和庵旁一座骨灰塔。这塔，相传是吴三桂爱妾陈圆圆出家为尼圆寂后的灵骨塔，塔上嵌有砖刻法号，也与野史所说的相符。毁塔时，发现骨灰坛里混有大大小小的几十枚"利用通宝"，学生和工人们一顿乱抢，事后有个学生送了这一小枚给我。沈先生听了我这番叙述，眼睛睁大，连连说："有意思！有意思！"又轻声试探着问，"能不能把这也捐给筹备处？"在他那热切的目光下，我怎能不答应呢！他高兴极了，怀着这两件小玩意儿马上告辞出去。①

---

① 周定一：《沈从文先生琐记》，载《长河不尽流——怀念从文》，第245页。

沈从文热心公益事业的事情不止这一件。1947年9月，为纪念已故校长蔡元培先生，决定建立孑民图书室，号召各方人士捐赠图书，而学生们也往往利用假期四方募集图书。沈从文也是热心襄助、多方奔走，并给自己的熟人写信，请他们捐赠图书，或请他们接待持信的学生，为他们介绍能捐赠图书的朋友。1948年夏，他将孑民图书室干事张守慧、顾文安引见给陈敬容、刘北汜、巴金、张骏祥等人，请他们从中相助。从以下这封信中即可见沈从文热心此事之一斑：

骏祥兄：

北大同学办了个孑民图书室，同学热心服务，半年来成绩已极好，对于共同学习有极大方便。很盼望朋友为捐点书报，或自著的，或他人的，对他们都是一种鼓励！北方同学单独买书已无能力，公家机构又顾不及办新书，同学的热心服务，值得帮忙，如代为向相熟友好多捐点书报，感谢的实不止二三负责人，所惠的实在太多！

弟　沈从文顿首
六月廿七 [1]

战事的脚步越来越近了，不喜欢战争的沈从文将不得不直面战争。1948年11月2日，东北野战军攻占沈阳，历时52天的辽沈战役宣告结束；军队没有做任何休整，林彪即率军南下，与华北野战军会合一处，对北平城形成了合围之势。与此同时，华东、中原野战军又协同发起了淮海战役。至此，国共双方的军事力量已经发生了实质性的

---

① 《致张骏祥》，《沈从文全集》第18卷，第494页。

逆转，决定中国未来命运的大决战开始了。北平城内，北京大学的课虽然照常进行，但已人心惶惶。11月28日，沈从文给大哥沈云麓写了一封信，告诉他："大家都心情沉郁，为三十年所仅见。课尚照常进行，不停顿。熟人中可能有些于十天半月或年末要离开，一离开，大致就拟终生不再来了。"

对于沈从文来说，是走？还是留？他面临着决定自己此后命运的艰难抉择……

第一章 | 唯一游离分子

1

    战争的脚步已经越来越近了。战争，对于出身军旅、饱经战乱的沈从文来说并不可怕，而对于北平即将爆发的这场战争，他也早有预感。1948 年 10 月 16 日，在写给老友凌叔华的信中说："入冬后，也许就得如长春、太原市民一样饱闻炮声了。大家虽为未来各有忧愁，却尚不至于坐以待毙，一切事还照常进行，还能照常进行。"[①]11 月 21 日，辽沈战役刚刚结束，东北野战军即挥师南下，向北平进发，平津战役一触即发，城里的气氛顿时紧张起来。

    北京大学校园内更是人心浮动。虽然 11 月 22 日的校务会议已经做出了不迁校的决定，24 日的教授会议又正式通过了这一决议，课还是照上不误，但每一个人都在极度不安中度日。虽然人们从各种渠道得到消息，新中国将定都北平，北平因此可能不致在战争中被毁，北平城内的老百姓也能避免猛烈炮火的攻击，但这里的一些高级知识分子，长期以来所受的是自由主义思想的熏陶，对共产主义带有抵触情绪。尽管人们已经彻底厌倦了国民党的统治，但共产党统治下的生活到底是什么样子，谁心里也没有谱。是去，还是留，是摆在大家面前的非常现实的问题。沈从文用"心情沉郁，为三十年所仅见"来形容此时大多数知识分子的心境。他已经预感到有些熟人可能很快或年末要离开，"一离开，大致就拟终生不再来了"。

---

① 《致凌叔华》，《沈从文全集》第 18 卷，第 513 页。

此时此刻，沈从文自己也是去留两难，这种情绪在他写给沈云麓的信中有切实的反映：

> 北京冬晴，天日犹明明朗朗，唯十天半月可能即有地覆天翻大战发生！在此熟人统用一种沉重心情接受此历史变局。学校看情形实已无可搬。即茂林家属，想移动，似乎也无此能力。因一动即先破家，且半路即不免成流民也。事如可能，他一个人或得离开，唯至今为止，还不知向何处走好。因体力与生活方式，实在都不宜卷入政治，且已深深感到学校也不相宜，既不想做官，也不拟教书，所以很希望一个人能回来住住。生活需要简单，维持一二年生活下去有办法。因卖去一本书，总即可支持半年也。还有几十种未印行，还有五六卷新书待付印。家中人在此大致不会为难，有照料的。能到乡下二三年，写十本八本书，比教书有意义得多。①

在对未来的选择上，沈从文既不能像那些喝过洋墨水的人那样，移居国外；也不能像那些亲国民党的学者那样，与国民党政府同进退；而在共产党方面，他又是一个长期"挨骂"的角色。虽然沈从文此时已经名满天下，但教书对他来说依然是一件苦差事，他根本不会讲课，汪曾祺甚至以"讲得很糟"来形容沈从文的课。②北大复员以来，他写了大量呼吁和平的政论文，却又对政治抱有本能的反感。对他来说，似乎哪一条道都不好走，唯有对写作还有些信心。从这封信来看，虽然沈从文1947年以来屡次被革命作家批判，但他并没有对自己的创

① 《致沈云麓》，《沈从文全集》第18卷，第515页。
② 巨文教：《张兆和、汪曾祺谈沈从文》，《中国现代文学研究丛刊》1994年第2期。

作失去信心，他天真地以为，无论谁当政，都不会影响到自己的创作，既然已经被别人骂了20年，再多骂几年也无妨。因而，即使在兵临城下的时刻，他依然还做着自己的作家梦，幻想着靠版税生活。这正是沈从文的天真之处。

11月7日晚8时，沈从文与朱光潜、冯至、废名等一起参加了北京大学学生社团"方向社"主题为"今日文学的方向"的座谈会。座谈会上，沈从文把长期以来困扰自己的文学与政治的关系问题提了出来，他把政治对文学的指导比喻为红绿灯，由此展开了热烈的讨论：

沈［从文］：驾车者须受警察指导，他能不顾红绿灯吗？

冯　［至］：红绿灯是好东西，不顾红绿灯是不对的。

沈［从文］：如有人要操纵红绿灯，又如何？

冯　［至］：既然要在路上走，就得看红绿灯。

沈［从文］：也许有人以为不要红绿灯，走得更好呢？

汪［曾祺］：这个比喻是不恰当的。（因为承认他有操纵红绿灯的权力即是承认他是合法的，是对的。那自然得看着红绿灯走路了，但如果并不如此呢？）我希望诸位前辈能告诉我们自己的经验。

沈［从文］：文学自然受政治的限制，但是否能保留一点批评、修正的权力呢？

废　［名］：第一次大战以来，中外都无好作品。文学变了。欧战以前的文学家确能推动社会，如俄国的小说家们。现在不同了，看见红灯，不让你走，就不走了！

沈［从文］：我的意思是文学是否在接受政治的影响以外，还可以修正政治，是否只是单方面的守规矩而已？

废　[名]：这规矩不是那意思。你要把他钉上十字架，他无法反抗，但也无法使他真正服从。文学家只有心里有无光明的问题，别无其他。

沈［从文］：但如何使光明更光明呢？这即是问题。

废　[名]：自古以来，圣贤从来没有这个问题。

沈［从文］：圣贤到处跑，又是为什么呢？

废　[名]：文学与此不同。文学是天才的表现，只记录自己的痛苦，对社会无影响可言。

钱［学熙］：沈先生所提的问题是个很实际的问题。我觉得关键在自己。如果自己觉得自己的方向很对，而与实际有冲突时，则有两条路可以选择的：一条是不顾一切，走向前去，走到被枪毙为止；另一条是妥协的路，暂时停笔，将来再说。实际上妥协也等于枪毙自己。

沈［从文］：一方面有红绿灯的限制，一方面自己还想走路。①

作为一个自由主义作家，沈从文并不是绝对否定文学与政治的关系，而是在承认文学与政治有关系的前提下，试图平衡文学与政治的关系：文学可以接受政治的影响，但同时亦可以修正政治。显然，他还像往常一样，按照自己的旧有逻辑来应付未来的变局。

随着战争的临近，平津各报纷纷压缩版面，沈从文主持的文学副刊也难以为继了。但面对时局的变化，他依然从容应对，处理着积压稿件，将不拟刊用的稿件退还作者，并在给作者的退稿信中表达着自

---

① 《今日文学的方向》，《沈从文全集》第27卷，第290—291页。本文原载《大公报·星期文艺》第107期，1948年11月14日。

己的看法。12月1日，沈从文给一位名叫季陆的作者写了一封退稿信，从这封信中可略见沈从文的思想情绪之一斑：

季陆先生：

你文章因刊物停顿，无从安排，敬寄还，很抱歉。大局玄黄未定，唯从大处看发展，中国行将进入一新时代，则无可怀疑。用笔的求其有意义，有作用，传统写作方式态度，恐都得决心放弃，从新起始来学习从事。人近中年，观念凝固，用笔习惯已不容易扭转，加之误解重重，过不多久即未被迫搁笔，亦终得搁笔。这是我们年龄的人的必然结果。……旧的社会实在已不济事了，得一切从新安排，在过程中我们这一代可能会大半要牺牲于是非不明糊涂混乱中，也不妨事。因为大多已年在四十至六十之间，四十年内忧外患，各有一份，在个人工作上也各尽了所有能力，为国家为职务做了点事。即以做一个公民言，也很像一个好公民。不幸的是配合社会现实不来，许多努力得来的，都若无意义可言。个人即必然得牺牲于不公平中淘汰，也不用为我们这一代而在意。试从远大处看国家，这个国家必然会进步，可以使青年得到多方面发展，只不过进展的方式，或稍稍与过去自由主义者书子所拟想成的蓝图不甚相合罢了。应当单纯而勇敢来准备接受新时代的新教育。为了这个时代，能用笔，也不要因为发展方式不尽合本来理想，即搁下不干！文运传统在北方为结结实实的工作，这个传统成就，虽有一时会为宣传打倒，传统工作态度，却必然将为明日有分量作品的生产所不可少。

专颂著安。

弟　沈从文顿首

十二月一日 ^①

　　沈从文已经预感到自己的写作方式与即将到来的新生活格格不入，最终的结局恐怕是"被迫搁笔"。虽然个人命运如此的不妙，但他在信中并没有一味地发泄怨气，依然对后者循循善诱，劝他们为国家的长远着想，要相信国家必然进步。自抗日战争以来，作为一个自由主义知识分子，沈从文对时政固然有所不满，但在民族危亡和人民的灾难面前，他向来以国家、人民的利益为重。同年12月7日，沈从文又提笔给一位名叫吉六的作者写了一信，从信的主旨及收信人姓名相近的情况来看，此信与12月1日写给季陆的或许为同一封信，只是后一封信的思考更为成熟了，对前信中的"搁笔"之说作了更为详细的说明："人近中年，情绪凝固，又或因性情内向，缺少社交适应能力，用笔方式，二十年三十年统统由一个'思'字出发，此时却必须用'信'字起步，或不容易扭转，过不多久，即未被迫搁笔，亦终得把笔搁下。" ^② 他在信中告诫年轻人，不要只考虑自己的命运。"只想想，另外一片土地上，正有万千朴质农民，本来也只习惯于照料土地，播种收获，然由觉醒到为追求进步原则，而沉默死亡，前仆后继，永远不闻什么声音，这点单纯的向前，我们无论如何能把自己封闭于旧观念与成见中，终不能不对于这个发展，需要怀着一种极端严肃的认识与注意！""重要处还是从远景来认识这个国家，爱这个国家。国家明日必进步，可以使青年得到更多方面机会的发

---

① 　《致季陆》，《沈从文全集》第18卷，第517—518页。

② 　《致吉六》，《沈从文全集》第18卷，第519页。

047

展，事无可疑。只不过进展方式，或稍稍与过去书生所拟想的蓝图不甚相合罢了。"[1]他鼓励青年人不要悲观失望，要相信社会进步，应该逐步适应新的现实，沉下心来踏踏实实工作，"不取巧，不速成，虔敬其事来认真从事，克服挫折，突过困难，准备为下一代幸福与合理的社会实现而献身"。[2]沈从文相信：世界上真正的伟大工程，在发展过程中都是完全沉默的。

"风向什么方向吹？实需要一种抉择"，1937年所面临的问题再度摆在沈从文的面前。北平的战争气氛越来越浓了。让沈从文为难的是，家庭成员在去留问题上的意见并不一致，张兆和、龙朱都对新政权抱有很高的理想，她们更倾向于留在北平。这也是沈从文在给大哥的信中谈及的"一动即破家"的隐忧之所在。就沈从文个人来说，无论到哪里去，自己的命运都是一样的。对于中国的命运，沈从文比较悲观，即便内战结束了，其结果也未必会好，他闯入文坛20余年来，把国民党、共产党两方面都开罪了，到哪里去都不会有太好的结果。唯一可以聊以自慰的是，国民党的统治他已经厌倦透了，而中国共产党统治下的未来生活毕竟还是个未知数，更何况还有像丁玲、何其芳、吴晗这样的朋友在共产党的队伍里工作。根据自己多年来的生存经验，尽管自己对政府颇有微词，但最坏的结果也只不过是书籍被禁毁，怎么着也不会影响到生计问题，我写我的，你禁你的就是了，总不能把我的作品全都禁了吧？在这种情况下，在去留之间的选择上，"留"的念头渐渐占据了上风。

12月13日，代理教育部部务的陈雪屏飞抵北平，国民党"抢救"

---

[1] 《致吉六》，《沈从文全集》第18卷，第520—521页。

[2] 《致炳堃》，《沈从文全集》第18卷，第523页。

北方学人的序幕正式拉开了。陈雪屏劝胡适南下，但胡适以为"内战"与"外患"不可同日而语，他不肯丢下北京大学独自南下。作为著名作家和北京大学教授，沈从文也在被邀请之列，他与陈雪屏在西南联合大学师范学院时是同事，两人的私交也不错，陈雪屏答应为沈从文一家提供南下的飞机票。与此同时，北京大学的地下工作者和进步学生也展开了争取学者的活动，后来成为著名比较文学专家的乐黛云就是其中最为积极的一位，她与同学一起到沈从文家里做工作，希望沈从文继续留在北京。① 这是沈虎雏记忆中的场景：

大院各家商议，选较宽的东院挖了几条壕沟。我趁机在门前大兴土木。头三年早就立志挖口井，在云南大地上掏了二尺深怎么还不见水？只好提两桶灌进去自慰。这次挖了五尺深。妈妈说：

"把煤油桶藏进去吧，安全点。"

没有抹杀我的成就。

六年级教室窝在礼堂背后. 传来陌生的歌声，真好听！趴窗缝看，礼堂里一群中学生，没有老师，自己在练唱：

"山那边哟好地方，一片稻田黄又黄。大家唱歌来耕地呀，没人为你做牛羊……"

嘿！是八路军的歌！我们几个钻进去，抄那黑板上的词谱，大同学并不见怪。

街上到处是兵，执法队扛着大刀片巡逻。已经听到炮声，终于孔德也塞满了军人，停课了，真开心！大院孩子们天天扎堆玩

① 乐黛云：《我的理解 我的怀念》，载牛汉、邓九平主编《荆棘路——记忆中的反右派运动》，经济日报出版社 1998 年版，第 194 页。

闹，那些大人们你来我往，交换不断变化的消息。

来了个同乡军官，为不得不退缩城里而烦恼。我凑近去看美式配备卡其制服上的徽记。

爸爸问他："听说清华学生打起旗子去欢迎，搞错了，迎到撤退的部队，朝学生扫射，是不是你的兵？"

"没听到过。要是碰到我，也会下令开枪！"

"啧！啧！"他摇着头，"那是学校嘛！还去丢了炸弹。"

"这是战争！有敌人就要打！"

"已经死了多少万人！啧！战争……"

南京飞来的要员，以前西南联大爸爸一个上司来过家里，让他赶快收拾准备南下，说允许带家眷，很快就可以上飞机，现在只靠城里的临时机场，我们住处附近，常有炮弹落下，一次两发，皇城根一带落过，银闸胡同也落了，传说防痨协会有弹药库，炮是朝那儿打的。小孩子们都不知道怕，议论着八路为什么老打不中。

爸爸的各种朋友不断进出，大人们一定在为重要的事商议着，家里乱糟糟的。

我暗自高兴，期待着坐一回飞机，又很想把这一伙看到底。北平这么好！我家有什么必要逃出去呢？就这么矛盾着胡思乱想。没容我想两天，事情已决定，我们不走。爸爸的一些老朋友，杨振声、朱光潜伯伯们也都不走。家里恢复了以往秩序，没客人时爸爸继续伏案工作。大家等待着必然要到的某一天。[1]

---

① 沈虎雏：《团聚》，载巴金等著《长河不尽流——怀念从文》，湖南文艺出版社2018年版，第552—554页。

沈从文的选择，并不是出自个人的思想信念，他更多的是从家庭的安定和孩子的未来着想的。为了孩子们的幸福，他已经做好了"牺牲"的准备。至于他自己的未来，用不着去幻想，反正不会好到哪里去。[①]给黄永玉的信中他说："北京傅作义部已成瓮中之鳖，长安街大树均已锯去以利飞机起落。城，三数日可下，根据过往恩怨，我准备含笑上绞架……"[②]1948 年 12 月 31 日，沈从文无意中看到了《传奇不奇》的手稿，重读一遍，感慨顿生，根据对未来文艺发展大势的判断，沈从文已经预感到这个故事根本没有希望完成了。这时，北京大学同事周定一借元旦之机来看望沈从文。周定一曾经就读于西南联合大学，是沈从文的学生，1942 年任西南联合大学中文系的助教。按当时西南联大的规矩，每一个班的大一国文课都要由一名教授和一名讲助级的教师合教，周定一与沈从文合教大一国文的课程，沈从文教白话文部分，周定一讲文言部分，由此奠定了两人的合作关系。北京大学复员北平以后，《平明日报》的萧离请沈从文主编一个副刊，沈从文请周定一负责具体的编务，两个人的合作一直很圆满。元旦在即，时局玄黄未定，个人的前途未卜，一种伤感的氛围弥漫在房间里。临别的时候，沈从文临写了史孝山的《出师颂》，在条幅的落款处非常郑重地写下了"三十七年除日封笔试纸"。[③]

"封笔"本来是岁末年终的常事，但此时写来，却别有意味。沈从文似乎在悄悄地等待着命运的宣判……

---

① 2 个月后，病中的沈从文对自己的去留曾经作出这样的解释："我不向南行，留下在这里，本来即是为孩子在新环境中受教育，自己决心做牺牲的！应当放弃了对于一只沉舟的希望，将爱给予下一代。"（《复张兆和》，《沈从文全集》第 19 卷，第 17 页）。

② 黄永玉：《这些忧郁的碎屑》，《比我老的老头》，作家出版社 2003 年版，第 82 页。

③ 参见《沈从文全集》第 14 卷，第 498 页。同时参见周定一：《沈从文先生琐记》，载《长河不尽流——怀念从文》，第 245 页。

2

沈从文对时局的预料是准确的，但他对自己作品的命运的估计却过于乐观了。他本来以为，以自己的创作水准，无论时局如何变化，总不至于没有读者购买自己的作品，只要有人买，自己就能凭借版税生活。在他看来，卖一本书，总可支持半年生活，情况最糟时，还可以到乡下，过二三年乡野村夫的生活，总能再写十本八本书，更何况自己还有几十种书存在开明书店未能印行呢！因而，尽管他对新政权下的生活并不乐观，但也还是抱着很大的信心的。

沈从文没有料到的是，新政权还没有建立，自己的作品就先被北京大学的学生们宣判了死刑。在这所崇尚自由的校园里，学生们是从报纸上的文章来了解中国共产党的主张的。在青年知识分子心目中，中国共产党长期以来一直致力于反对一党专政、对抗军事独裁、倡导民主自由、保障人民权利的斗争。① 因而，战争还没有真正结束，北京大学的青年学子们已经做好了告别旧生活、迎接新政权的准备。这是乐黛云笔下的北大情形：

尽管特务横行，北京大学仍是革命者的天下。我们在校园里可以肆无忌惮地高歌："你是灯塔"，"兄弟们向太阳，向

① 从下列《新华日报》社论的题目就可以看出中国共产党的追求：《民主第一》（1943年9月15日）、《一党独裁，遍地是灾》（1946年3月30日）、《学校要做民主的堡垒》（1946年2月6日）、《新闻自由——民主的基础》（1945年3月31日）。

自由"，甚至还演唱"啊，延安……"，北大剧艺社，大地合唱团，舞蹈社，读书会全是革命者的摇篮。我很快就投入了党的地下工作。我和我的领导人（单线联系）常在深夜月光下借一支电筒的微光校对新出版的革命宣传品（我们新生居住的北大四院就在印刷厂所在地五院近邻，工人们常深夜偷印）。那些描写解放区新生活、论述革命知识分子道路的激昂文字常常使我激动得彻夜难眠。[1]

在这种氛围下，北京大学的学生组织开始按照中国共产党的宣传口径清算北京大学的一些自由主义知识分子，沈从文的读者最多，他自然首当其冲，成为批判的对象。1949年年初，北京大学的教学楼里挂出了"打倒新月派、现代评论派、第三条路线的沈从文"的大幅标语，接着，校园里又贴出了《斥反动文艺》的大字报。消息很快传到沈从文的家里，对此，沈龙朱很好奇，悄悄地到校园里去看个究竟。龙朱很快就回来了，很平静地说："大字报还挺长的哪，题目叫《斥反动文艺》，说爸爸是什么粉红还是桃红色的作家，不光是骂了爸爸，也骂了别人。"他已经满14岁了，觉得这没有什么了不起，北大院里经常有讨伐人的大字报，贴了就贴了，也不会怎么样。沈虎雏比龙朱还小3岁，更不懂得这大字报的厉害之处，他从小就偏爱粉红色[2]，就连猫在房上唱情歌都被他说成了"粉红哇呜"的声音，在他看来，红军、红旗、赤卫队、中国共产党不都是"赤色"的吗？粉

① 乐黛云:《我的理解 我的怀念》，载《荆棘路——记忆中的反右派运动》，第193页。
② 沈从文在1940年2月26日写给沈云麓的信中说："小虎虎且记得三叔给粉红色可可糖吃。他什么都是粉红色，连老虎也是粉红色。"（《沈从文全集》第18卷，第381页。）

红色总带点红，大概骂得还不算太厉害……①

天真的孩子们怎么会知道这篇大字报的分量呢！那可不是一张普通的大字报。郭沫若的《斥反动文艺》刚刚发表的时候，沈从文还可以只把它当作一篇普通的批评文章，多年来，这种批判已经遭受过多次了，他一直采取不予理睬的态度。但现如今的郭沫若已经今非昔比了。1948年以来，郭沫若号召人们"把文艺作为革命的武器"，"以完成人民解放的神圣使命"；②拥护中共中央五一节发出的"各民主党派，各人民团体，各社会贤达，迅速召开政治协商会议，讨论并实现如今人民代表大会，组织民主联合政府"的号召，表示"举凡对于人民革命有必须的事，为中共所不能说，不便说，不好说的就由我们说出来"，"不怕做尾巴，也不怕人给我一顶红帽子。做尾巴，戴红帽子我倒觉得非常光荣"……③1949年年初，郭沫若已经离开香港，踏上了解放区的土地，他与未来新政权的关系越来越密切了，几乎已经成为共产党在文艺界的代言人。这时，沈从文再读《斥反动文艺》，自然字字惊心：

> 什么是红？我在这儿只想说桃红色的红。作文字上的裸体画，甚至写文字上的春宫，如沈从文的《摘星录》《看云录》，及某些"作家"自鸣得意的新式《金瓶梅》，尽管他们有着怎样的借口，说屈原的离骚咏美人香草，所罗门的雅歌也作女体的颂扬，但他们存心不良，意在蛊惑读者，软化人们的斗争情绪，是毫无疑问

---

① 沈虎雏：《团聚》，载沈从文著《无从驯服的斑马》，中国青年出版社2004年版，第171页。

② 郭沫若：《当前的文艺教育》，《华商报》1948年3月14日。

③ 转引自龚继民、方仁念：《郭沫若年谱》，天津人民出版社1992年版，第732页。

的。特别是沈从文,他一直是有意识地作为反动派而活动着。在抗战初期全民族对日寇争生死存亡的时候,他高唱着"与抗战无关"论;在抗战后期作家们正加强团结,争取民主的时候,他又喊出"反对作家从政";今天人民正"用革命战争反对反革命战争",也正是凤凰毁灭自己从火里再生的时候,他又装起一个悲天悯人的面孔,谥之为"民族自杀悲剧",把全中国的爱国青年学生斥为"比醉人酒徒还难招架的冲撞大群中小猴儿心性的十万道童",而企图在"报纸副刊"上进行其和革命"游离"的新第三方面,所谓"第四组织"。(这些话见所作《一种新希望》,登在去年十月二十一日的《益世报》。)这位"看云摘星"的风流小生,你看他的抱负多大,他不是存心要做一个摩登文素臣吗?

....

今天是人民革命势力与反人民的反革命势力作短兵相接的时候,反人民的势力既动员了一切的御用文艺来全面"戡乱",人民的势力当然有权利来斥责一切的御用文艺为反动。但我们也并不想不分轻重,不论主从,而给以全面的打击。我们今天主要的对象是蓝色的、黑色的、桃红色的这一批"作家"。他们的文艺政策(伪装白色,利用黄色等包含在内)、文艺理念、文艺作品,我们是要毫不容情地举行大反攻的。……我们要消灭产生这种对象的基础。人民真正做主的一天,一切反人民的现象也就自行消灭了。我们同时也要从事积极的创造来代替我们所消灭的东西。人民文艺取得优势的一天,反人民文艺也就自行消灭了。凡是决心为人民服务,有正义感的朋友们,都请拿着你们的笔杆来参加这一阵线上的大反攻吧! ①

---

① 郭沫若:《斥反动文艺》,《沫若文集》第 13 卷,人民文学出版社 1961 年版,第 528—534 页。

"清算的时候来了！"沈从文意识到，郭沫若所代表的是中国共产党对自己的态度，那些劝自己留下来的人，不过是一些小角色，根本不知道中央对自己的定位。面对这一切，他既感到惶恐，又感到委屈。他不明白，为什么那些和国民党来往密切的人没有任何事情，长期以来并未与国民党有过任何合作的自己反倒成为首当其冲的打倒对象？多年来，自己明明处处以人民的利益为重，为什么到头来却被安上了"反人民"的封号？郭沫若看过我的作品吗？他凭什么对我作出如此的判断？沈从文百思不得其解。他想从自己的作品中为郭沫若寻找自己反动的证据，但越看越糊涂，越看越难受。他对自己的作品产生了怀疑：

　　……这有些什么用？
　　一面是千万人在为争取一点原则而死亡，一面是万万人为这
　　个变而彷徨忧惧，这些文章存在有什么意义？①

　　我应当休息了，神经已发展到一个我能适应的最高点上。我
　　不毁也会疯去。②

　　沈从文陷入了极度的不安之中。他感到一张巨网正在慢慢地收紧，他已经受到了监视，总是担心隔墙有耳，和家人说话也把声音压得低低的。而家人对他的这种不安并不理解，这使沈从文感到了空前的孤立，家人在他眼里也是陌生人，他因此常常独自叹息或自言自语：

① 《题〈阿丽思中国游记〉存底本》，《沈从文全集》第14卷，第455页。
② 《题〈绿魇〉文旁》，《沈从文全集》第14卷，第456页。

"生命脆弱得很。善良的生命真脆弱……"

"……都是空的！"①

　　沈从文陷入了精神恍惚之中，无论张兆和怎么开导，都没有任何效果。与沈从文结婚以来，张兆和第一次感受到了束手无策的滋味。沈从文患病的消息很快传到了已经解放了的清华园中，对沈从文的精神状况，朋友们感到不安，为了缓解沈从文的精神压力，也让他切实感受一下"解放区"的氛围，朋友们向沈从文伸出了温暖的手。1949年1月27日，梁思成给沈从文寄来一信，邀请他到清华园小住：

从文：

　　听念生谈起近状，我们大家至为惦念。现在我们想请你出来住几天。此间情形非常良好，一切安定。你出来可住在老金家里，吃饭当然在我们家。我们切盼你出来，同时可看看此间"空气"，我想此间"空气"，比城内比较安静得多。即问

　　双安。

思成拜上

廿七日

　　这个时候，梁思成的夫人林徽因也正在病中，越发显得朋友友情的珍贵。林徽因非常喜欢沈从文的小说，她一直把沈从文叫二哥，与沈从文更是无话不谈，沈从文也愿意把自己的心事说给林徽因听。对此费慰梅曾在《梁思成与林徽因》一书中有所披露：

---

① 沈虎雏：《团聚》，载《无从驯服的斑马》，第172页。

著名的小说家沈从文是在湘西的荒原上长大的。他在那里当过兵，跑过许多地方。现在他住在北京，基于他早年的生活写成许多小说。他曾经一度在清华教书。1934年，他被任命为大公报文艺副刊的主编，而徽因的大部分作品都是在那里发表的。他和徽因差不多属于同一年纪。她很喜欢他的作品的艺术性和它们所描述的那种奇异的生活——这距离她自己的经历是如此遥远。他们之间发展了一种亲密的友谊。她对他有一种母亲般的关怀，而他，就和一个亲爱的儿子一样，一有问题就去找她商量要办法。

一个例子是，沈从文所爱的年轻妻子回娘家到南方去了，把他一个人暂时留在了北京。有一天早晨他差不多是哭着赶到梁家，来寻求徽因的安慰。他告诉她，他每天都给他妻子写信，把他的感觉、情绪和想法告诉她。接着他就拿出他刚刚收到的妻子的来信给她看，就是这封信造成了他的痛苦。他给妻子写了一封坦诚地表露出他对一位北京的年轻女作家的爱慕和关心的长信，其中一句伤心的话就引起了他妻子读信时的嫉恨。他在徽因面前为自己辩护。他不能想象这种感觉同他对妻子的爱情有什么冲突。当他爱慕和关心某个人时，他就是这么做了，他怎么可能不写信告诉她呢？他可以爱这么多的人和事，他就是那样的嘛。[1]

1934年，沈从文曾陷入一场感情的危机。[2]沈从文毫无隐瞒地向林徽因倾诉，而林徽因也给予了他足够的同情与理解，这在她写给费

① [美]费慰梅著，曲莹璞等译：《梁思成与林徽因》，中国文联出版公司1997年版，第76页。
② 关于沈从文的这场感情危机，参见刘洪涛《沈从文与张兆和》一文的相关部分，《新文学史料》2003年第4期。

正清、费慰梅夫妇的一封信中曾经有所披露：

> 如果我写一篇小说，描写同样的情节和同样的论据，人家一
> 定会认为我虚构了情节，不忠实于生活！但现在你接受也好不接
> 受也好，它就是这样。而且在许多人当中，就有他，那个沉默寡
> 言的、善解人意的、又有感情又有生气的人，他本身是个小说家，
> 是这方面的天才！他陷入这个困境，就跟任何一个年轻和无经验
> 的小孩子遇到这种事时的感受一样。他身上的诗人气质背叛了他，
> 并且在生活及其冲突面前感到如此困惑和不知所措，使我想起了
> 雪莱并回忆起志摩如何同世俗的悲伤奋斗。我不由得感到天真的
> 欢乐。他那天早晨是何等的迷人和讨人欢喜！而我，坐在那儿跟
> 他谈话、斥责他、劝说他，同他讨论生活及其不平、人的天性及
> 其魅力和悲惨、理想和现实，又是显得多么苍老和疲乏！①

正是这种相互理解和信任，使两人成为无所不谈的朋友，有时，
为了劝慰苦恼中的沈从文，林徽因需要现身说法，以排解朋友的烦恼。
有一次，不知道沈从文又遇到了什么不顺心的事情，写信向林徽因诉
说苦痛，为此，林徽因写了一封长信：

二哥：
　　……
　　可是此刻我们有个共同的烦恼，那便是可惜时间和精力，因

---

① 转引自 [美] 费慰梅著，曲莹璞等译：《梁思成与林徽因》，第 76—77 页。

为情绪的盘旋而耗费去。

你希望抓住理性的自己，或许找个聪明的人帮忙你整理一下你的苦恼或是"横溢的情感"，设法把它安排妥帖一点，你竟找到我来，我懂得的，我也常常被同种的纠纷弄得左不是右不是，生活掀在波澜里盲目地同危险周旋，累得我既为旁人焦灼，又为自己操心，又同情于自己又很不愿意宽恕放任自己。

不过我同你有大不同处：凡是在横溢奔放的情感中时，我便觉到抓住一种生活的意义，即使这横溢奔放的情感所发生的行为上纠纷是快乐与苦辣对渗的性质，我也不难过不在乎。我认定了生活本身原质是矛盾的，我只要生活；体验到极端的愉快，灵质的，透明的，美丽的近于神话理想的快活，以下我情愿也随着赔偿这天赐的幸福，坑在悲痛，纠纷失望，无望，寂寞中挨过若干时候，好像等自己的血来在创伤上结痂一样！一切我都在无声中忍受，默默地等天来布置我，没有一句话说！（我且说说来给你做个参考。）

我所谓极端的、浪漫的或实际的都无关系，反正我的主义是要生活，没有情感的生活简直是死！生活必须体验丰富的情感，把自己变成丰富，宽大，能优容，能了解，能同情种种"人性"，能懂得自己，不苛责自己，也不苛责旁人，不难自己以所不能，也不难别人所不能，更不愿运命或是上帝，看清了世界本是各种人性混合做成的纠纷，人性又就是那么一回事，脱不掉生理、心理、环境习惯先天特质的凑合！把道德放大了讲，别裁判或裁削自己。任性到损害旁人时如果你不忍，你就根本办不到任性的事（如果你办得到，那你那种残忍，便是你自己性格里的一点特性，也用不着过分地去纠正）。想做的事太多，并且互相冲突时，拣最想做——想做到顾不得旁的牺牲——的事做，未做时心中发生纠纷是免不了的，做后最用不着后悔，因为你既会去做，那桩事便一定是不可免的，别尽着罪过自己。

我方才所说到极端的愉快，灵质的、透明的、美丽的快乐，不知道你有否同一样感觉。我的确有过，我不忘却我的幸福。我认为最愉快的事都是一闪亮的，在一段较短的时间内进出神奇的——如同两个人透彻的了解：一句话打到你心里，使得你理智和感情全觉到一万万分满足；如同相爱：在一个时候里，你同你自身以外另一个人互相以彼此存在为极端的幸福；如同恋爱，在那时那刻眼所见、耳所听、心所触无所不是美丽，情感如诗歌自然的流动，如花香那样不知其所以。这些种种便都是一生中不可多得的瑰宝。世界上没有多少人有那机会，且没有多少人有那种天赋的敏感和柔情来尝味那经验，所以就有那种机会也无用。如果有如诗剧神话般的实景，当时当事者本身却没有领会诗的情感又如何行？即使有了，只是浅俗的赏月折花的限量那又有什么话说？！

转过来说，对悲哀的敏感容易也是生活中可贵处。当时当事，你也许得流出血泪，过去后那些在你经验中也是不可鄙视的创痂。（此刻说说话，我倒暂时忘记了我昨天到今晚已整整哭了廿四小时，中间仅仅睡着三四个钟头，方才在过分的失望中颓废着觉到浪费去时间精力，很使自己感叹）在夫妇中间为着相爱纠纷自然痛苦，不过那种痛苦也是夹着极端丰富的幸福在内的。冷漠不关心的夫妇结合才是真正的悲剧！

如果在"横溢情感"和"僵死麻木的无情感"中叫我来拣一个，我毫无问题要拣上面的一个，不管是为我自己或是为别人。

人活着的意义基本的是在能体验情感。能体验情感还得有智慧有思想来分别了解那情感——自己的或别人的！如果再能表现你自己所体验所了解的种种在文字上——不管那算是宗教或哲学，诗，或是小说，或是社会学论文——（谁管那些）——使得别人也更得点人生意义，那或许就是所有的意义了——不管人文明到什么程度，天文地理科学的通到哪里去，这点人性还是一样的主要，一样的是人生的关键。

（在一些微笑或皱眉印象上称较分量，在无边际人事上驰骋，细想正是一种生活）

算了吧！二哥，别太虐待自己，有空来我这里，咱们再费点时间讨论讨论它，你还可以告诉我一点实在情形。

我在廿四小时中只在想自己如何消极到如此田地，苦到如此如此，而使我苦得想去死的那个人自己在去上海火车中也苦得要命，已经给我来了两封电报一封信，这不是"人性"的悲剧吗？那个人便是说他最不喜管人性的梁二哥！

徽因 [①]

从这封信可以看到两人相知之深，这是一种不设防的交流，为了医治朋友的心灵创伤，不惜也揭开自己的心灵伤痛，在对等的交流中平息对方的心绪。林徽因的绝大部分文学作品都发表在沈从文编辑的刊物上，而沈从文编辑的《大公报》文学副刊上的小说选也委托林徽因负责编选，在长期的交往中形成了深厚的友谊。

---

① 《致沈从文·三》，《林徽因文集·文学卷》，百花文艺出版社 1999 年版，第 331—334 页。

张兆和既然已经对沈从文的精神危机束手无策，在此情况下，她也觉得让沈从文到已经解放了的清华园住几天。一来他可以亲自体验一下解放区的生活，不要一味地生活在恐怖的幻念中；二来，重新回到朋友们中间，或许能缓解沈从文的精神压力，使他重新燃起生活的希望。

3

　　1949 年 1 月 28 日，正是旧历大年三十，按说全家应该在一起过一个团圆年，但为了缓解沈从文的精神压力，张兆和已经顾不了那么多了，在节日里与老朋友团聚或许对沈从文更有好处。接到梁思成的信以后，张兆和很快就安排沈从文到清华园暂住。这天早晨，在罗念生的陪伴下，沈从文来到清华园，他的好友梁思成、林徽因、金岳霖、程应铨、邓以蛰、张奚若、吴瑞芝等在那里等着他。

　　此时的清华园依然宁静祥和。教师们的生活轨迹没有任何变化。朋友们经常聚在一起看字画、聊天，每个人都以乐观的态度对待未来。沈从文住到了老朋友金岳霖家里，但吃饭则还要到梁思成家里去，每天早晨 8 点半，金岳霖陪着沈从文到梁家吃饭，饭后一起聊天半个小时，然后回到住处；中午也是如此。晚上聊天的时间则要长一些，沈从文下午 6 点到梁家，饭后聊天到晚上 9 点才回去休息。这种聊天与有意识的"思想政治工作"是迥然不同的，它漫无目的，朋友们像一家人一样坐在一起，天南海北，无所不谈，这能够使沈从文暂时忘却苦恼。

　　然而，一旦回到金岳霖家里独坐时，沈从文的心绪还是难以宁静。"反动""与人民为敌""清客文丐""二丑的二丑""春宫画"等刺耳的判词在耳边回响，他对此百思不得其解。"'我'是什么？由何而来？"为了寻求这个问题的答案，过去的时光像幻灯似的在脑海中不断闪现，沈从文要把自己当成一株苹果树，来检讨研究一番。"从由发生、接枝，到做种种不同的移植，又由于土壤不同，气候有别，以及偶然因子侵入（如在偶然中，一个枝子被路人攀折或衣服挂着受害），因而如彼如此，在廿年中同一株树结的果子如何不同。假定结的有好有坏，或者阳光充足，根柢营养又充分，结的却全是虫蛀变质的恶果，总有个原因！必然有个比表面问题深些的原因。"①

然而，思考与分析并没有化解他的心结，反而陷入了更大的困惑：多年来，自己殊死护卫着的是"自由"、所思考的是"人民"，怎么就成了人家眼中的"反动文艺"的代表？而那些与国民党政府过往甚密的作家却依然其乐融融地过着日子？沈从文想不通，甚至对生存的意义产生了疑问，是非黑白既然能够这样颠倒，还能到哪里去寻找"正义"？多年来强绷着的神经已经十分脆弱，沈从文觉得自己多年的追求已经没有意义，生命也失去了寄托，活下去成为一种格外沉重的负担。

在清华园调养的这段时间里，每隔一天，沈从文总能收到妻子的信。这时的沈从文格外需要这种亲情，张兆和也盼望着通过这种方式给沈从文带去安慰。1月30日，沈从文来到清华园的第三天，读着张兆和的来信，他不由自主地在信的空白处抒发着自己的感慨，表达着自己对生活的重重疑虑：

二哥：

清华园住下还不坏吧？毓棠、梦家、广田想必都已见到，多听人家谈谈也好，免得流于空想。

我头脑已完全不用了，有什么空想。

---

① 《一个人的自白》，《沈从文全集》第27卷，第6页。

今天盛澄华先生来看你，知道你已在清华，问我可有什么东西给你带去，我一时却来不及，虽然很想带点黄油来。傍晚瑞芝来，信同黄油都托他带了。朋友们都关切你的健康，为了不使人失望，你应该多照料一点你自己。

关切我好意有什么用，我使人失望本来已太多了。

我照料我自己，"我"在什么地方？寻觅，也无处可以找到。你值得为朋友，为更多的人活得更健康一些！这种身心两方面健康的恢复，别人无能为力，只有你自己的意志力才能恢复它。这应该不太难，你试试看吧。

我"意志"是什么？我写的全是要不得的，这是人家说的。我写了些什么我也就不知道。

徽因这一阵身体还好吧？你们过年想必很热闹，这里昨天照例人来人往拜一天年，今天平安了。昨天小老爷带的信可曾收到？有什么事你写下来，等有便人便带给我，临时写信怕来不及。家里一切如常，有中弟以瑞陪伴我，你可以放心。

天气好，清华园住下来想极舒适。城里略觉沉闷，孩子们都不让出门。

给我不太痛苦的休息，不用醒，就好了，我说的全无人明白。没有一个朋友肯明白敢明白我并不疯。大家都支吾开去，都怕参与。这算什么，人总得休息，自己收拾自己有什么不妥？学哲学的王逊也不理解，才真是把我当了疯子。我看许多人都在参与谋害，有热闹看。

你应该理一次发，洗一个澡，问问瑞芝看。

这有什么用？

有信也可交瑞芝托便人带城，我极希望能知道你这三天来的心情和对事事物物的看法。希望你能有一个乐观的看法。

三

一月卅日

小妈妈，我有什么悲观？做完了事，能休息，自己就休息了，很自然！若勉强附和，奴颜苟安，这么乐观有什么用？让人乐观去，我也不悲观。

《蜘蛛蜘蛛网》是××的文章。

这也参加一个团体来讽刺，来骂，来诬毁，这就是你们的大工作。

棉毛内衣一件是你的，中和弟二三日内回校，你换了衣服托他带城来洗。

衣洗不洗有什么关系？再清洁一点，对我就相宜了？我应当离婚了，免得累她和孩子。

小妈妈，你不用来信，我可有可无，凡事都这样，因为明白生命不过如此。一切和我都已游离。这里大家招待我，如活祭，各按情分领受，真应了佛家所谓因果缘法。其实真有人肯帮助我是给我足量的一点儿。我很需要休息。这对大家都不是坏事。一个柔和结尾，有什么坏。

金隄、曾祺、王逊都完全如女性，不能商量大事，要他设法也不肯。一点不明白我是分分明明检讨一切的结论。我没有前提，只是希望有个不太难堪的结尾。没有人肯明白，都支吾开去。完全在孤立中。孤立而绝望，我本不具生存的幻想。我应当那么休息了！

我十分累，十分累。闻狗吠声不已。你还叫什么？

吃了我会沉默吧。我无所谓施舍了一身，饲的是狗或虎，原本一样的。社会在发展进步中，一年半载后这些声音会结束了吗？①

从这篇文献中可以体会沈从文此时的所思所想。20多年来，沈从文为了生计四处奔波，为了实现生活理想奋力追求，到头来还是一无所有。他感到累了，渴望宁静，需要永远的"休息"。有一次，钱锺书对黄永玉说过，"从文这个人，你不要以为他总是温文尔雅，骨子里很硬。不想干的事，你强迫他试试！"②此语确是知言。沈从文是一个"我持"甚强的人，一旦认准了的事儿，轻易不容易转弯。对即将成立的新政权，沈从文并没有太强的抵触情绪，根据围城以来的所闻所感，他已经相信即将成立的是一个新的合理社会。"在新的政府政治目标和实验方式下，不久将来必然可以实现。附于过去社会一切，腐败和封建意识形态，且必然远比政治预言还早些日子可以扫除。"③他只是不明白，一生善良、正直、清白的自己，何以会成为人们要清算的"反动作家"？他需要清理自己的思绪。

当金岳霖伏案工作、沈从文一人独处的时候，沈从文写下了《一个人的自白》——一篇追溯自己的生命轨迹、分析自己性格形成的文稿，从生活的困顿到靠卖文为生、从军旅生活到求学生涯、从编辑先生的冷眼到卖煤油老人的善意……往事历历在目，卖煤油老人那点善意让他终生难忘，我们不但可以在沈从文身上发现它的影响，这一意象甚至扩展至沈从文的所有作品中，最终把沈从文塑造成一个一生用友谊和同情作渡船的理想主义者。这是沈从文的人生信念之所在。

---

① 《张兆和致沈从文暨沈从文批语·复张兆和》，《沈从文全集》第19卷，第8—11页，文中楷体字部分为沈从文的批语和回信。

② 黄永玉：《这些忧郁的碎屑》，《比我老的老头》，第87页。

③ 《一个人的自白》，《沈从文全集》第27卷，第3页。

但有人竟然漠视它的存在，不分青红皂白地往自己身上泼污水！这到底是一个什么样的世界？他们到底要什么？沈从文不明白。

各种各样的幻念不停地纠缠着沈从文，使他不得安宁。为了使他能够睡好，林徽因每天都将安眠药交给金岳霖，在睡觉前，金岳霖再让沈从文服下，同时，再喝一杯牛奶。在朋友的照顾下，沈从文的睡眠渐渐上了轨道。然而，一觉醒来，现实的遭遇又回到脑海中，于是再度陷入巨大的痛苦中。他知道，朋友的劝慰并不能医好自己的病，虽然相交多年，但此时，朋友并不能真正地了解自己的思想，在这里住下去总不是长久之计。就这样，在清华园住了7天以后，沈从文又回到了自己的家。

1949年1月31日，中国人民解放军接管了北平防务，北平宣告和平解放，平津战役就此结束。2月3日，中国人民解放军举行北平和平解放的隆重入城式，刚从清华园返回家中的沈从文目睹了这一历史性的时刻。虽然他对未来的新政权还缺乏了解，但北平市民欢迎人民解放军入城的热情感染了他，对这支与国民党军队判然两样的人民军队给予了热情的肯定。在写给表侄黄永玉的信中他说："解放军进城，威严而和气，我从未见共产党军队，早知如此，他们定将多一如我之优秀随军记者。"[1]在见到张以瑛之后，沈从文的这种感觉更强烈了。

张以瑛是张兆和的堂兄、革命烈士张鼎和的女儿。1936年10月，张鼎和在安庆牺牲后，他的妻子吴昭毅带着女儿张以瑛、儿子张以瑞四处流浪，1944年到达昆明。沈从文从她那里了解了张鼎和的生平事迹，这让他深受感动。后来，张以瑛参加了革命，在去解放区之前，

---

[1] 转引自黄永玉：《这些忧郁的碎屑》，《比我老的老头》，第82页。

一直住在沈从文家里。1949年2月上旬，张以瑛特地从天津来看望沈从文。从她那里，沈从文对革命有了更深入的了解，张以瑛尽最大努力排遣着三姑夫的苦闷心情，沈从文自己也努力地适应着这个社会。从3月13日写给张以瑛的信中即可看出此时沈从文的情绪：

以瑛：

　　谢谢你的关心，给三姑信已见到。你如可能，将来还是请求调来北平工作好，因可以多学些，并常和三姑见面，对她定有不少鼓励与帮助也。你这次来平，给了我极大信心，即对于国家未来的认识，在一个新的领导方式发展中，必然能克服一切困难，逐步完成。我对于你和相同知识青年，与其他从事工作人员表示的敬意，并不因为个人过去的成见偏见而减少。盼望你们好好为人民工作下去。且希望龙虎长大一点时，也能如你们一样，将一切交给国家。我因过去生命限制，小时候生活受挫折过多过久，心受伤损。从"个人挣扎"方式中战胜困难，支持下来，因之性情内向，难于与社会适应。而个人独自为战精神加强，长处与弱点即在一处。如工作恰巧和时代需要相配合，当然还可为国家下一代做些事。（因纵不能用笔写文章，即作美术史小说史研究，也必然还有些新的发现，条理出一个新路，足为后来者方便。）但如果工作和时代游离，并且于文字间还多抵牾，我这种"工作至死不殆"强执处，自然即容易成为"顽固"，为作茧自缚困难。即有些长处，也不免游离于人群的进步理想以外，孤寂而荒凉。这长处如果又大多是"抽象"的，再加上一些情绪纠缠。久而久之，自然是即在家庭方面，也不免如同孤立了。平时这孤立，神经支持下去已极勉强，时代一变，必然完全摧毁。这也就是目下情形。

……我并不想再在学校教书下去，只希望能有一个小小工作来一切从新学习。如随军，也不怕通过最大困难，三五年后再动笔，革命成功后，再见家中人亦无妨。东北那么要人工作，只要有机会，不问什么小事，我都要克服困难去做，以为多少总可以把剩余生命为人民做点事。但目前在这里，除神经崩毁发疯，什么都隔着。共产党如要的只是一个人由疯到死亡，当然容易做到。如还以为我尚可争取改造，应当让我见一见丁玲，我亟想见她一面，不知陈沂先生能为力没有？让我在一新工作环境中不声不响试工三年五载，会从工作学习中有改造表现。如一定要照一个普通职员方式，思想弄通才许动，或只记住我过去一些文章有触犯处，以使我神经崩毁为得，那就照你说的看医生，也毫无用处。我在另外一种攻势中，疲倦得已到一个程度，不为三姑，不是还希望有机会为人民做一点补过工作，我早已长休息了。用笔了二十多年，根本不和国民党混过，只因习惯为自由处理文字，两年来态度上不积极的，作成一些错误，不知不觉便被人推于一个困难环境中，"为国民党利用"的阱坑边缘。如真的和现实政治相混，那就早飞到台湾广州去了，哪会搁到这个孤点上受罪？

并候以瑞好。

从文

三月十三①

　　显而易见，沈从文深知自己的自由写作思想与新政权相抵牾，但

---

① 《致张以瑛》，《沈从文全集》第19卷，第19—21页。

他并不反对现在的政权。相反，他还竭尽全力地想融入新社会。然而，在感情上，他的心结一直难以解开。他相信自己绝对不是郭沫若笔下的那个"桃红色"作家，在接受《新民报》记者采访时，依然对此不能释怀："我觉得郭先生的话不无感情用事的地方，他说我只写恋爱小说，其实不对，在抗战时期我写的东西很多，不过有的是受检查没有被通过不能出版，自焚的作品就有好几部。"[①] 在幻念中，沈从文不停地阅读过去的旧作，并在作品的空白处不时写下自己的感受：

> 幻念结集，即成这种体制，能善用当然可结佳果，不能善用，即只作成一个真正悲剧结束，混乱而失章次，如一虹桥被新的阵雨击毁，只留下幻光反映于荷珠间。雨后到处有蛙声可闻。杜鹃正为翠翠而悲。
>
> 题于《龙朱》文后

> 我应当和这些人生命在一处，移植入人事复杂之大都市，当然毁碎于一种病的发展中。
>
> 题于《丈夫》题下

> 这应当是举例用最合长处一例。可惜不知善用所长，转成下坠，终沉覆于世故围困中。阴阳兵技儒法，同击毁一别墨，即真正历史也。
>
> 题于《丈夫》文后

---

① 《访问沈从文先生》（《新民报》1949 年 2 月 15 日），转引自糜华菱《沈从文生平年表》，北岳文艺出版社 1998 年版，第 74 页。

这是十八年作，恰廿足年，也正是当时主人岁数。

灯熄了，罡风吹着，出自本身内部的旋风也吹着，于是息了。

一切如自然也如夙命。

题于《灯》文后

当时最熟习的本是这些事，一入学校，即失方向，从另一方式发展，越走越离本，终于迷途，陷入泥淖。待返本，只能见彼岸遥遥灯火，船已慢慢沉了，无可停顿，在行进中逐渐下沉。

题于《建设》文后[①]

张以瑛再度向沈从文伸出了援助之手。她与东北野战军后勤部政委、党委书记陈沂[②]很熟。陈沂原名佘万能，别名陈毅，参加革命后，因与著名军事家陈毅同名，于是改名陈沂。1929年在上海吴淞中国公学读预科，1931年在北平参加"左联"，并被选为候补执委，而张以瑛的父亲张鼎和是北平左联执委，是陈沂的领导。1933年，沈从文到北平后，张鼎和经常到沈从文家看望张兆和，有时爱好文艺的陈沂也一起来。陈沂在中国公学读书时，沈从文、张兆和也在那里，算得上是校友，所以他与沈从文一家很快熟了起来。因为有这层关系，所以陈沂从张以瑛处得知沈从文的近况后也甚为关心，马上寄了一些进步书刊、报纸给沈从文，让他了解党的政策，以缓释他的心理压力。

① 《题〈沈从文子集〉书内》，《沈从文全集》第14卷，第457—458页。

② 陈沂（1912—2002），曾任解放军总政治部文化部部长，1958年被错划"右派"，下放黑龙江省劳动21年。1979年任中共上海市委副书记兼宣传部部长，1983年任上海市人大常委会副主任兼财经委主任。创作有《白山黑水》《五十年一瞬间》《辽沈战役三部曲》等作品。

在得知沈从文想与自己面谈的消息后，陈沂于3月20日左右来到沈从文的家里，和沈从文交谈，让他相信党，不要总是疑神疑鬼。陈沂同时也劝告张兆和，应当尽快加入革命队伍，参加工作。陈沂是一个革命家，他与那些急于要求进步的专业作家不同，不需要借批判别人证明自己的革命立场。作为一个作家，他对沈从文也多了一层同情之了解。因而在离开沈家后，陈沂很快就给时任中共中央华北局宣传部部长周扬写了一封信，表明了自己对此事的态度：

周扬同志：

沈从文的问题，想必白羽已同你谈过。我觉得当着一个党的政策看，沈的问题适当处理，将不是沈的个人问题。在这方面，我做了一些工作，沈有认识和反省。我感到王芸生尚可去解放区活动，沈从文的"罪恶"怕还不比王的严重吧！

在胜利的形势下，我建议对这些人还是要宽大一点，从先宽大中来争取改造。附去沈的信，当可窥知一二。最好有个人代表组织给他谈，并给他一些可以做的事。继续教书实在是不可能了。教什么呢？本身就是苦恼。不知你以为然否？

布礼！

陈沂 ①

此信写于1949年3月23日——离沈从文自杀还有五天，当时的他满怀希望，期待着官方的答复。但没有回音。他感到自己的头上好像悬着一把利刃，不知道什么时候会落下来。在此情形之下，沈从文

---

① 徐庆全：《陈沂关于沈从文致周扬的信》，《黄河》2003年第6期。

陷入了无边的恐惧中，杜鹃悲凉的叫声似乎时时在耳边回旋，到处有人在监视着自己……他不再相信任何人。

在家庭里，他也陷入了空前的孤立中，张兆和正在准备参加革命工作，孩子们则每天快乐地学唱解放区的歌曲，她们已经完全融入新社会，根本不理解沈从文的情绪。既然生命没有了意义，与其苟且偷生，倒不如爽快地向这个世界告别。其实，这种弃世而去的想法，在1943 年就有了："为什么要挣扎？倘若那正是我要到的去处，用不着使力挣扎的。我一定放弃任何抵抗愿望，一直向下沉。不管它是带咸味的海水，还是带苦味的人生，我要沉到底为止。这才像是生命。我需要的就是绝对的皈依，从皈依中见到神。我是个乡下人，走向任何一处照例都带了一把尺，一把秤，和普通社会权量不合。一切临近我命运中的事事物物，我有我自己的尺寸和分量，来证实生命的价值与意义。我用不着你们名叫'社会'为制定的那个东西。我讨厌一般标准，尤其是伪'思想家'为扭曲压扁人性而定下的庸俗乡愿标准。"①

沈从文感到了与这个世界的格格不入，"我应当回到我最先那个世界中去，一切作品都表示这个返乡还土的挚诚召呼。'让我回去，让我回去，回到那些简单平凡哀乐中，手足肮脏心地干净单纯诚虔生命中去！我熟习他们，也欢喜他们，因为他本是我一部分。'"②

3 月 28 日，在无法排解的苦闷中，沈从文用剃刀划破了颈部及两腕的脉管，又喝了一些煤油，以寻求永远的解脱……

---

① 《水云》，《沈从文全集》第 12 卷，第 94 页。
② 《关于西南漆器及其他》，《沈从文全集》第 27 卷，第 26 页。

第二章

徘徊在理智与情感之间

1

世事往往如此：想要的得不到，得到的却又是不想要的，于是人只好永远挣扎在求生不成、求死亦难的现实中。

沈从文弃世的想法也没有如愿以偿。昏迷中的他发出了痛苦的呻吟，这声音正好惊动了正从窗外经过的张中和。张中和有些奇怪，叫门，没有应答，推门，门又插得死死的。他预感到不妙，用尽力气撞开了房门，只见血染红了床铺，沈从文已经处于深度昏迷状态……沈从文马上被送到了医院，好在送得及时，医生把沈从文从死亡的边缘救了回来。醒过来以后，沈从文觉得自己是被投入了监狱，直喊着"我要回家，我要回家"……医生医得好沈从文的肉体创伤，却难弥合他的精神伤痛。无奈之下，家人把沈从文转入精神病院治疗。

与沈从文一起生活了十几年的张兆和对此也无可奈何。她对沈从文的精神世界并不十分明白，因而也不可能理解沈从文的惶恐。在她看来，外边的压力并没有沈从文想象的那么大，此时的北京城也没有什么让人害怕的东西，因而，只能从变态心理学的角度来揣度沈从文的病情。沈从文入院之后不久，张兆和即向沈从文的大哥、三哥、大姐写信询问："在我们父系或母系，或者同父系或母系有关的祖辈中，是否曾经有过神经病患者，医生需要参考材料。"①

对沈从文这位病人来说，这显然不是解决问题的门径。沈从文的直系亲属中并没有精神病史，沈从文的病只是来源于他的信念的执着，

---

① 《张兆和致田真逸、沈岳锟等》，《沈从文全集》第 19 卷，第 23 页。

以及这种信念与现实世界的格格不入。更让他不能忍受的是，共产党方面竟然对他的过去一笔抹杀，他要证明这只是一种"误会"。但"误会"是如此之深，在当时的情势下，没有人能为他澄清冤情。张以瑛虽然是一个革命工作者，但她的位置太低了，根本不能解决沈从文的问题。而现在出入沈从文家的一些革命干部，也大都像张以瑛一样，只是革命阵营中的普通一兵，同样起不到什么作用。沈从文知道，只有高级干部才能解决自己的问题。

他渴望见一见丁玲，此时，也只有这位老朋友才能证明自己的清白。别人不了解，丁玲应该知道，在胡也频和她被捕以后自己是如何营救他们的；在胡也频牺牲以后，自己又是如何冒着生命危险护送丁玲和孩子回湖南的，自己还为此失去了好不容易得来的武汉大学的教职……但丁玲此时远在东北，根本不可能来北平为沈从文排忧解难。

为了缓解沈从文的精神压力，张兆和想尽了办法。相处了将近20年，两个人虽然免不了磕磕碰碰，但自己的话沈从文总是听。可是这一次沈从文根本听不进去，一味地执着在自己的幻念世界里。张兆和只好借助朋友的力量来劝导沈从文，既然沈从文信任的丁玲还远在东北，她只好请其他的朋友来帮忙。经过朋友的介绍，她请来了杨刚[1]。

4月5日，杨刚如约来到沈从文的病房。她是湖北沔阳人，生于1906年，1928年入燕京大学学习，同年加入了中国共产党，后来成为《大公报》的著名记者。萧乾赴英之后，她承担了《大公报·文艺

---

[1] 此前沈从文与杨刚是否相识不得而知，不过即使相识，接触也不会十分密切。她的到来可能与萧乾有关，因为杨刚与萧乾自20世纪20年代末起即相识，萧乾入燕京大学读书全靠杨刚帮忙，后来在《大公报》两人又有过合作，是好友。有可能是萧乾把沈从文患病的消息告诉了杨刚，请杨刚来帮忙的。但这一切还只是推测，尚待证实。

副刊》的编辑工作。1948 年 11 月，杨刚策动了香港《大公报》起义，随后与王芸生一起进入解放区。杨刚与沈从文岁数差不多，都是《大公报》的资深编辑，再加上此时杨刚的身份——天津《大公报》（后易名为《进步日报》）党组负责人兼副总编辑，说起话来既亲切自然又有分量，给病中的沈从文带来了一丝希望。他同时向杨刚表达了希望能与代表共产党意见的人谈一谈的想法，以便确切地了解共产党对自己的态度。沈从文的这种"要说法"的执着再度证明了他的书呆子气十足。

杨刚的到来在某种程度上缓解了沈从文的精神压力，他对自己的未来已经不像以前那样悲观绝望了，最起码不再一味地徘徊在绝望中。在他的前面重新出现了一丝希望的亮光，对病中的沈从文来说，这是一个弥足珍贵的进步。这种精神的进步如实地反映在沈从文 4 月 6 日的日记中：

> 昨杨刚带来了几份报纸，可稍知国家近一星期以来的种种发展。读四月二日《人民日报》的副刊，写几个女英雄的事迹，使我感动而且惭愧。写钱正英尤动人。李秀真也极可钦佩。这才是新时代的新人，和都市中知识分子比起来，真如毛泽东说的，城里人实在无用！乡下人远比（其）单纯和健康。同时也看出文学必然和宣传（合）而为一，方能具教育多数意义和效果。比起个人自由主义的用笔方式说来，白羽实有贡献。对人民教育意义上，实有贡献。把我过去对于文学观点完全摧毁了，无保留地摧毁了。搁笔是必然的，必须的。……我必须为一个新国家做一点事！我要新生，为的是我还能在新的时代中做一点事。……我有了新的信心，对当前的主宰有了深的信心。生命似乎得到了调和与清明。

看事明白多了。我得接受他人给我的死亡或新生。我的幻念即依然尚保存于一个活活的头脑里，我将用到另一方面去，不在个人问题上缠绕了。

……阳光依然那么美好，温暖而多情，对一切有生无不同样给以温暖和欣欣向荣的焕发情感。我却行将被拒绝于群外，阳光不再属于我有了。唉，多美好的阳光！为什么一个人那么热爱生命，恰恰就不能使生命用到一个与世谐同各遂其生的愿望下，将生命重作合理安排？为什么就恰好到这时节在限制中毁灭？……在这一点上，我深深理会了"希望"和"绝望"两个名词的意义。生命存在，总还把希望保存。有希望，也就有一切改造的新生。如绝望，那就什么新生都为不可能了。……我想去想来，实在没有自杀或被杀的需要或必要。……我要新生，在一切毁谤和侮辱打击与斗争中，得回我应得的新生。我有什么理由今天被人捉去杀头？这不是我应得的。①

他的上述自我剖析，无异于一篇"生存还是毁灭"的检讨书，最终理智战胜了疯狂。尽管生活的前景尚在明灭之间，但沈从文毕竟告别了死亡的阴影，下定了适应新时代的决心。

杨刚确实没有敷衍沈从文，她从沈从文处出来后，即到北平文化教育接管委员会，向有关负责人介绍了沈从文的情况，颇有成效。三天后，她给沈从文写了一封情真意切的信，介绍了与文管会接洽的结果：

---

① 《四月六日》，《沈从文全集》第19卷，第25—32页。

从文先生：

　　那天看过了你以后，就到文管会把你决心向人民中间走的意思和他们说了。他们很感动。他们说也常常听到说你是在经历一种追求新生的极大痛苦和努力。他们早想请一个人和你谈谈，请你不要过分痛苦，以致糟蹋了身体。但因为一时找不到和你熟习，真能了解你的人和你谈，所以说耽搁下来了。今天见着沙可夫，他说已经决定了请吴晗和你谈。他（吴）在最近两三天就会去看你去。他会和你商量一切。

　　许多朋友们都非常关切你，尤其是担心你的身体。你既然决心向人群里走，既然出死入生地要否定过去，从头再来，那么，请你认定身体还是最要紧的。你是一个非常认真的人，要认真做事做人，就非身体好不可。今后的工作一拿上手都是艰苦而又繁重，没有成例没有成章地摸索。只有把身体弄好起来才能做得比较的好。我在一二天内就要去天津了。在这以前恐不能再来看你，但我是充满了信心和希望。精神的转变不是一件简单的事。能经由痛苦而从头检讨自己，认识自己的过去和现在，反而是最好的。这可以看得更透，认得更明，站立得更坚定。这比较轻松容易的变化更好。尤其是对于一个有良心的知识分子是最有益。我和许多朋友都相信你最终是属于人民的。祝你

安好

　　兆和姐均此。

杨刚　上

四月八日 ①

---

① 《杨刚致沈从文》，《沈从文全集》第19卷，第33—34页。

杨刚信中说的吴晗，原名吴春晗，生于 1909 年。沈从文在中国公学任教时，吴晗是那里的学生。西南联大时期，吴晗与沈从文是同事，1943 年，吴晗加入中国民主同盟后，曾与闻一多一起到沈从文家里去，劝沈从文加入民盟。1948 年，吴晗为摆脱国民党政府的迫害，前往解放区。北平解放后，吴晗任清华大学历史系主任、文学院院长、校务委员会副主任。

吴晗终于如约来了，沈从文向吴晗要求去磁县烧窑，这让吴晗很为难，他也没能解决沈从文的问题。

虽然沈从文暂时打消了彻底解脱的念头，但他的精神依然痛苦，在孤独中思考，"什么是我？我在何处？我要什么？我有什么不愉快？我碰着了什么事？想不清楚"①。他需要有人帮助，盼望着朋友来替自己排解胸中的苦闷。他最想见的还是丁玲，每当他看见写字台上放着的照片——那是 19 年前护送丁玲回湖南时在武汉城头上和凌叔华一家人照的，以前的时光便一一再现。"抱在叔华手中的小莹，这时已入大学，还有那个遗孤韦护，可能已成为一个青年壮丁，——我却被一种不可解的情形，被自己的疯狂，游离于群外……"②时过境迁，两人的境遇刚好相反，沈从文自己陷入灾难，而丁玲正如日中天，可谓世事无常。丁玲不但是沈从文最要好的朋友，也是沈从文的朋友中在中共文艺界影响最大的一位，他极需要她的帮助，可是丁玲在哪里？

1949 年 6 月，丁玲从沈阳回到北平，沈从文见丁玲的机会终于来了。沈从文在儿子虎雏的陪同下，到当时北平军管会下属的文管会所在地北池子大街 66 号去看望丁玲。虎雏已经满 12 岁了，陪父亲看

① 《五月卅下十点北平宿舍》，《沈从文全集》第 19 卷，第 43 页。
② 《五月卅下十点北平宿舍》，《沈从文全集》第 19 卷，第 42 页。

老朋友的情景给他留下了深刻印象：

> 爸爸攥着我的手，一路沉默。我明白他的激动和期待。没几步，到了北池子一个铁门，穿棉军装的门岗亲切地指着二楼。暖融融的房间阳光充足，我看见爸爸绽开的笑脸，带一点迟滞病容……
>
> 回来我一直纳闷，这相隔十二年的老友重逢，一点不像我想的。只如同被一位相识首长客气地接见，难道爸爸妈妈那些美好回忆，都是幼稚的错觉？那暖融融大房间里的冷漠气氛，嵌在我记忆里永远无法抹去。[1]

因为年代久远，沈虎雏的记忆可能有失实的地方，即沈从文去看丁玲不可能是在穿棉衣的冬天，因为丁玲在这一年的 6 月 8 日才回到北平。[2] 丁玲后来又邀请何其芳一起到沈从文家里看望，但老朋友的见面并不像沈从文期望的那样亲切、自然，没有重逢的喜悦，也没有贴心的交谈，所说的大多是符合党的政策的一些套话：

> "抛掉自己过去越快越多越好。"
> "凡是对党有益的就做，不利的莫做。"

这样的话，沈从文在报纸上、文件中已经读到过无数遍，这不是他想得到的。沈从文只是想让朋友从相知的角度，来证明自己的无辜，以消除共产党对自己的误会。这一时期的知识分子，每个人身上都背

---

① 沈虎雏：《团聚》，载沈从文著《无从驯服的斑马》，中国青年出版社 2004 年版，第 175 页。

② 参见陈明：《澄清几件事》，《新文学史料》1991 年第 3 期。

负着沉重的历史负担,哪里还敢招惹被鲁迅之后的文艺旗手钦点的"反动作家"沈从文呢!种种迹象表明,沈从文对这次期待已久的相见很失望,在7月写给朋友的信中说,"相熟三十年朋友,不仅将如陌生,甚至于且从疏隔成忌误"①,其不满之情溢于言表。

7月2日,中华全国文学艺术工作者代表大会在北京隆重开幕,大会的总主席为郭沫若,茅盾与周扬为副主席,会议共有代表824人,但出于种种原因有些代表并未到会,实际出席会议的代表650人。会议代表的阵容很庞大,范围也很广泛,但名单里没有沈从文的名字。巴金、靳以等老朋友在会议的间隙多次到沈从文家里看望他,"表面上看不出他有情绪,他脸上仍然露出微笑。他向我们打听文艺界朋友的近况,他关心每个熟人。然而文艺界似乎忘记了他"②。在这次会议上,巴金、曹禺、丁玲、萧乾、靳以、何其芳、李健吾、徐盈、子冈、吴晗、冯至、罗念生……都是正式代表,其中有些人还是在沈从文的一手扶持下走上文坛的,但唯独没有沈从文。在这次会议上,甚至对这位著作等身的文学大师的名字也没有提一提,这给沈从文的精神打击可想而知。

沈从文为什么没有被选为文代会的代表?这一直是一个谜。多年以后,夏衍在与李辉的交谈中对其中的缘由略有透露:"1949年第一次文代会没有沈从文,这个事情很奇怪吧。沈从文很有名气,为什么连代表都不是?当时我没有参加。大会是7月召开,上海5月刚解放,接管工作非常忙,我留在上海。后来文代会之后我到北京,有人同我谈到沈从文的问题。我问周扬,怎么沈从文没有参加文代会。周扬表

---

① 《致刘子衡》,《沈从文全集》第19卷,第45页。
② 巴金:《怀念从文》,载巴金等著《长河不尽流——怀念从文》,湖南文艺出版社2018年版,第22页。

情很奇怪，说：'说来话长，不谈不谈。'后来我辗转打听，原来是
这么回事：沈从文在 1943 年或 1944 年的时候，给当时的《战国策》
杂志写过文章，陈铨他们主编的，他写过《野玫瑰》。陈铨他们公开
拥护希特勒的。这个时候，沈从文在那上面写文章，主要讲三 K 主义，
这个你可以查出来。聂绀弩的杂文集、宋云彬、秦似的文章有批判他的。
为《战国策》写文章，就是这个问题。我当时没有写文章，因为我和
他不熟，我不晓得，没看他的东西。""沈从文的问题主要是《战国策》，
这就不是一个简单的问题了。那个时候，刊物宣扬法西斯，就不得了。
再加上他自杀，这就复杂了。这个问题，不但是郭沫若骂他的问题。"①
无独有偶，在茅盾所做的国统区革命文艺运动的报告提纲中，也特意
指出："十年中间我们曾和各种各样的反动文艺理论进行了坚决的斗
争，而且在基本上打败了敌人。我们曾经驳斥了'与抗战无关论'，
曾经对当时大吹大擂的国民党反动派的'文艺政策'从各种角度上加
以抨击，使之体无完肤，我们曾经集中火力打击那公然鼓吹法西斯的
'战国策派'，我们又经常揭露市侩主义的本质以及其他各种'挂羊
头卖狗肉'的谬论。"② 在茅盾列举的与进步文艺对立的几种思潮中，
"与抗战无关论""战国策派"均与沈从文有这样那样的关联。在今
天看来，不管沈从文的被打入冷宫有多少个原因，《战国策》问题肯
定是原因之一。在那个单纯以阶级立场来划分是非曲直的年代里，这
也确实是沈从文百口莫辩的问题之一。

　　《战国策》半月刊是当西南联大教授林同济、陈铨、雷海宗等人

---

① 李辉：《与夏衍谈周扬》，《李辉文集·往事苍老》，花城出版社 1998 年版，第
　　240—242 页。
② 茅盾：《在反动派压迫下斗争和发展的革命文艺》，《中华全国文学艺术工作者代表
　　大会纪念文集》，新华书店 1950 年版，第 56—57 页。

于 1940 年在昆明创办的，后来又在重庆《大公报》上编辑了《战国》副刊，由此得名"战国策派"。他们把当时的局势看作"战国时代的重演"，崇尚超人哲学、权力意志，以"恐怖·狂欢·虔恪"作为文艺创作的母题。战国策派中的一些成员有国民党的背景，如雷海宗是国民党云南省党部的委员，陈铨也有在国民党的中央政治学校任教的经历，但认真追究起来，这一派别还是一个纯粹的知识分子团体，党派色彩并不十分明显。但在国共两党斗争日益激烈的当时，雷海宗、陈铨的一些主张被进步文艺界轻而易举地与国民党的官方政策联系起来，进而与法西斯主义联系起来，还是让我们看看当时人们的命名逻辑吧：

> 我们要坚决地高呼，"战国派"的"争斗力"的国内政治观，完全是法西斯主义，希特勒主义的一套呵！在法西斯国家里，不是理智应用，早被抑止吗？……那个"不管正义不正义，正义在其中了"的"英雄豪杰"，不就是希特勒吗，墨索里尼和东条之类的人物吗？……"战国派"的人们，转弯抹角，硬说现代是战国时代，而定了一些战国时代的"特点"，硬应用到现局势中来，其内容、其目的，不是承认法西斯主义的"理所当然"，是"必经阶段"，而隐藏的间接的歌颂法西斯主义吗？不是明目张胆地捧希特勒吗？此外，称赞科学为"力量演乘学"，它不仅是驾驭"自然之力"，还是"驾驭人们之力"，科学发达的国家，"随时可以用科学的力（就是飞机大炮，就是侵略战争！——作者注）来支配其他落后国家的生命"（公孙震《知与力》，登《战国》第三期），不就是给法西斯德国的侵略战争找"科学"根据，使之合法化吗？其次，高歌战国时代的怨女叛乱不安之源，称道妾

制与后宫制（雷海宗：《战国时代的怨女旷夫》《战国》第二期，《大公报》十二月十日）和提倡林黛玉精神（吴宓：《改造民族精神之管见》，同上），不都是最反动的妇女"理论"和希特勒的妇女回厨房回闺房的谬论的表现吗？ ①

当人被"信仰"蒙住了眼睛的时刻，也是失却判断力的时刻，此时的人们已经没有耐心统揽全局，而只会在字里行间寻章摘句。将"战国策派"与倡导法西斯主义对等起来，就是这样的"杰作"。实际上，"战国策派"学人贺麟对"法西斯主义"有着非常精辟的剖析与批判，在《纳粹毁灭与德国文化》一文中，曾这样分析"法西斯主义"："纳粹主义试分析起来大约不外三个主要成分构成的：一是种族偏见；二是政治独裁；三是武力征服。种族偏见是违反各民族自由平等的大同思想的，政治独裁是违反民主政治的大潮流的，武力征服是扰乱世界和平的。而这三个成分在纳粹的德国都发展到最猛烈、最极端的发狂程度。因此纳粹主义便成为全世界所深恶痛绝的恶势力，所须竭力隔离消灭的疫苗。"然而，偏见一旦在狂热氛围中形成，人们便会将其视之为"真理"，需要在漫长的时间淘洗后，才能拂去尘埃。至于把沈从文看作战国策派的依据，只不过是沈从文在《战国策》上发表了6篇文章，人们所关心的并不是这些文章说了些什么，而是沈从文在这上面发表过文章，因而沈从文必是"战国策派"。在正常的情况下，这样的思维模式肯定会遭到人们的迎头痛击，但不幸的是沈从文所处的是一个狂热的时代，那些政治弄潮儿唯恐自己革命得不够彻底，想指望他们为一个落难书生辩诬无异于与虎谋皮。

---

① 汉夫：《"战国"派的法西斯主义实质》，《群众》第 7 卷第 1 期。

沈从文确实曾经一度帮助处理《战国策》的文艺稿件，并在上面发表文章，对此他有过回忆："在昆明时，除教书外还曾参加过几个刊物的编辑，处理文艺部门稿件，重要的有《自由评论》（由陈岱孙、潘光旦等共同负责）、《战国策》（由林同济、何永佶等共同负责）。《自由评论》先数期似由个人出钱，后来是其他方面。《战国策》由缪某出钱。起始时本说明反蒋独裁，自由用笔，个人负责。后来一面知道经济来源有问题，一面受牵连责备而离开。"①尽管如此，在思想上，他又与陈铨等人有着很大区别。对此，陈铨曾经有过说明："我在《战国策》第四期，发表《论英雄崇拜》一文以后，引起很多朋友和读者的批评。沈从文先生，甚至于写了一篇六七千字的长文，来详细反对。沈先生的诚恳，很令人感动，沈先生文章里所指摘的小节地方，我也可以在某种条件下赞同接受，但是重要的，乃是这个问题后边隐藏着欧洲数千年另外一派思想界的潮流，绝不是几千字的文章，所能说清楚的。沈先生的文章，对于我的思想最主要的问题，还没有抓住，而且对于欧洲英美传统派而外的思想实在是太隔膜了。好在这一个问题，这一派思想，我们以后还得大量写文章阐明，熟悉西洋思想的人，自然一见便知，我们更希望他们参加发表态见，也许可使中国思想界，展开一个新局面。"②陈铨所指的，是沈从文的《读英雄崇拜》一文，在文章中，沈从文批评了陈铨所倡导的"英雄崇拜"观念。在沈从文看来，20世纪应该是"神的解体"的世纪，"英雄只是一个'人'，

---

① 《沈从文自传》，《沈从文全集》第27卷，第149页。沈从文的回忆是可靠的，1941年2月3日复施蛰存的信中他也曾说："刊物纯文学办不了，曾与林同济办——《战国策》，已到十五期，还不十分坏，希望重建一观念。"（《沈从文全集》第18卷，第390页。）

② 陈铨：《德国民族的性格和思想》，《战国策》1940年6月25日第6期。

与我们相差处并非'头脑万能'，不过'有权据势'。维持他的权柄，发展他的伟大，并不靠群众单纯的崇拜，靠的倒是中层分子各方面的热诚合作！二十世纪两个近代化的国家领袖，罗斯福和斯大林，所谓做领袖的意义，便是如此。个人权力尽管其大无比，事实上各事有人负责，个人不过居于提纲挈领的地位，总其大成而已。读书人对于他崇拜不崇拜，是无所谓的。……'领袖也是一个人，并不是神。'他要人相近，不要人离远。要群众信托爱敬，不要迷信崇拜。"[1] 按照批评者的逻辑，如果说倡导领袖崇拜就是拥护"独裁"、就是法西斯主义的话，那么沈从文恰恰是反对"英雄崇拜"的。由于思路不和，又备受同道责备，不久沈从文就离开了。但尽管如此，依然不能证明沈从文的"清白"。

1949 年 5 月以后的沈从文，基本上放弃了"解脱"的打算。沈从文爱妻子，更爱孩子，为了他们，无论如何也要挺过来。这一年的 5 月 10 日，为了以后的工作，张兆和进入华北大学学习，但她实在放心不下尚在病中的沈从文，入学第二天即连续写了两封信给家里，介绍那里的情况，她希望用自己的爱心给正处逆境中的沈从文带来温暖：

爸爸、大弟小弟：

刚才我去给你们寄信，寄信回来时，想去雍和宫走走，里面驻着兵，我一个人不敢进去。雍和宫是北平城里顶大的喇嘛庙，里面有许多宝贵的法器和古怪的佛像，二月里打鬼热闹得很。我走进国子监，国子监就是孔庙，红墙黄瓦和琉璃牌坊，在晚晴的

---

① 《读英雄崇拜》，《沈从文全集》第 14 卷，第 137—138 页。

色调中又寂静又富丽。正殿都封闭着，两廊的木栅里面有许多石碑，我一个人巡行浏览一番。里面玩的人很少，静得很，如果二十年前，在我还是个女孩子的时候，在这样孤寂情形下，我一定又要伤感了，现在我虽然也还是一个人玩，因为有你们，我从来不感到孤独或伤感。

三三，你太伟大了，你太好了，我怎么说呢？还有日子要挣扎，不能伤感！

从

我的房里住五个人，五个铺位一顺地铺在席子上。我右邻是个聋子，耳朵孔里塞一个小小的白铜扩音器，别人说话她还是不容易听见，左邻是今天新搬来的一位四十二岁的女教员。夜里我睡不着，果然正如我所预料，有人很清脆地在丢脸。幸好她仅丢一次脸，否则我要笑出声来了。

我入学以来，我的感觉很奇特，因为我究竟不是女学生时代了。我这种感觉，在我同许多同学一块学唱歌的时候，在我同大家在大院子排队听报告的时候，在我在夜间从睡眠醒来的时候，时时都有。是不是我比别的人多了你们，我的感觉便和别人不同？

盼望你爱工作和家中人一样永远热忱不变。

从

我对我这个环境感到生疏。

总要慢慢习惯，世界已变了！

从

但我一点也不怕它不讨厌它。

都是人，不能讨厌！

从

我不知道有一天我穿了八路制服回中老胡同的时候是怎样情形，我想我一定很难为情的。

大家欢迎你！

从

爸爸要有适当的休息，

我只希望不要用头脑思索！多做点事！

从

大弟小弟要好好做功课，做完功课才能玩。在你们每在荒唐到忘形，想想妈妈，就像妈妈在身边一样了，妈妈在身边一定要你们不要玩得把功课忘记的。

如果爸爸领到薪水，大弟替我买一把马蹄锁，我下次要骑车到学校。如果不太贵，你们各人也买一把。要好的才行。

妈妈

五月十一日下午六时 ①

如果把这些批语与 1 月 30 日信上的批语相比，就会发现沈从文的精神面貌的变化。他不再拘泥于个人的感情世界，开始理智地劝张兆和尽快适应新的生活。在家里，追求"进步"的孩子们也时时与父亲争论着，推动着父亲尽快融入新社会。他们认为父亲思想顽固，应当"改造"。当沈从文面对秋雨说"雨愁人得很"的时候，兄弟两个会批评他："翻身农民不会这样想。" 沈从文的一篇文章曾经记下

---

① 《张兆和致沈从文等暨沈从文批语》，《沈从文全集》第 19 卷，第 39—41 页。楷体字为沈从文批语。

了父子相争的情形：

有天晚上，孩子们从东单劳动服务归来，虽极累还兴奋。上床后，我就坐在旁边，和他们讨论问题。

"爸爸，我看你老不进步，思想搞不通。国家那么好，还不快快乐乐工作？"

"我工作了好些年，并不十分懒惰。也热爱这个国家，明白个人工作和社会能够发生什么关系。也长远在学习，学的已不少。至于进步不进步，表面可看不出。我学的不同，用处不同。"

说进步不同，显然和孩子们所受教育不合。两人都说："凡是进步一看就明白。你说爱国，过去是什么社会，现在又是什么社会？你得多看看新书，多看看外面世界。你能写文章，怎么不多写些对国家有益的文章？人民要你工作得更多更好，你就得做！"

"我在工作！"

"到博物馆弄古董，有什么意思！"

"那也是历史，是文化！你们不是成天说打倒封建？'封建'不仅仅是两个字。还有好些东东西西，可让我们明白封建的发展。帝王、官僚、大财主，怎么样糟蹋人民，和劳动人民在被压迫剥削中又还创造了多少文化文明的事实，都值得知道多一些。我那么一面工作，一面学习，正是为人民服务！"

"既然为人民服务，就应该快快乐乐去做！"

"照我个人来说，快乐也要学习的。我在努力学习。这正是不大容易进步处。毛主席文件上不是说起过，学习并不简单，知识分子改造、转变，要有痛苦吗？痛苦能增加人认识……"

于是我们共同演了一幕《父与子》，孩子们凡是由"信"出发，所理解的国家，自然和我由"思"出发明白的国家大不相同。谈下去，两人都落了泪，不多久，又都睡着了……①

妻子、孩子对新社会的饱满热情，在无形中影响着沈从文。沈从文想到，当初自己决定留在北平，不就是因为妻子和孩子们吗？既然他们感到幸福，自己又有什么可顾虑呢？想到这儿，沈从文已下定决心，无论新政权怎样对待自己，自己都要努力适应这个新时代。1949年11月13日，对沈从文来说，是重要的一天，他在这一天的日记上写道："我怎么会忽然成为这么一个人？过去的我似乎完全死去了。新生的我十分衰弱。只想哭一哭。我好像和一切隔离，事实上却和一个时代多少人的悲喜混同而为一。我似乎已觉醒，或已新生……"②

① 《政治无所不在》，《沈从文全集》第27卷，第40—41页。
② 《日记四则》，《沈从文全集》第19卷，第57页。

2

　　1950 年 3 月 2 日，沈从文进入华北大学政治研究班学习，4 月转入位于西苑的华北人民革命大学政治研究班。无论是华北大学的政治研究班还是华北人民革命大学政治研究班，都是新中国成立后为改造知识分子而设立的，能够来这里学习的，都是民主人士，不是与共产党有联系的国民党高级官员，就是大学里的教授。这在刘少奇给华北人民革命大学的校长刘澜涛的指示中就可以看出来："革大政治研究班已在党外人士中建立了一些信仰，拟继续扩大办下去，各地高级军政旧人员及知识分子愿来学习者，可以送来。"很显然，政治研究班的目的只有一个，那就是帮助高级军政旧人员和知识分子建立新的信仰，也就是精神"洗澡"。

　　"牺牲一己，成全一切"，是这时的沈从文的人生信仰。像当年逃离军队来到北平一样，沈从文意识到自己又到了一个人生转折点上。为了家庭和孩子，沈从文愿意牺牲自己，"要努力把身受的一切，转化为对时代的爱。从个'成全一切'而沉默，转为'积极忘我'"。①想是这样想，但在内心深处，依然对自己目前所做的一切有所抵制。沈从文向来是以自己的良知决定取舍，对主流意识形态保持着批判的眼光。正像他自己所说的那样，一切是从"思"出发的，而现在要来一个一百八十度的大转弯，其内心的苦恼可想而知。苏联作家阿·托

---

① 《致布德》，《沈从文全集》第 19 卷，第 68 页。

尔斯泰曾对知识分子的改造有过非常贴切的比喻，"在清水里泡三次，在血水里浴三次，在碱水里煮三次。我们就会纯净得不能再纯净了"。这一历程也是新中国成立后的知识分子必然要经历的。

对沈从文来说，华北人民革命大学的生活是新奇而又陌生的。当年他刚到北平时，最大的愿望就是能够进入大学学习，但用尽了心力依然不能如愿。30年后，已经做了大学教授的他，反而要从头学起，而要学习的一切，恰恰是自己从骨子里就抵触的，这也是一种人生的讽刺。在表面上，沈从文每天都在认真学习发下来的各种材料——毛泽东的《在延安文艺座谈会上的讲话》、刘少奇的《论共产党员的修养》、加里宁的《论共产主义教育》等革命文献，还要不时地运用刚刚学来的理论解剖自己，那没完没了的思想汇报更是让他痛苦难当。每天都在沉默中学习，同时还要写那些表明自己正在追求"进步"、向过去告别，充满了空话、套话的学习总结。在检讨材料中，他既要指出自己"脱离群众""脱离现实""脱离革命"的缺点，还要分析这些现象的"形成原因"，同时还要找出"改正"的方法。[①]下面这段文字是沈从文入学三周以后所写的思想总结：

现实的发展，既成为如目前种种，我可说有了错误：

一、知古不知今，历史上的经验论并无必然性，怕武力过大易成独裁，可不知如果这种武力由人民革命掌握，有毛泽东思想运用，一切实事求是，谨慎处理，却可为真正民主奠下个基础。这个基础是能和"对人民有利"原则永远可以相印证的。

二、知旧不知新，明知北伐成功，是一个有人民拥护的少数

---

① 参见《我的分析兼检讨》，《沈从文全集》第27卷，第69—75页。

革命部队，打垮脱离人民的队伍。我对新的人民革命，当时却少认识。

三、看远不看近，世界必然会从一种崭新关系上，不再感到战争威胁。或如马克思说的，无产阶级革命完全成功，或如斯大林所说，世界会容许有两种经济制度存在（由和平竞赛达到矛盾的统一）。可不知道要达到革命成功，必有个挣扎过程。不是农民武装革命，就无法将旧政治腐败政权解体。更不知道要达到和平，必有维持和平的独立自主条件。我对于这两点或缺少知识，或不曾正视内外矛盾之不可调和性，必从"反"方能转而得到"合"。和平是要在一个新的发展上方可望的。

一面对现实政治无知，一面把工作和社会游离，到外面的变动世界，和我在两丈见方小房子中的观念排列完全不符合，我的头脑在种种迫促中，逐渐失去了意义和方向。一切都在否定中消失了。

新的学习最大发现为"无知"。用文件和生活教育自己，由"无知"到"进步"，当然还要些时日。对于政治，可能是永远也学不好的。[①]

尽管沈从文在检讨中挖空心思地寻找着自己过去所犯的"错误"，但这只是表面现象。在他的内心深处，无论是对新政府的领导方式，还是对"改造思想"的方式都有着相当程度的抵触。对他而言，"政治"向来只代表"权力"，"和由士大夫的幕僚或教书人的智囊人事

① 《时事学习总结》，《沈从文全集》第27卷，第66—67页。

知识结合，又即成为'政术'"。一部战国策和民国以来的军阀割据，议会勾结，所说明的只是："政治"对个人而言，只不过是一个倾轧异己满足自我的法定名词罢了。①带着这样的想法进行"思想改造"，自然不会有什么好的结果，所以，尽管沈从文学习很认真，但他在这里的学习成绩总在丙、丁之间，一个"抵触"政治的人学习"政治"，其结果也只能如此。

　　这种矛盾是全面的，体现在对时事政策、领导作风、学习方式等方方面面的反应上。3月初刚入华北大学的时候，一位领导在讲话时火气很大，对此沈从文很反感。在思想总结中不由自主地写道："初到华大，听一领导同志火气极大的训话，倒只为他着急。因为不像是在处理国家大事。只感觉国家一定还有困难，不然怎么会这么来领导新教育？除了共产党，从各方面工作，爱这个国家的人还多！即不是党员，牺牲了自己来爱党的也还有人！这种讲演要的是什么效果？华大如真那么办下去，那么领导下去，照我理解，对国家为无益。"②这段文字流露出的意思很明显：天下不只共产党员爱国，爱国的人大有人在，高高在上的训斥的态度不是处理国家大事的方式，这也不是一种合适的办教育的方式。其怀疑态度溢于言表，将这样一份总结交给校方看，自然不会有什么好的结果。

　　沈从文对时事的不满不仅表现在小节上，还涉及一些大的是非方面。在9月8日的日记中，沈从文流露出对中国作家丧失独立性的忧虑：

① 参见《解放一年——学习一年》，《沈从文全集》第27卷，第54页。
② 《总结·思想部分》，《沈从文全集》第27卷，第116页。

唯中国作家似多自得其乐，如谯周演说作文，充满官僚颂祝，和个人英雄气，全不落实诚恳。在加里宁文章中，所谓"鼓动员"一名而已。鼓手炮手而已。①

作家做时代的吹鼓手，是新的文艺政策使然，而不仅仅是作家个人创作问题。加里宁是苏联共产党的一位领导人和政治家，1938年至1946年任最高苏维埃主席团主席，是苏维埃形式上的国家元首。他所著的《论共产主义教育》一书是20世纪50年代思想教育中使用的热门书籍，也是沈从文在革大时的必读书目，他日记中所说的"鼓动员"在加里宁的书中多有提及，有多篇讲演都是对即将奔赴战场的"鼓动员"们做的。苏联卫国战争时期，为了鼓舞士气，有许多"鼓动员"活跃在战场上，激发战士的士气。沈从文将中国作家与"鼓动员"相提并论，说中国作家多是"鼓手炮手"，其作品也充斥着不切实际的"官僚颂祝"之辞，而缺乏文学性和真实性，这表明，即使在"思想改造"最为严峻的时期，沈从文也没有放弃原来的文学信条。

好在沈从文只是停留在"腹诽"上，并没有公开表达自己的意见。

沈从文曾经说过，大儿子龙龙入团以后五个月开的会，要比自己大半生开的会还要多，他对形式主义深恶痛绝。在革大学习的日子里，沈从文最头痛的就是没完没了的大会小会以及流于形式的政治学习，在他看来，这根本就是在浪费生命。他甚至提出要有一种"生命经济学"，有一个管理生命的斯达哈诺夫运动，"在全国性总检查上，首先进行检查两件事：一件是八小时或十小时属于公时方面，有多少近于浪费，如开会冗长报告，如转公文，如彼如此等等"。而目下的情

---

① 《革命大学日记一束》，《沈从文全集》第19卷，第81页。

形，"还是浮浮泛泛地把一部分生命交给老牛拉车式的办公，完全教条的学习，过多的睡眠（一般的懒惰更十分可怕），无益的空谈……"①一个人在不能有效地管理自己生命的情况下，怎么能把生命更有效率地为国家服务？一群旧社会过来的知识分子聚在一起，说些空话套话，找些没有意义的题目闲聊，或者跳舞、玩牌、下棋、唱京剧、扭秧歌……沈从文与这样的"学习"氛围格格不入，他宁可做一点小事儿为大家服务，也不愿与这些人为伍。

有一天，沈从文完成一天的学习回到宿舍，发现同宿舍的四个同学正在议论照相机，谈兴正浓，沈从文转身就走了，悄悄地去收拾厕所，他觉得这比那空谈更有意义，什么事儿不是从一点一滴做起的呢？

沈从文想发动大家一起动手打扫茅房。

他们却说："我们是来改造思想，坐下来改造好了，好去为人民服务。"

"这不也是为人民服务吗？一面工作，一面改造不更好吗？"沈从文回应道。

没有人同意他的观点。

沈从文只有自己去干，于是有了顾学颉下面这段记载：

那天好像是什么节日，放假，有家的人都回城里，外地的同学也都到城里亲友那里去了，唯独沈一人没回家，也没有人注意。第二天大家回校之后，上厕所小便时，有个别仔细的人，忽然发现便池焕然一新，面貌完全改观。大约有几十年没洗涮干净的小便池里又臭又厚的积垢，都被刮洗得干干净净，十来个池子，个

---

① 《革命大学日记一束》，《沈从文全集》第19卷，第77页。

个如此。这人大为惊讶，喊别人去看。这才引起班主任等负责人的警觉。晚上开全体班会时，问是谁干的？连问几遍，没有人答应。会后，班上仔细研究、查问，才想起昨天吃饭时见到沈从文，知道他没回家。这样，才把事情弄明白。大字报上，以班的名义写了大篇表扬他的报道。有人问他，他只笑笑。又问他：那么厚的积垢，用什么方法去掉的？（那时还没有去垢的化学药物。）他说：待在这里，没有事干，就用刮胡子的刀片（单面的）慢慢地一个一个池子刮，花了整天的时间，总算大致弄干净了。这算不了什么，小时候当过兵，什么没干过？（他自己并不认为有什么了不起。）

他的这场奇异举动，当时自然会引起人们背后的纷纷议论。绝大多数的赞扬声中，也有个别不与人为善、以小人之心度君子之腹的说：一个堂堂有名的作家、教授，忽然埋头在脏臭的厕所里待上一天，干那种勤杂工也不曾干过的脏活、累活，要说不是沽名钓誉、哗众取宠，也是非平常人所能理解、解释的。——当然，这种推测的小话，也只能偷偷地对个别人小声说说，因为没有市场。①

在沈从文看来，这些"小活儿""脏活"比那些"空话""大话"要干净、正派得多。1950年8月2日在给老朋友萧离的信中他甚至还说，"如果不怕人说'个人英雄主义'，经常还可去把许多其他宿舍茅房收拾收拾，一定对人多些实益，而于己也是一种教育，且可说材当其用。比过去胡乱写文章再尽人来胡乱称引，切实具体多矣，也

---

① 顾学颉：《记沈从文先生的一件小事》，《新文学史料》1998年第2期。

比在此每天由早五时到下十时一部分抽象讨论有意义得多"。[1] 这话中虽然有些不平之气在内,但对"空谈"的厌倦情绪是实实在在的。

沈从文既不热心参加群体活动,又不善于走"群众"路线,这使他有点形单影只。这里所说的"群众"是指那些革大的同学,而不是真正工作在最基层的"人民"。在革大的日子里,真正吸引沈从文的,是厨房里的几位师傅。学习之余,当别人聊天、下棋、跳舞的时候,沈从文总是悄悄地走到厨房,和他们一起聊天、拉家常,他觉得这比听组里的同学空谈有意义得多。其中有一位身材瘦高的老炊事员与沈从文特别谈得来,这位师傅刚刚参加革命,主要负责烧火,空闲的时候就蹲在灶间,默默地吸烟。

"老同志,你怎么不去看戏?今晚戏好得很!还有北京城里来的魔术、对口相声,不容易见到,快看看去!"

"我有事情,不能去!天气热,大家看完戏回来,要水喝,没有水,多不方便!"

"事情找人替替做好。我可以替替你。只管看看去!"

"不要看!事情还没有做完。"

"太费心了!太累你们!我们都帮不上忙!"

"我们没有知识,我也只能烧烧水,敲敲煤,不费力气的。你们学习改造,学习好,为国家多办些事情。身体不好是不成的!"有时候,老同志也从家里带些新鲜蔬菜来,让同学们尝尝新。当表扬他时,他会感到害羞,说:"米米大人情也拍巴掌道谢。"

老人的话非常朴素,却比那些长篇大论更让人受用,他不辞辛劳、默默工作的态度给沈从文很大的启发,他要以老人为原型写一篇作品。

---

[1] 《复萧离》,《沈从文全集》第19卷,第71—72页。

小说后来定名为《老同志》，虽然沈从文的写作态度非常认真，但由于受到无形的条条框框的限制，已经很难见到他往日小说的神韵了。小说虽然数易其稿，还是屡遭退稿。1952 年 8 月他把它寄给丁玲，请她"看看，如还好，可以用到什么小刊物上去，就为转去，不用我名字也好"①。但依然没有发表。

学习快结束了，每一个同学都忙着写学习总结，沈从文在总结中回顾了自己走过的道路，同时也挖空心思检讨着自己的错误：

> 昔人说，学，然后知不足，我实应当说：学，然后知错误。近半月因写总结，有机会把自己一部分作品重新翻阅看看，才知道过去还以为对人民为有用有贡献的工作，现在看来在一个动的社会中，历史伟大的变革过程中，人民革命向前发展中，可以说毫无意义可言，是应当随同旧社会一齐埋葬，才不至于还有不健全影响的。②

沈从文写得极认真，是最后一个交稿的，很快就通过了。中共中央统战部部长李维汉参加了政治研究班的结业式，与学员们座谈，有一段话给沈从文留下了深刻印象："各位回到本工作岗位上时，盼照常好好工作，不要反对你的领导。一切机关都是党在领导，不是某个人。我们的规矩是今天他做你们的领导，不久也许会要他去做火夫。至于你们的工作能力，党是会理解的，总会让大家材当其用。"沈从文就带着这样的领导寄语，回到了自己的工作岗位。

---

① 《致丁玲》，《沈从文全集》第 19 卷，第 353 页。
② 《总结·思想部分》，《沈从文全集》第 27 卷，第 120—121 页。

3

北京历史博物馆开始筹建于 1912 年，馆址设在紫禁城内，包括端门、午门两座大门楼和两廊的大部分建筑。沈从文曾在《历史博物馆十年》一文中对自己的工作环境作过详细描述：

午门创建于明代，清初经过重修，内部彩绘还保留清初装饰规模。午门楼是在一座约四丈高用砖石砌成的台基上耸立起一所重檐大殿，另外还有四个重檐金顶方阙楼环卫四周，两列长廊把几座独立建筑连接成一凹字形整体，因此格外显得庄严而雄伟，这就是古代文献上所说的阙。它在封建王朝的作用，和古罗马凯旋门有些相似。明清两代，国有大事，对外作战或对内征伐胜利归来时，多循旧例在午门前面广场庆功。明代中期以后帝王特别昏庸残忍，内监当政窃权，常起大狱，罗致大臣名士，虐杀廷杖。历史上著名的厂狱，名臣杨琏、左光斗等，就曾在午门前受刑，终于死去。午门楼前东西二阙楼，原置有钟鼓乐器，明清帝王出行或在三殿坐朝时，必钟鼓齐鸣。午门下边两廊，接连端门，东西共有房一百九十二间，文武百官和外交使节进见帝王时，必在这里候朝，所以这里俗称东西朝房。[①]

新中国成立初期，午门楼上全部建筑和两廊专供陈列使用，而端

---

① 《历史博物馆十年》，《沈从文全集》第 31 卷，第 337 页。

门楼则作为收藏文物的库房，下边两廊是图书室和办公室。沈从文在这里工作了十余年，直到1959年历史博物馆新馆落成。

华北人民革命大学学习结束以后，沈从文又回到了历史博物馆。在学习即将告一段落的时候，根据学员的自主选择，大部分人都重新分配了工作。一年来的精神危机已经使沈从文没有了自信，到底自己能做些什么？沈从文干脆将主动权交给了组织，他请学习小组的组长转询校方，看看他们认为自己还能做些什么工作，就派自己去。不久，小组长回来了，他告诉沈从文，上级有关部门还是希望他继续从事写作。这让沈从文很困惑。既然我过去的创作一无是处，认定我思想有问题，我再勉强从事主观性极强的文学创作又有什么益处？肯定是徒劳无益，只会增加一些别人攻击自己的口实而已。与其做这种劳而无功的事，还不如选择一个极具客观性的工作，踏踏实实地做一点事情，而综合文物研究工作的客观分析重于主观发挥，和自然科学的研究方法比较接近，即便不好做，需要从头学习，但可能少犯主观上的错误，即便犯了，也比较容易改正。更何况从20世纪30年代以来，自己对文物一直比较关注，也有可观的收藏，做起来总不会有太大难度。于是他决定还是回到历史博物馆。

这是一个明智的选择，它使沈从文逃脱了后来许多的劫难。有很多人为沈从文的这种选择感到惋惜，认为一个大作家放着创作不搞，去弄什么文物，这是中国文学的一大损失。初听此话似乎有理，但在当时的情形下，即便沈从文不选择研究文物，在此后的20年间在创作上也难有大的作为。他的朋友巴金、曹禺在新中国成立后一直从事文学创作，但并没有创作出超越1949年以前创作成就的作品来。更何况沈从文对文物早就有研究，并不是白手起家。

沈从文对文物的兴趣可以追溯到军旅时期，甚至比他对文学产生兴趣还要早得多。1922年左右，沈从文在湘西王陈渠珍手下任上士司书，负责管理陈渠珍收藏的书籍、字画。陈渠珍有四五个很大的楠木橱柜，里面放着百余轴宋代以来的旧画、铜器及古瓷，另外还有十来箱书籍、碑帖。每当陈渠珍需要查书的时候，他都要沈从文去找出来，并替他抄录好需要的段落。这差事迫使沈从文熟悉书籍所放的位置及主要内容。而登记旧画、古玩时，又需要他懂得画作的作者及其在历史上的地位、器物的名称及其他的用处，这使沈从文不得不读一些《西清古鉴》《薛氏彝器钟鼎款识》之类的书。在清闲的时候，沈从文把那些旧画翻检出来，仔细揣摩，遇到不明白的地方，再去阅读相关书籍……慢慢地，沈从文进入了一片新的天地。对此，他在《从文自传》中曾有过非常诗性的概括："我从这方面对于这个民族在一段长长的年份中，用一片颜色，一把线，一块青铜或一堆泥土，以及一组文字，加上自己生命作成的种种艺术，皆得了一个初步普遍的认识。由于这点初步知识，使一个以鉴赏人类生活与自然现象为生的乡下人，进而对于人类智慧光辉的领会，发生了极宽泛而深切的兴味。"[1]

1923年到北平以后，沈从文住在前门外的一条小街上，向右走有好几百个古董店，向左走，则是明朝以来形成的一个热闹集市。因为此时离清朝灭亡只有十几年的时间，在这里可以看到："象征皇朝一切尊严的服装器物，在这里都当成废品来处理，像翡翠、玛瑙、象牙、珍珠等，无所不有。一面是古代的人文博物馆，上至三四千年前的东东西西；一面是前门的大街，等于是近代的人文博物馆。"[2] 就这样，在不到半年的时间里，沈从文在这里学到丰富的文物知识，打下了日

① 《学历史的地方》，《沈从文全集》第13卷，第356页。
② 《从新文学转到历史文物》，《沈从文全集》第12卷，第385—386页。

后从事文物研究的基础。从此，沈从文与文物结下了不解之缘，无论走到哪里，收集文物成为他写作、教书之余必不可少的功课。在昆明时，夜市是沈从文常去的地方，当他在杂乱无章堆放着的杂货摊上发现一两件有价值的文物时，只要财力所及，肯定会买下来。这个时期沈从文主要收集盆、碟等古瓷。"有一次，从文在一堆盆子碗盏中发现一个小小的瓷碟，瓷质洁白，很薄，画着一匹青花奔马。从文说，这是康熙青花瓷，一定有八个一套，名为'八骏图'。他很高兴地花一元中央币买了下来。"[①] 对沈从文这方面的爱好，张充和在一篇文章中也有过有趣的介绍：

四七年我们又相聚在北平。他们住中老胡同北大宿舍。我住他家甩边一间屋中，这时他家除书籍漆盒外，充满青花瓷器。又大量收集宋明旧纸。三姐觉得如此买下去，屋子将要堆满，又加战后通货膨胀，一家四口亦不充裕，劝他少买，可是似乎无法控制，见到喜欢的便不放手，及至到手后，又怕三姐埋怨，有时劝我收买，有时他买了送我。所以我还有一些旧纸和青花瓷器，是那么来的，但也丢了不少。

在那宿舍院中，还住着朱光潜先生，他最喜欢同沈二哥出外看古董，也无伤大雅地买点小东西。到了过年，沈二哥去向朱太太说："快过年，我想邀孟实陪我去逛逛古董铺。"意思是说给几个钱吧。而朱先生亦照样来向三姐邀从文陪他。这两位夫人一见面，便什么都清楚了。我也曾同他们去过。因为我一个人，身

① 施蛰存：《滇云浦雨话从文》，《施蛰存七十年文选》，上海文艺出版社1996年版，第314页。

边比他们多几文，沈二哥说，四妹，你应该买这个，应该买那个。我若买去，岂不是仍然塞在他家中，因为我住的是他们的屋子。

沈二哥最初由于广泛地看文物字画，以后渐渐转向专门路子。在云南专收耿马漆盒，在苏州北平专收瓷器，他收集青花，远在外国人注意之前。他虽喜欢收集，却不据为己有，往往是送了人；送了，再买。后来又收集锦缎丝绸，也无处不钻，从正统《大藏经》的封面到三姐唯一的收藏宋拓集王圣教序的封面。他把一切图案颜色及其相关处印在脑子里，却不像守财者一样，守住古董不放。大批大批的文物，如漆盒旧纸，都送给博物馆，因为真正的财富是在他脑子里。①

朱光潜在一篇文章中也说："我自己壮年时代搜集破铜破铁、残碑断碣的癖好也是由从文传染给我的。"②1948年，北京大学筹建博物馆时，沈从文是热心支持者之一，他不仅将自己多年的珍藏无偿送给了学校，还想方设法地从友人处为博物馆搜集文物。实际上，沈从文对文物还不只是爱好，多年的耳濡目染，已经使他在文物鉴赏方面有了一技之长，顺理成章地产生了研究的兴趣，甚至形成了有别于传统文物鉴定方法的一套理论。1947年写作的《读春游图有感》便是这一方面的代表性成果。③

沈从文所说的这幅画大有来历。相传《游春图》为隋代画家展子

---

① 张充和：《三姐夫沈二哥》，载朱光潜等著《我所认识的沈从文》，岳麓书社1986年版，第10—11页。
② 朱光潜：《从沈从文先生的人格看他的文艺风格》，《花城》1980年第5期。
③ 该文1949年4月发表于上海《子曰》丛刊的《艺舟》副刊第1期，署名上官碧。1986年收入香港商务印书馆《龙凤艺术》一书时，经作者重新修订，改名为《读展子虔〈游春图〉》。

虔作，是我国存世的山水画中最古的一幅，它使我国山水画超越了"人大于山，水不容泛"的草创阶段，将中国山水画推向了一个新的高度，被后世誉为唐画之祖。在它上面，有宋徽宗题写的"展子虔游春图"，宋室南迁时流散民间，后此画先后流入贾似道、鲁国大长公主、严嵩之手，最后被清内务府收藏。1924年溥仪出宫时，又将此卷携出，抗日战争胜利后复流散民间。1946年夏天，此画到了琉璃厂玉筍山房马霁川手中，待价而沽。因北京大学拟筹办博物馆，为丰富馆藏正四处收购文物，有一笔钱可以动用，沈从文受托先后6次前往玉筍山房观看此画，沈从文觉得此画虽不失为一件佳作，但未必是展子虔的手笔，因为它的年代、男子的衣着、女人的坐式都有问题，再加上古董商讨价又过高，最终未能成交。最后，为防止这幅画流传国外，著名文物鉴赏家张伯驹将弓弦胡同的一所宅院（相传为李莲英旧居）卖给了辅仁大学，又让妻子潘素变卖了一件首饰，才将此画购入。其中原委，张伯驹在《春游社琐谈》一书中有过详细叙述：

后隋展子虔《游春图》卷，竟又为马霁川所收。是卷自《宣和画谱》备见著录，为存世最古之画迹。余闻之，亟走询马霁川，索价八百两黄金。乃与思泊走告马叔平，谓此卷必应收归故宫博物院，但须院方致函古玩商会不准出境，始易议价。至院方经费如有不足，余愿代周转，而叔平不应。余遂自告厂商，谓此卷有关历史，不能出境，以致流出国外。八公司其他人尚有顾虑及此者，由墨宝斋马宝山出面洽商，以黄金二百二十两定价。时余屡收宋元巨迹，手头拮据。因售出所居房产付款，将卷收归。月余后，南京政府张群来京，即询此卷，四五百两黄金不计也。而卷已归余有。马霁川亦颇悔恚。然不如此，则此鲁殿仅存之国珍，已不在国内矣。①

张伯驹将自己的居所命名为"展春园",其晚年在吉林省博物馆任职时更是将书画鉴定家的每周聚会称为"春游社",由此可见他对自己这次收购的重视。新中国成立后,张伯驹将自己所藏捐赠给了国家,并得到了文化部的嘉奖,但依然难逃厄运,这是后话。张伯驹乃书画鉴定大家,又是著名的"民国四公子",他的鉴定意见堪称权威。但沈从文不以专家鉴定为定论,从展子虔绘画风格、绘画史、画中人物的衣着格式乃至绘画所用绢素等方面综合论证,认为"就《游春图》作山石笔意言来,这幅画作展子虔,反而不称,估作与子虔作风不同之唐五代或宋人画迹,均无不可"。文章的最后指出:"我们说这个画不是展子虔笔,证据虽薄弱近于猜谜,却有许多可能。如说它是展子虔真迹,就还得有人从著录以外来下点功夫。"②多少年过去了,这幅画的真伪依然没有定论,有许多著名书画鉴定家加入到怀疑派中来,著名文物鉴定家傅熹年从人物头上戴的幞头、建筑物斗拱的形制等方面论证《游春图》并非隋代作品,而是北宋的一件摹本;而另一位著名中国书画研究专家王去非先生则从中国山水画发展史的角度分析出此图并非隋画,而是唐朝中叶以后的作品。③沈从文在文章中申明:"我不拟涉及收藏家对于这个画所耗费的经济价值是否值得,也不打量褒贬到鉴古家啧啧称羡的美术价值是否中肯。却希望给

---

① 张伯驹等:《春游社琐谈·素月楼联语》,北京出版社 1998 年版,第 20—21 页。
② 《读展子虔〈游春图〉》,《沈从文全集》第 31 卷,第 115—116 页。
③ 2002 年 12 月 2 日至 2003 年 1 月 6 日 "晋唐宋元书画国宝展" 在上海展出,其中有展子虔的这幅《游春图》,《人民日报·华东新闻》2002 年 12 月 13 日第三版对此画的各方意见有所介绍,请参见。

同好一种抛砖引玉新的鉴定工作的启发，我相信一部完善的中国美术史，是需要有许多人那么从各种角度注意提供不同意见，才会取得比较全面可信证据并相对年代的。"这篇文章的写作动机，是超越功利的。他在文章中不仅对一幅画的真伪提出了自己的意见，同时对文物的鉴定方法也提供了一种新思路，是对中国传统文物鉴定方法的一种补充和完善。

实际上，还在1948年以前，沈从文已经开辟了他事业的第二战场。他不仅积极支持北京大学博物馆的建设，还为新成立的博物学专科开设了"陶瓷史"课程，并已经决定在不久的将来献身中国的文物事业："如果在三年后还有机会来为美术现代化运动做点事，十年后一定还可把许多有地方性工艺品，使之与现代工艺重新接触。"[①] 随着时势的进展，沈从文的这种想法越来越强烈，1949年9月8日，经过数月的"退思补过"，病体尚未痊愈的他就工作安排事写信给丁玲，对自己的未来工作提出了初步设想：

　　为补救改正，或放弃文学，来用史部杂知识和对于工艺美术的热忱与理解，使之好好结合，来研究古代工艺美术史。并企图进一步研究，努力使之和现代生产发生关系。如有成果，做得通，我头脑又还得用，逐渐可望回复正常，将来我尚可于新的文教机构，担负一个小小职务，为国内各地有区域性工艺美术馆垫个底。我理解问题虽不太深切，实相当广泛，基本知识够用，看得远，明白应当保存值得保存的是些什么，比一般习美术的知道的或稍多些，可以为将来建设中的人民工艺美术的保存与发扬终生服务。

① 《致凌叔华》，《沈从文全集》第18卷，第512页。

这是我向人民靠拢回到队伍中一种正常希望。

…………

为工作，为生命中所保留的对工作热忱，和综合知识，以及对美术史一些新意见，对将来工艺美术教育的复兴，似乎在社会发展上，我还可垫一块砖。①

即便沈从文决定了从事文物研究，依然还有机会回到创作或教学的行列中去。20世纪50年代初，辅仁大学国文系曾有意聘他为教授，沈从文本来已经答应，但在权衡利弊之后，还是没有去。有一段时间，曾经有人建议沈从文写一些历史故事，以发挥他的文学特长，但沈从文怕自己对历史人物的理解与专家学者有差异，会引起不必要的麻烦，还是谢绝了友人的好意。后来，中央美术学院又调沈从文去教学，沈从文一考虑到和同事在艺术认识上的距离就害怕。相比较而言，和身边的这些坛坛罐罐、花花朵朵在一起倒更让他感觉到温暖，"它不仅连接了生死，也融洽了人生"。通过它们，能够直接进入历史的现场，而摆脱纷乱世俗世界的尔虞我诈。

由此，沈从文迈出了艰难的第一步，痛苦地向自己钟爱的文学世界告别，这一时刻，甚至连他自己也不知道，等待他的会是什么。

---

① 参见《致丁玲》，《沈从文全集》第19卷，第48—53页。

第 三 章 ｜ 融入新时代

1

"我爱国家，因为明白国家是从如何困难挣扎中建立起来的。也爱党，因为明白党在政治上领导，对于国家具有如何伟大抱负和信心。也似乎还理解毛的思想，在运用到国家重造工程上，在若干重要部门，各对于生产建设的重要意义。我是个中国人，眼见近四十年的血和火对于万万人民的教训，又如何由于一种进步思想的发展，推进，紧密和千百万人民情感生命结合，把一个廿年专政的官僚统治推翻，从极端媚外惧外贪污腐败、自私无能的恶劣政治现实中，转而为一个生气勃勃的崭新局面，怎么能不爱？"[①] 在 1951 年 8 月 18 日写给大哥沈云麓的信中，沈从文告诉大哥："不用念我，好好地做你的事，凡事和党合作去把事情做好。国家需要人多多做事，把事做得比要求的还更好，才是道理。"[②] 这是沈从文的心里话，无论是在日记、家信，还是写给朋友的信中，他都流露出献身新中国建设的热忱。

然而，当沈从文抱着这种信念投入工作时，在思想惯性的作用下，依然对新政府的政策极不适应，而他又不是一个长于见风使舵的人，只能把自己的不理解深深地埋在心底，只是偶尔在与朋友的通信中一吐胸臆。

对电影《武训传》的批判是沈从文新中国成立后所遇的第一

---

① 《凡事从理解和爱出发》，《沈从文全集》第 19 卷，第 111 页。
② 《复沈云麓》，《沈从文全集》第 19 卷，第 102 页。

场政治运动。《武训传》是孙瑜在1948年前就已筹拍的一部电影，但受到种种干扰，故而时断时续，直到1950年年底才最后拍竣。影片表现的是武训行乞办义学的故事：主人公武训出生于山东堂邑的一个贫苦农民家庭，父母早亡，后在一位好心肠的大娘抚养下长大，13岁起便给地主做苦力。后来，自己三年的工钱被地主无端赖走，他认为这一切均是因为自己不识字，从此萌生了兴义学的念头，以种种常人难以想象的方式乞讨钱物，后在当地官吏、豪绅的支持下终于办成了义学……影片的片尾借女教师的口歌颂武训刻苦耐劳的作风，进而号召人们："学习他全心全意为人民服务的精神！让我们拿武训做榜样，心甘情愿地为全世界的劳苦大众做一头牛吧！"[1] 作者曾在《编导〈武训传〉记》一文中讲到拍摄这部影片的初衷：一是揭露封建主义统治者的愚民政策，迎接文化建设高潮；二是铲除封建残余，配合土地政策；三是歌颂武训的忘我的服务精神，并认为在他身上典型地表现了中华民族的勤劳、勇敢、智慧的崇高品质。[2] 武训的扮演者赵丹则说自己深受武训事迹感动，并认为在这一人物身上体现了"中国农民的顽强不屈的精神"，他的事迹是"劳动人民向剥削阶级作反抗斗争的事例之一"。[3] 应该说，无论它的客观效果如何，作者本是抱着配合形势的目的来拍摄这部影片的。

出于著名教育家陶行知生前曾对武训倍加赞扬的缘故，影片公映以后就受到了各界人士的一致赞扬。在人们的一片颂词之中，毛泽东看了这部影片，但他的结论却和大家的大相径庭。他认为："像武训

① 孙瑜：《武训传》（电影剧本），载武汉大学中文系《中国当代文学史参考资料》，1978年7月。
② 孙瑜：《编导＜武训传＞记》，《光明日报》1951年2月26日。
③ 参见赵丹：《我怎样演武训的》，《大众电影》1951年第9、14、15期。

那样的人，处在清朝末年中国人民反对外国侵略者和反对国内的反动封建统治者的伟大斗争的时代，根本不去触动封建经济基础及其上层建筑的一根毫毛，反而狂热地宣传封建文化，并为了取得自己所没有的宣传封建文化的地位，就对反动的封建统治者竭尽奴颜婢膝的能事，这种丑恶的行为，难道是我们所应当歌颂的吗？向着人民群众歌颂这种丑恶的行为，甚至打出'为人民服务'的革命旗号来歌颂，甚至用革命的农民斗争的失败作为反衬来歌颂，这难道是我们所能够容忍的吗？承认或者容忍这种歌颂，就是承认或者容忍污蔑农民革命斗争，污蔑中国历史，污蔑中国民族的反动宣传为正当的宣传。"① 社论指出对这部影片的歌颂如此之多，"说明了我国文化界的思想混乱达到了何等的程度"，一些共产党员"丧失了批判的能力"，"有些人则竟至向这种反动思想投降"，"一些共产党员自称已经学得的马克思主义，究竟跑到什么地方去了呢？"社论同时把颂扬《武训传》的44篇文章附录文中，问责的用意十分明显。此后，官方又接连发出了《共产党员应当参加电影〈武训传〉的讨论》《中央人民政府教育部发布关于开展电影〈武训传〉和"武训精神"的讨论与批判的指示》的号召，对那些一直以为自己在追求进步的知识分子来说，这无异于当头棒喝。于是，过去的一片颂词变成了清一色的愤怒讨伐，电影编导孙瑜、武训的饰演者赵丹、《武训画传》的作者李士钊、电影界的相关领导乃至曾经写过称赞这部影片的文章的人，纷纷检讨自己的错误，一场轰轰烈烈的文艺批判由此展开了。

这是新中国成立以来的第一次文艺运动。以发动"运动"的方式批判一部作品的"思想"，并形成浩大无比的全国共讨之的局面，对

---

① 毛泽东：《应当重视电影〈武训传〉的讨论》，《人民日报》1951年5月20日。

于那些没有经历过延安整风的旧知识分子来说，是闻所未闻的。

沈从文虽处于旋涡的中心，但他不但不为这自上而下的气势所动，在内心深处，反而觉得这场批判有点可笑。在他看来，如果不批判的话，武训本来没有多少人知道，说不定有些人会分不清"鲁迅"和"武训"，可是现在，动员全国上下的力量来批判这样一个死人，值得吗？问题是，现在的世界，谁会去学武训？有举手、拥护即可混得春风得意的好事儿，世界上还有谁会自寻倒霉地学武训？为今之际，不想办法鼓励创作新作品，只是让千千万万的人来批判和检讨，"费力多而见功少，似乎不大经济。即把一个导演、一个演员，并一个在坟墓中的武训，完全骂倒，新的优秀作品还是不会凭空产生！"[①] 在领导人看来是大是大非问题的《武训传》批判，在沈从文眼里，不过是一个浪费报纸版面及其他人力、物力的无用之举。

放眼文坛，更让沈从文痛苦不堪。在这种气候下，文艺界许多朋友的笔都呆住了。登在大小报刊上的"文学"作品不伦不类，无价值的诗随处可见、自由出版，而那些真正有价值的东西却被无端地封杀了。一个人如果只看自己，不注意以外的事情，容易失于偏，陷入孤立之中；而一个集团如果只按自己的思路行事，不理会自己以外的人和事，更不是马列主义的。马列说知人，其实知人谈何容易！这种领导方式肯定有问题，需要改善，这是明摆着的事实。

这是沈从文的肺腑之言，但这意见是不能说，也无从说的。庭院中的鸟儿们在自由地飞翔、歌唱，充满了有生之乐，"人在什么时候才可望用友爱来代替摧残作践？"[②] 他渴望像往常一样，遇到问题和

①　《凡事从理解和爱出发》，《沈从文全集》第19卷，第109页。
②　《历史博物馆日记片断》，《沈从文全集》第19卷，第99页。

朋友一起讨论，在讨论中厘清问题，但现在再也没有这样的机会了。过去的朋友们渐渐离自己远去了，沈从文陷入了空前的孤立之中。每当这个时候，沈从文往往颇有怨言："半生为了许许多这种年青人服务，特别是一些作家，这些人目下有在外省的，不明白我怎么过日子极自然。还有些身在北京城圈子里住下的人，也像是北京城打听不出我的住址，从不想到来找找我。这也很好，借此可以学习明白社会或人生。人不易知人。这种隔绝也正是对我一种教育。"[1] 这种情绪在写给程应镠的信中，流露得更充分、具体：

流金：

　　我还以为会可再见面谈谈，不想又即回上海了。

　　国家在发展中，事情多，问题多，旧制度已崩溃，新秩序刚建立，尤其是新手接新事，凡事都不免有脱节处。一个负责人总得抵三五人用，望事事忘我无私地做去，才不至辜负历史时代所嘱托任务。中学校校长事更麻烦，盼能凡事耐烦细心做去，任何困难都莫灰心，更莫因小小人事周折而生气，因小失大。

　　你来提到某某事，是我听到第三个人说起的同一事。走后默然流泪许久。我居然还不在时代变动过程中死去，也就很好了。二年来笑和泪都对我失去了本来意义。私人得失也似乎毫无意思。因你一提，才想起有这件事。这些转述不一定合实际，只宜让那些陌生的过去毁过我们的人去传述，熟人中可不必再注意的。照我看来，国家在任何方面人才都不够用，~~向心力犹未形成~~，他这时节正在为政府努力工作，又勤快，又负责任，对国家实在为有

---

① 　《凡事从理解和爱出发》，《沈从文全集》第 19 卷，第 114—115 页。

用。这就很好了。至于因他对我如何如何，恐不可信。传述的人如即正是过去办《野草》胡骂了我多年，使我和左翼有隔的人，那就更不可信！北回时，初办《大公报》副刊，我本来即并不想出面，因不得已才写文章，后来又因他们办《新路》，怕人认为有关联，如彼如此而致神经逐渐失常，几几乎即糊涂死去。由此一来他反而怕来见我，都没有什么关系。流金，革命是国家一件大事，国家大，个人极小！我今年已快五十岁了，头脑身体犹如机器，不节制使用了三十年，也旧了，坏了，本来也应分报废了。解放北京本是一件历史大事，如果我适逢其会，当其冲，不幸在一些不巧情形中糟了，毁的已毁，也不应当以为什么大不了，更不宜再因此还把一个别的年少有为的人也随之毁去！人难成而易毁，社会国家正在向前发展，一切事均不宜停顿，大家还是向前看，为国家多做点事情，不要以我一个人的遭遇而如何不平吧。×年纪青，又有才干，与其责备他过去，不如鼓励他未来。这正是中共一贯所说与人为善之意。~~你听来的传说，必普遍到一个程度，我所以特意向你提提。这事即丁玲也有未尽能尽责任处，她那□到我为了什么，得到什么。~~

　　流金，要爱人以德，不要恨人。国家因权力过大，新当大转变时，总到处不可免有不必要牺牲损失。要看大处远处，望好好做，凡事谨慎细心，免误事，~~反而丧失国家威信。到你将来负责较大，能在立法上建议时，提一提莫作践疯人，就很好了。这是很凄惨的。我看过，我懂得，相当不合需要。~~[①]

① 《致程应镠》，《沈从文全集》第19卷，第89—90页。文中画横线的部分是沈从文修改的痕迹。

这封信是据沈从文的底稿编入《沈从文全集》的，大约写于1950年秋，但未寄出。1951年11月6号入川参加土改时，他又补写，最终是否寄出，不得而知，但这封信对我们理解沈从文新中国成立初的生活态度大有助益。收信人程应镠，字仲武，笔名流金，是作家、历史学家、上海师范大学教授，新中国成立初任上海中学校长。在这封信中，隐约透露出来的是沈从文因朋友、学生的背弃而产生的伤感，至于到底是谁引起了他的伤感，由于收入全集时编者隐去了相关的人名，我们不得而知。但从沈从文听说此事后"流泪许久"的反应来看，他非常伤心。但通过阅读此信，我们大概也知道了：（1）这位背弃了沈从文的人"年纪青"；（2）和《大公报》《新路》有某种关联；（3）"正在为政府努力工作，又勤快，又负责任"。而传播这个消息的人，过去编过《野草》，并且批评过沈从文，《野草》是1940年8月在桂林创刊，1942年停刊，主持其事的人为夏衍、宋云彬、孟超、秦似、聂绀弩，至此，我们已经明白了事情的大概脉络，随着史料的发掘，此事必定会水落石出。

1949年以前，沈从文是大学教授，又主持着四五家刊物，以培养青年作家为乐，在他周围自然会有一批青年作家。虽然才过了几个月，但随着时势的变迁，用"物是人非"来形容还是恰切的。沈从文的"失势"，自然会门前冷落车马稀。他当初选择留在北平，其中有一个重要原因就是他有许多朋友或学生均参加了革命，像丁玲、何其芳、严文井等都已经成了革命作家中的中坚力量，他们了解自己，在关键时刻，总会伸出援助之手，以洗脱他所遭受的误解。唯其因为有此热望，当他遭受冷遇时的伤感才会越发的强烈。在信中，虽然"这事即丁玲也有未尽能尽责任处"一语已被沈从文删去，但他的不满是确实的。

沈从文一生写人，但到头来依然不能知人。新中国成立以后，他感觉自己用在人与人之间的精力，比工作本身的消耗还要大，而调处复杂关系，正是沈从文所不擅长的工作，因此时常陷入苦恼当中。"工作转到历史博物馆时，我的存在只像是一种偶然。一切对我都极陌生。虽然每天还是一些熟人在一处吃喝，工作时也似乎还肯出力，事实上即家中人也一点不熟习，好像是客人偶尔在一处。同事就更加生疏了。一天要我数钱、拔草，就照做，但是一点看不出这对国家有什么意义。对我自己，头脑极沉重，累极时想休息又不可能，实在只想哭哭，以为既然并不妨碍别人，但是听馆中人向家中说这很不好，也不敢了。见什么人都吓怕。对于自己存在，只感觉得一种悲悯。我需要休息，没有得到休息。恐怖在回复中。白天一样和人说笑、吃喝，事实上我再也不会有一个普通人能有的自尊心，和对于工作应有的自信心了。社会变了，我的一切知识既没有什么用处，因此一天在博物馆库房中数数铜钱，也觉得什么都是一样。觉得生命这么使用，倒也很好。但是也很奇怪，我究竟是谁？要我数铜钱的人得到什么？对国家有什么意义？想理解，无从理解。"[1] 更让沈从文十分不理解的是，"许多过去在国民党时代蛮有办法的人，现在还是有办法。有些本来极本行的教书的，却认为是为反动服务"。[2] 这到底是一个什么样的世界？

有时候，沈从文独自站在午门的城楼上，望着暮色苍茫中的北京城，百万人家的房屋栉比，远处的无线电传出杂乱的歌声，太庙的柏树林中突然传出一声黄鹂的鸣叫。眼前的大道上，车辆流动如水，但一切的存在对他而言如此陌生，一种想法油然而生：我是谁？我在什

① 《沈从文自传》，《沈从文全集》第27卷，第153页。
② 《沈从文自传》，《沈从文全集》第27卷，第154页。

么地方？我究竟为什么这么下去？没有人能够回答。这使他感受到生命的隔绝，人与人理解的遥不可及。沈从文需要一种外力来打破这种隔绝，在与土地、人民的交流中恢复生命的活力。机会终于来了。

1951年10月25日，沈从文作为农村土改工作团成员启程赴四川。对中央来说，让一些民主人士参加土改，目的就是让他们听一听农民一字一泪地诉苦，亲眼看看地主的顽抗和破坏土改的种种反动活动，认识到地主阶级的凶恶面目和采取激烈的群众斗争的必要；同时认识共产党在农民中的深厚基础，从而进一步体会土改的正义性和必要性，对土改由怀疑转为支持与拥护。① 离开书房和人人自危的工作环境，到更为鲜活的现实环境中去，对于沈从文来说，是一次告别隔绝状态的机会。他很珍视这样的机会。他相信，这次四川之行是自己一生最重要的转变，想到这里，他心里亮堂了许多。一踏上开往汉口的火车，"就只觉得一件事，即终生做人民的勤务员"。② 沈从文又恢复了多年养成的写信的习惯，好像又回到了1934年写《湘行散记》的时候，从1951年10月25日启程起，到1952年2月27日止，在4个月的时间里，仅保存下来的书信就有50封之多，几乎是每两三天写一封信，这些信绝大部分是写给张兆和、龙朱、虎雏的家信。在这些信件当中，苦闷、怀疑和忧郁的情绪一扫而光，取而代之的是为国家服务的热情：

> 我们的国家太大了，太可爱了，多少年来大家都期望国家转好起来，一切主张一切理想一切办法都不济事。共产党一来，什么都有了办法。了不起处是没有贪污而一切为人民，国家是会一

---

① 参见李维汉：《回忆与研究》下册，中共党史资料出版社1986年版，第723—724页。
② 《致张兆和》，《沈从文全集》第19卷，第123页。

天比一天好转的。是比任何时代都伟大而光明的。你们要多多把现代科学知识学好些,一个人做五个或七八个人的事,还恐怕来不及!①

生活各不相同,却同一为了革命而去,这个综合实在感人,也唯有毛泽东时代能做到!和在革大完全不同,即对于同行的都充满了亲切感,有些不相熟,然而十分关切,还不像阶级爱,至少是同志爱。②

只希望好好来为这个伟大国家伟大时代来再写几年,看到江岸边的种种,我的创造的心又活起来了。我一定要为你们用四川土改事写些东西,和《李有才板话》一样的来为人民翻身好好服点务!③

我离开北京十五天了,看到的人事和景物都是一生未见也未能想象的。一定要离开北京,才能够明白我们国家,是在一个如何空前变化中!是一个如何伟大发展中!④

知识分子真是狗屁,对革命言,不中用得很。而且一脱离人民,渺小得可怕。罪过之至。因为什么都不知,什么都得说,但是毫无意义,和人民真正问题实千里万里,即如过去的社会调查,

① 《致沈龙朱、沈虎雏》,《沈从文全集》第19卷,第127页。
② 《致张兆和》,《沈从文全集》第19卷,第131页。
③ 《致沈龙朱、沈虎雏》,《沈从文全集》第19卷,第134页。
④ 《致张兆和》,《沈从文全集》第19卷,第155—156页。

如清华、云大两系工作，就全是枝枝节节，一点不切实际的书生工作。而当时三五年的工作成就，现在做来——由人民自己做来，三个月已完完全全弄好了。①

我们在都市中生活方式，实在有愧，实在罪过！要学习靠拢人民，抽象的话说来无用，能具体的少吃少花些，响应政府节约号召，把国家给我们的退还一半，实有必要。如北大还不即要我们搬，务必去和张文教同志商量商量看，拿一半薪已很多。余捐献给抗美援朝去好，还公家好。我相信你是能理解也能就情形做到的。和这些干部比起来，我实无资格用国家这个钱！②

要入党，才对党有益。我就那么打量过，体力能恢复，写得出几本对国家有益的作品，到时会成为一个党员的。工作搞不好，就不。③

…………

沈从文的思维方式发生了巨大的转弯，过去，总是从"思"出发质疑现实存在，而现在，他已经像孩子们一样，从"信"出发理解中国大地上一切。这些信是纯粹的家信，我们没有必要怀疑沈从文的真诚。多年来，沈从文对下层人民的生活一直是关注的，当真正走到民间，看到他最关心的人民正以主人翁的姿态建设着新中国的时候，听到他们发自肺腑地对共产党的感谢的时候，沈从文知道，共产党解决

① 《致张兆和》，《沈从文全集》第19卷，第161页。
② 《致张兆和》，《沈从文全集》第19卷，第170—171页。
③ 《致沈龙朱、沈虎雏》，《沈从文全集》第19卷，第213页。

了国民党几十年没有解决的问题，他的内心发出了由衷的赞叹，一曲颂歌从他的心中淌出来：

> 我们从首都来，
> 排成整齐队伍，
> 来自各阶层，
> 万众一条心，
> 万众一条心，
> 跟随毛泽东旗帜前进，
> 上高山，涉大河，入草原，永远前进，
> 工作全体为人民。
>
> 我们来到重庆，
> 见百万灯火辉煌，
> 像百万明星，
> 创造自人民，
> 创造自人民，
> 照耀毛泽东旗帜前进，
> 下工厂，进矿山，入农村，永远前进，
> 生产全体为人民。①

这首名为《土改团来到重庆》的歌词本是沈从文为工作团的一位音乐家嵇振民写的，至于最终是否合作完成，不得而知。词的风格或

---

① 《致张兆和》，《沈从文全集》第19卷，第149—150页。

许与沈从文的大家身份并不相合，但它却是作家此时心境的真实写照。参加土改工作团的 4 个月，改变了沈从文此后的命运，作为一度执着于自由理念的知识分子，他开始努力向官方的意识形态靠拢，他已经意识到，"必须要十分谨慎地从领导上学习处理工作，方可少犯错误"[1]。在沈从文身上，中国共产党让民主人士参加土改的目的达到了。

巧合的是，沈从文抵达四川不久，1951 年 11 月 11 日，《光明日报》就发表了他的表态文章《我的学习》，三天以后，《大公报》转载了这篇文章。[2] 当时全国各大报刊上都辟出很大篇幅刊登旧知识分子的检讨文章，实际上也是一种过关的表示。既是检讨，就要对过去的"错误"有一个认识，同时还要对新政权表示拥护，这是必不可少的程式，沈从文也不能例外：

> 凡事用接受作实践，还是明白不少问题，特别是明白"政治高于一切"，"一切从属于政治"，"文学艺术必从属于政治，为广大人民利益服务"，几句话对于新国家的深刻意义。过去二十年来，个人即不曾透彻文字的本质，因此涉及文学艺术和政治关系时，就始终用的是一个旧知识分子的自由主义观点立场，认为文学从属于政治为不可能，不必要，不应该。且以为必争取写作上的充分自由，始能对强权政治有所怀疑否定，得到健全发展和进步的。即因此孤立的、凝固的用笔方式，对旧政治虽少妥协，但和人民革命的要求，不免日益游离，二十年来写过许多文

① 《致张兆和》，《沈从文全集》第 19 卷，第 139 页。
② 1951 年 11 月 13 日沈从文写给张兆和的信中曾说过："我给丁玲一个检讨文章，不知她交什么刊物发表。"由此可知，这篇文章是交由丁玲转交有关部门的。

章，犯过不少错误。

……由于缺少对政治和文学联系有深一层认识，我的阶级立场始终即是模糊的。我的工作的积累，于是成了伪自由主义者群一个装潢工具，点缀着旧民主自由要求二十年。而我也即在这个位置上胡写了二十年。

……一部分作品，虽比较具进步性，另一部分作品，却充分反映出一个游离知识分子的弱点，文字华丽而思想混乱，有风格而少生命。大部分是无助于人民革命，对年青人前进意志，更容易形成麻痹和毒害效果的。特别是用佛经故事改造的一些故事，见出是我的杂学的混合物。佛教的虚无主义，幻异情感，和文选诸子学等的杂糅混合，再发展即成为后来的《七色魇》等极端病态的、邪僻的、不健康的格式。而促成这个发展的，还显然有弗洛伊德、乔依司等作品支离破碎的反映。

……个人和国家在有组织有计划中的发展，……这种种，无不得通过中国共产党的领导，通过毛泽东的思想和领导实践方法，才有可能来实现一个伟大美丽新中国。

…………

时代太伟大了，五万万人民解放了的双手和头脑，都将在中国共产党和伟大人民领袖毛泽东旗帜下而活用起来，进行史无前例的文化生产建设。我即活在这个光荣时代里，和所有中国人民共同为这个象征中国新生的伟大节日——中国共产党三十周年，而意识到个人的新生！ ①

---

① 详见《我的学习》，《沈从文全集》第 12 卷，第 361—373 页。

新中国成立三年以来，沈从文了无声息，关于他的各种传言倒是满天飞，这篇文章也算是对那些不切实际的流言的一种回答，因而文章中才会有这么一段："这个检讨是这半年学习的一个报告。也即是我从新中国成立以来，第一回对于个人工作思想的初步清算和认识，向一切关心过我的，教育帮助过我的，以及相去遥远听了些不可靠不足信的残匪谣言，而对我有所惦念的亲友和读者一个报告。"

就这样，在三年犹豫、徘徊、挣扎之后，沈从文终于以这样的方式为自己获得了进入新社会的通行证，一抹亮色出现在他的眼前。

2

1952 年 3 月，沈从文返回北京。由于他自 1949 年 8 月起已经不在北京大学教学，已经不适宜再住在北京大学分配的教工宿舍，因而他在四川参加土改工作期间，全家已搬迁至临时租住的交道口大头条胡同。

沈从文回京后的第二天即被文物局抽调至古玩业检查组，负责文物的检查鉴定工作，在 20 余天时间里，他清查了 80 余家文物店，有数万件文物过眼。这种具体而又细微的工作让沈从文感到充实，清点文物虽然体力上累一些，却能在忘我的劳动中获得精神的放松。著名演员郑榕也参加了这次工作，他的回忆为我们留下了沈从文从事文物检查工作时的一些细节：

> 50 年代初我曾投入"五反"运动，为避免国宝流失，去瓷器收藏大户赵家清查。朱漆大门、庭院深深，与老人同住的仅一跛女、一老仆、一巨犬。老人祖父曾任崇文门提督，珍藏瓷器皆出自官内，据言八国联军进宫抢劫，瓷器大多流失。赵父奏请向民间收购，获准在东四一饭庄楼上张榜回收，后因宫内无银，赵父自己收购不少。老人瘦小，两目炯炯有神，一口京腔，语多诙谐，令人捧腹。溥仪出宫时，他随父进宫清点瓷器。问他可曾见到溥仪，他说："我？我在院里冲墙角跪着哪！"出示所藏瓷器，令人目眩神移：一绿瓶裂纹中闪耀金星，古月轩薄透如纸，变色瓷恍如魔幻……政府很快派专家鉴定。解放初期这方面专家不多，派来

了沈从文先生。我在上中学时就听说过沈先生的名字，知道他是位名作家。先生身材不高，戴近视镜，讲话很快，像是和思想赛跑。一进赵家，面对琳琅满室，立即全神贯注，把一切都置之度外了！当他来到四五件宋代钧窑瓷器面前时，面色凝重起来，轻轻托起一件，反复审视，喃喃自语道："这……不会是真的吧？"身边的赵老听到，立即跳了起来，大声吼叫："什么？你说我这瓷器不是真的？"好像要扑上去和沈先生拼命……"五反"时，一般人多是掩盖家藏珍品；赵老人相反，他是嗜瓷成癖的人：每日饭可不吃，觉可不睡，但必拿出家藏瓷器，一一摩挲赏玩。当时在场的人都笑了。我想沈先生可能是刚刚从事文物研究，一下见到这么多钧窑，惊喜之下才情不自禁的。[1]

1952年1月1日，毛泽东在《元旦祝词》中发出了在党政军民内部进行"三反"运动的指示："我还要祝我们在新开辟的一条战线上的胜利，这就是号召我国全体人民和一切工作人员一致起来，大张旗鼓地，雷厉风行地，开展一个大规模的反对贪污、反对浪费、反对官僚主义的斗争，将这些旧社会遗留下来的污毒洗干净！"[2]1月26日，《中央关于首先在大中城市开展"五反"斗争的指示》又下发了："在全国一切城市，首先在大城市和中等城市中，依靠工人阶级，团结守法的资产阶级及其他市民，向着违法的资产阶级开展一个大规模的坚决的彻底的反对行贿、反对偷税漏税、反对盗骗国家财产、反对偷工减料和反对盗窃经济情报的斗争，以配合党政军民内部的反对贪污、

---

① 郑榕：《我所认识的沈从文》，《我与北京人艺》，东方出版社2000年版，第125—126页。

② 毛泽东：《元旦祝词》，《人民日报》1952年1月3日。

反对浪费、反对官僚主义的斗争，现在是极为必要和极为适时的。"①
由于这时沈从文正在四川参加土改工作，而返京后第二天又被抽调参
加古玩业的检查组，故一直没有时间参加这场波及全国的政治运动。

　　清查工作很快结束了，他又回到了旧有的环境中。回到自己的办
公室时，嗜书如命的沈从文首先发现自己存放在办公室里的所有图书
都被没收了。这些被没收的图书上，既无他的签名，他又记不清书名，
最后不了了之，但这件事给沈从文留下的不快是显而易见的，20 年
后他依然对此耿耿于怀。由于"三反""五反"运动是在沈从文外出
参加土改时展开的，为"三反""五反"运动"补课"是他面临的首
要任务。为此，他写下了《"三反运动"后的思想检查》一文，承认
自己有七项缺点，而这些缺点又可概括为"思想落后，脱离现实，自
高自大，懦弱无能"。"因思想落后，所以对业务学习，则贪多务得。
因脱离现实，对政治即为极端无知。因自高自大，所以既无多大能力，
更无一点势力，居然常把一些国家负责方面不大考虑的问题，也放在
学习中来注意理解，研究。因懦弱无能，所以一切理想都只是空想，
无从实现。""土改和'五反'给我的教育，即国家在中国共产党领
导下，凡事都在严密计划中进行，健全的组织，素朴谨严的刻苦工作
作风，以及在组织领导下工作者的忘我热情工作情况，使我感觉到，
认识到时代实伟大而严肃。毛泽东时代新的国家、新的人民的面貌，
更是清楚分明。……如何可以发挥更大的力量，把工作搞得更好些，
和人民需要，政治需要完全配合，是个人应有的努力。前述七种缺点
的逐渐克服，进一步与工作同志能在团结合作努力中，共同得到进步，

① 　《中央关于首先在大中城市开展"五反"斗争的指示》，载中央文献研究室编《建国
以来重要文献选编（第三册）》，中央文献出版社 1992 年版，第 53 页。

完成任务，是个人此后时时刻刻都应当联系到思想中，运用到工作中的一件大事情。"①

此后，博物馆又发下了《博物馆工作人员交代社会关系表》，要求逐项交代如下社会关系：

一、你的亲属、亲戚、朋友中，哪些是私人资本家？你和他们的关系如何？你为他们做了哪些事情？他们为你做了哪些事情？参加工作以后和他们的关系如何？

二、除上条所述而外，过去和哪些资本家发生过关系？经过情况如何？参加工作以后，还和哪些私人资本家保持关系？有些什么联系？

三、参加工作以后，新认识了哪些私人资本家？个人和他们发生过什么关系？

四、通过业务上的关系，和哪些私人资本家发生个人之间的关系？他们为你做了些什么事情？你给他们做了哪些事情？

五、其他重要社会关系？

六、思想检查（阶级立场、思想界限）。

对上述问题，沈从文认真填写，态度颇为虔诚，这表现了他对新政权的认同。在此心境之下，沈从文一改往日的忧郁笔调，给远在香港的表侄黄永玉写了一封措辞恳切的信："你应速回，排除一切干扰杂念速回，参加这一人类历史未有过之值得为之献身工作，……我当重新思考和整顿个人不足惜之足迹，以谋崭新出路。我现在在历史博

---

① 详见《"三反运动"后的思想检查》，《沈从文全集》第27卷，第124—128页。

物馆工作，每日上千种文物过手，每日用毛笔写数百标签说明，亦算为人民小作贡献……我得想象不到之好工作条件，甚欢慰，只望自己体力能支持，不忽然倒下，则尚有数万数十万种文物可以过目过手……"①

沈从文的献身精神是真诚的，虽然自己时常生活在困顿中，曾因为急用向丁玲借款 100 万，日记中也有"穷极，无可为力"的记载，但在 1952 年工资定级时，他主动要求降低自己的标准，不要高过馆中领导。老作家热心国家建设的行动也感动了了解情况的人，坚冰开始慢慢融化，他又得到了党的信任。土改返京后不久，湖南老乡陈赓将军把沈从文接到北京饭店，和他一起聊天，叙乡情，这让他非常感动。

陈赓是一位传奇将军，他是湖南湘乡人，生于 1903 年，1922 年加入中国共产党，1924 年入黄埔军校，是黄埔第一期学员，曾任蒋介石护卫连连长、侍从参谋，救过蒋介石的命。南昌起义失败后，陈赓到上海疗伤，后任中央特科情报科长，一直到 1931 年 6 月离开上海。1932 年，陈赓在第四次反"围剿"中身负重伤，辗转到上海治疗。解放战争期间曾任中原野战军第四纵队司令员、第二野战军第四兵团司令员，1950 年 2 月，任云南省人民政府主席、云南军区司令员。1950 年 7 月，又以中共中央代表的身份帮助越南进行抗法斗争，后任中国人民志愿军副司令员、第三兵团司令员，1952 年 6 月回国，奉命筹建中国人民解放军军事工程学院。与沈从文的这次会见应该就在他奉调回国以后的这段时间里，他们本来有机会在 20 年前就见面的，胡也频在被捕以前，曾对沈从文说过，有位从江西来上海养伤的湘籍军官，想和他谈谈，但最终未能如愿。

---

① 黄永玉：《这些忧郁的碎屑》，《比我老的老头》，作家出版社 2003 年版，第 82 页。

陈赓对沈从文说他对湘西人充满了好感，虽然和沈从文过去并未谋面，但他了解沈从文的为人。一句话拉近了两者的距离，谈话开始无拘无束起来。两个人一起谈文学，谈过去的经历。"你是搞文物的，有几件东西请你帮我看看。"说着，陈赓从床下拖出了两箱字画，沈从文是书画鉴定的行家，对其价值自然一看便知，那多是些明清年间的一般山水画，有来历，但艺术价值并不高。最后，陈赓请沈从文一起用餐，然后又用车子把沈从文送回家。对陈赓而言，20年后的这次会面，只不过是一次再普通不过的同乡相聚，但它给沈从文所带来的心理安慰极大，他从这次短暂的会见中感受到了党的政策的温暖。①

1952年6月，第三次全国统战工作会议在北京召开。时任中共中央统战部部长的李维汉请周培源、沈从文、冯至等知名人士一起吃饭，席间，李维汉说：党需要你们，希望你们能为党多工作，争取早日加入中国共产党。在场的人们觉得自己条件还不够，还要努力争取。李维汉接着说：加入民主党派也是为党工作，比方说九三学社。当时的九三学社主席是北京大学教授许德珩，沈从文对他有看法，故也没有表态。

与沈从文不同，当时在场的周培源很快加入了九三学社，同年9月便成为九三学社的中央委员，1956年2月成为中央常务委员，1958年12月当选九三学社副主席。沈从文对"许多过去在国民党时代蛮有办法的人，现在还是有办法。有些本来极本行的教书的，却认为是为反动服务"的现象极不理解，这正是他书生气的地方。

沈从文的表现也引起党组织的注意，时任历史博物馆书记的张文

①　关于这次会见，沈从文1974年2月写给张兆和的信中曾有过详细回忆，参见《沈从文全集》第24卷，第50—51页。

教专门找沈从文谈话，对他说："老沈，我把你介绍入党，你有条件，你政治上没问题，这是上头有过交代的。"[①] 这是一个好兆头。随着头上的政治疑云消散，沈从文的研究工作也得到了承认：1953 年 7 月 26 日，《光明日报》刊发了沈从文的《明代织金锦问题》，这是他在新中国成立后发表的第一篇专业论文；《中国织金锦缎的历史发展》发表于《新建设》第 9 期；《新观察》的第 19 期上刊发了他的《中国古代陶瓷》……沈从文在新中国成立后的成果终于得到了专业人士的承认，这对沈从文是一个鼓舞。

好事接踵而至：1953 年 9 月，中国文学艺术工作者第二次代表大会在北京召开，沈从文作为全国美协推选的代表参加了这次会议；10 月 4 日，毛泽东接见部分与会代表，文化部部长沈雁冰向毛泽东逐一介绍了参加会见的代表，当介绍到沈从文时，毛泽东问了沈从文的年龄，听到回答后说："年纪还不老，再写几年小说吧……"听到这里，沈从文眼睛湿润了，中共中央主席的鼓励似乎冲淡了沈从文多年来埋藏在心底的委屈。

1953 年，沈从文一家告别了租住民房的历史，搬入东堂子胡同 51 号，这里是历史博物馆的家属宿舍，沈从文住在后院靠东头的北房三间。

1954 年，张兆和离开位于北京西郊圆明园的 101 中学，调至《人民文学》编辑部工作，从此告别了住校的历史，对孤独中的沈从文来说，这也是一个安慰。

沈从文明显开朗了许多，开始走出自我禁闭的书斋，与亲朋好友

---

① 沈从文：《论公平还是读者公平》，载王亚蓉编《沈从文晚年口述》，陕西师范大学出版社 2003 年版，第 182 页。

的走动也多了起来。这可以从他的老师田名瑜的日记中略知一二。田名瑜，字个石，生于1890年，1916年在凤凰文昌阁小学任国文教员时教过沈从文，后从军，北伐战争时期任国民革命军临时第十师司令部秘书，此后先后当过大庸、沅陵、黔阳、凤凰诸县县长，新中国成立前夕弃官不做，任辰溪楚屏中学代理校长。1951年3月，田名瑜出任中央文史馆馆员。还是在小学的时候，异常顽皮的沈从文对这位老师就有一种特别的好感。对此，他曾在一篇文章中有过生动的回忆：

　　个石先生是旧南社诗人，书学黑女志，诗文习唐宋，均能去华存实。特别可敬爱处还是他的为人，素朴质实，敦厚有容，接近时使人充满泥土亲切感。五十年前任教湘西家乡小学时，我正做高小学生，好事喜弄，终日和街坊邻里顽童打闹逃学，上山捉鸟，入水摸鱼，只觉得天下事再没有比这个生活方式更有意思！几几乎凡是顽童行为无不有份。即平时上课，也并不安心，必想出种种办法胡闹，方称快意。尝为全校教师起绰号，"绵羊""耗子""土地公公""官媒婆"无所不具，各有攸归，都十分形象化。教师知道，也无可奈何。当时所得奖励，常为二十大板，虽不大符合"按劳取酬"原则，但凡事既成习惯，还是接受下来，不大在意。只觉得有些奇怪，老师一下课即搓麻将，视学员到时也常参加，却不算犯规！唯对个石先生，早多传闻，有些害怕，有些好奇。到后又觉得为人异常和蔼可亲，别具一种吸引力量，因之印象甚深，上课时堂上格外安静，从不捣乱，在当时实稀有少见。①

---

① 《题〈寄庑图〉后》，《沈从文全集》第15卷，第423—424页。

这是沈从文 1949 年后发表的充满灵动之气的一篇文字，笔调轻松、感情率真，是田个石先生的为人激活了他久已僵滞的笔触。田先生来京不久，沈从文即前往拜访自己的老师。师生久别重逢，相谈甚欢。对此，田先生的日记中有过记载：

一九五二年

四月二十九日，晴，沈从文学弟来视，赠隶碑一幅，浏览馆内一周说，前系禁地，未能莅止，景色最为宜人，可爱至极。

十一月二十八日，晴，沈从文到访，并约三十日吃饭，其工作情绪较好，语言形态比前畅适。[1]

沈从文的情绪变化黄永玉也感受到了："一九五四年、一九五五年日子松动得多，能经常听到他的笑声。公家给他调整房子虽然窄小，但总算能安定下来。到中山公园、北海、颐和园玩得很高兴。五十多岁的人，忽然露出惊人的真本事，在一打横的树上'拿'了一个'顶'。又用一片叶子舐在舌头上学画眉叫，忽然叫得复杂起来，像是两只画眉打架。'不！'他停下嘴来轻轻对我说，'是画眉"采雄"（交配的家乡话）。'于是他一路学着不同的鸟声，我听得懂的有七八种之多。有'四喜''杜鹃''布谷''油子''黄鹂'……尤其难学的是喜鹊！你听！要用上腭顶抵着喉咙那口气做——这一手我在两叉河学来费了一个多月，上腭板都肿了……，他得意得了不得。"[2]

1956 年，沈从文进入了和主流政治最为合拍的一段时期。1956

① 参见田光孚：《〈苦学斋日记〉记载的沈从文》，《新文学史料》1998 年第 2 期。
② 黄永玉：《这些忧郁的碎屑》，《比我老的老头》，第 83—84 页。

年 1 月 10 日，沈从文作为特邀代表被增选为政协委员。1 月 30 日，沈从文步入了参政议政的殿堂，参加了中国人民政治协商会议第二届全国委员会第二次会议，并在会上做了发言。2 月 9 日的《人民日报》全文刊发了沈从文的发言：

这几天，在大会中我听过了各部门负责首长的报告，我学习了一生没有学习到的许多事情。内中周恩来总理的政治报告，和郭沫若院长关于在社会主义革命高潮中知识分子的使命的报告，都特别提到祖国在社会主义建设中，知识分子和工人、农民结成一体的光荣责任，和知识分子自我改造的迫切问题。我理会到这个责任的光荣，同时也明白责任的重大。从我自己说起，就是必须更好地自我改造，才够得上做个人民时代的知识分子。照我的认识，新中国成立 6 年以来，国际地位日益提高，社会面貌日新月异，一切事业能够飞跃地向社会主义迈进，完全是由于有中国共产党和毛主席正确的领导得到的。是由于党和毛主席的教育、鼓舞，动员了全国 6 亿双勤劳的手，和一切能够深思力学的头脑，在各种不同工作岗位上，抱着一种崭新的态度，指向一个共同远大的目标，日以继夜热情忘我劳动的结果。贡献特别大的，应当数工人、农民和战士，以及各个生产建设战线上的组织领导者和工作者。知识分子，虽然也尽了一份力量，出于种种原因，还没有完全发挥出他们的长处，同时也还不容易完全去掉本来的弱点，正如周总理报告中所分析的情形。社会新形势要求知识分子明天能够更好地配合国家建设需要，把个人工作纳入国家总计划中，和工人、农民结成坚固的联盟，把祖国历史推向前进。在这个新的庄严课题下，旧知识分子如何进一步改造，变成一个新知识分子，实在是一个迫切问题。

我是个旧知识分子，过去许多年来曾经从事小说写作，本来来自人民队伍中，由于工作小有收获，就自高自大，正和农民中的单干户一样，什么都不加入，远离人民群众的斗争，思想意识因此逐渐被半殖民地化的资产阶级观点腐蚀俘虏，写作态度和倾向，越来越要不得，使得许多年青读者，发生逃避现实安于现状的坏影响。我却空守着一种虚伪的自由主义，以为绝不受蒋介石利用。事实上缺少阶级立场，不能分清敌我的写作态度和作品倾向，就最适宜于点缀蒋介石回光返照的政权，对人民事业没有丝毫好处。北京解放，才把我从空头作家的错误发展中挽救过来。

解放后，我的工作转到文物研究方面。虽然在党的长期教育帮助和鼓励下，学习用新的工作来为人民服务，但是由于搞的是物质文化发展史中的工艺部门，牵涉问题格外多，我的政治思想水平既低，史部学根底又浅，单干户的老毛病也还未去尽，因此工作总是周折多，问题多，经不住检验。能完成的工作远远落后于社会要求。听过周总理对于知识分子情况数字分析后，我虽然主观愿望要在前边一点，客观事实可能还会落在百分之十几那个数字内。引起我警惕和惭愧。

过去30年来，我是不相信有个什么政党能够把中国一下搞好的。我和许多人一样，又极其幼稚糊涂地认为中国如有个英美式的议会民主制度，一大群科学家、专家分布在各项工作中，就可望慢慢地把中国纳入正轨。对于蒋介石独裁腐败透顶的政权，虽预料它必然要倒坍，但是用什么政权来代替，从没认真分析考虑过。提到"人民解放"和"个人思想改造"，我都难于理解。直到全国真的解放，6年以来，从一件一件事情看去，并参加了一系列的社会改革运动，我才日益明白过去认识上的错误。正因为解放，才把帝国主义在中国百余年的恶势力连根拔去，才加快结束了蒋介石的独裁政权，全体农民才从封建地主压迫下翻过身来，才有今天全国农业合作化高潮和全国私营工商业的社会主义改造高潮的来临。从此以后，一切对国家建设有用的聪明才智，才有机会和人民劳动紧密结合起来，为全体人民长远利益发挥出最大的效率。这就证明只有在中国共产党领导下的人民政权，才是真正的民主政权，才能够把蕴藏在中国人民内部无限丰富的智慧和创造热情，全部解放出来，纳入国家计划中，运用到科学研究和工业建设上去，实现国家发展的远景，对世界和平、人类进步，作出更大的贡献。

今天的社会，每一种工作都和人民全体的努力发生密切联系，每一方面的新成就都鼓励并帮助推动其他工作的前进，中国共产党和毛主席就这样领导中国人民把中国历史带入到一个光耀辉煌的道路上去。我相信了共产党。我一定要好好地向优秀党员看齐，加强学习马克思列宁主义和毛主席的著作，联系业务实践，并且用郭沫若院长报告中提起的三省吾身的方法，经常检查自己，努力做一个毛泽东时代的新知识分子，把学到的一切有用知识，全部贡献给国家。如果体力许可，还要努力恢复我荒废已久的笔，来讴歌赞美新的时代、新的国家和新的人民。①

在这段时间里，沈从文对历次政治运动都深信不疑，相信政府决断的正确性。1955 年 1 月，经过多年的酝酿、组织，一场轰轰烈烈

---

① 《沈从文的发言》，《人民日报》1956 年 2 月 9 日。

的对胡风的总清算在全国范围内展开了，随着断章取义、罗织罪名的"关于胡风反党集团"的三批材料的陆续公布，学术问题最终定格为政治问题，全国范围内共审查了2100人，有92人被逮捕，62人被隔离，73人被停职反省。在这次运动中，沈从文虽然置身事外，但他心底里，对这场批判是认同的。5月27日，在给大哥的一封家信中，他对这次事件有这样的表述："这里正是全面在讨论胡风问题。这个人过去（抗战前和抗战中）我总以为他在代表党，批评这个，打击那个。现在才明白是他自己一套。有一小集团，这里布置那里布置，争领导权！更绝不是党的代言人！"①

　　沈从文对官方宣传口径的这种态度，已经与新中国成立前的那种坚持民间立场的作风判然两样了，这是新中国成立六年来思想改造的结果。没有必要怀疑沈从文的真诚，因为这些意见是写在家书中的，他没有必要向情同手足的大哥隐瞒自己的立场。这种态度使沈从文避过了1966年以前的历次政治风波，没有受到任何冲击。

　　1956年，中央正式提出了"百花齐放、百家争鸣"，强调艺术和科学中的是非问题，应当通过自由讨论解决；1957年4月，中共中央又下发了《关于整风运动的指示》，决定开展反对官僚主义、主观主义、宗派主义的整风运动，要求各界人士帮助改进党的领导作风。于是出现了新中国成立以来前所未有的"早春天气"。在这个后来被毛泽东本人称为"阳谋"的"早春天气"里，一大批高级知识分子加入了"鸣放"的阵营，对执政党的工作作风提出了种种批评意见，沈从文的许多朋友都出现在提意见的行列里，但沈从文依然不为所动，在此期间一言未发。值得注意的是，并不是沈从文没有机会发言，而

────────────

① 《复沈云麓》，《沈从文全集》第19卷，第421页。

是他主动放弃了"鸣放"的机会。

"'鸣放'期间，上海《文汇报》办事处开了一张在京的知名人士的约稿或座谈的长长名单，请他们'向党提意见'。名单上，恰好著名演员小翠花的名字跟他隔邻，他发火了。他觉得怎么能跟一个唱戏的摆在一起呢？就拒绝在那张单子上签名。"① 这是黄永玉记忆中的一件事情，但可以肯定的是，沈从文在鸣放过程中一言不发恐怕并不是因为一次"偶然的赌气"，这种沉默是发自内心的。

6月1日，北京大学新闻系的一位学生持介绍信来访问沈从文，想请沈从文对时局发表意见，以便写一篇访问记。在他看来，沈从文多年没有露面，对当局必有意见，这次采访有为他鸣不平的意思。沈从文觉得这采访来得太突然，而且把三个互不相干的人放在一起，表明采访者并不了解自己，甚至根本不知道沈从文到底是什么样的人。沈从文告诉他：

"你恐怕弄错了人。"

"没有错，没有错。"来者十分肯定地回答。

"但是我和信上的另外两位并不相熟。"沈从文又想出一个理由。

"哎呀，那不过是随便填上的。"

在沈从文看来，介绍信怎么能随便填名字呢？但沈从文对这位采访者依然十分客气，告诉他："我多年来从事丝绸研究工作，只是担心工作进展太慢，配不上社会的要求。自己没有什么意见可说，即便要写文章，也不用别人代劳，还是不要写什么了吧？"

既然沈从文如此坚定，来访的青年也不好再说什么，非常失望地离开了。尽管如此，沈从文还是感到此事非同寻常，又特意写信给在

---

① 黄永玉：《这些忧郁的碎屑》，《比我老的老头》，第84—85页。

北京大学工作的一位朋友，核实情况：

> 德申：

>   闻北大争鸣情形相当活泼热闹，国文系想必也事件不少。昨天有个北大新闻系学生来访问我，介绍信十分离奇，一信中计有三个不相干名字，除我外还有陈慎言和小翠花，给我一种痛苦的压力。这个介绍信真是不伦不类，可能是伪造的，望为查查。如果真是新闻系开来的，也证明新闻系办得有问题，大致学生只看王瑶教授《现代文学史》，习于相信一种混合谎言和诽谤的批评，而并未看过我的作品。访问我虽出于好意，也近于猎奇，并无基本认识。来的人还说曾问过你，也许还上过你的课，我可实在不知向他说什么好。虽一再告他不要随便写什么访问记，或许当面说后，事后又写，胡乱寄出。望你为向新闻系党组查查，来访我的同学是谁，请他万莫随便写下我什么向上海投稿。他的好意和热忱都极可感谢，我可十分害怕这种于事无补的访问记。

>   …………

> 从文 顿首
六月二日 [①]

种种迹象表明，沈从文信中所谈的和黄永玉文中所写的可能是一回事儿，只是有些地方略有出入。采访对象除沈从文外，还有陈慎言和小翠花，而不是黄永玉所说的张恨水。陈慎言，也是一位通俗小说家，著有《恨海难填》《云烟缥缈录》《故都秘录》等；小翠花即京

---

① 《致吕德申》，《沈从文全集》第20卷，第179—180页。

剧演员于连泉，另有艺名筱翠花，工花旦，先后与尚小云、杨小楼、余叔岩合作演出。从信中的口吻来看，沈从文确实对把自己和这两个人列在一起感到不满。他从心底里瞧不起通俗小说家，在给张兆和的家信中曾说过："如这么写文章，我每天也可天上地下写三五千字了。这种通信也可当成作品发表了。对读者无益，编辑应负责任的。我的文章已寄出给画报。画报上要求是不大合的。所要求的张恨水或其他许多人都可满足，因为随便抄抄故宫说明，还不容易？"[①]"报纸副刊近来刊登张恨水《孔雀东南飞》，一天刊那么一节，什么都不曾交代，描写得极浅，还是有读者。社会实在太大了，如果一个都会里有二百万以上人还只达到小学和初中文化水平，你试想想看，不承认他们的趣味，就他们趣味来进行文化娱乐工作，成不成？"[②]但沈从文也并不单纯是因为把自己和他们并列而拒绝发言，他对党的领导没有什么意见，倒是对新中国成立后一些作家的表现大为不满。"鸣放"及"反右"期间，沈从文均有一段时间不在北京，这使我们可以从他写的大量家信中看到他对这场运动的真实想法。

1957 年 4 月 30 日给张兆和的信中说：

这里报上正在"鸣"。前天是小说家（巴金等），昨天是戏剧界（曹禺、熊佛西、李健吾、师陀），一片埋怨声。好像凡是写不出做不好都由于上头束缚限制过紧，不然会有许多好花开放！我不大明白问题，可觉得有些人提法不很公平。因为廿年前能写，也并不是说好就好的。有些人是靠小帮口而起来，不是真

① 《致张兆和》，《沈从文全集》第 20 卷，第 60 页。
② 《致张兆和》，《沈从文全集》第 20 卷，第 70 页。

正靠若干作品深深地扎根于读者心中的。有些人又是搞了十多年的。如今有些人说是为行政羁绊不能从事写作，其实听他辞去一切，照过去廿年前情况来写三年五载，还是不会真正有什么好作品的。这里自然也应当还有人能写"作品"，可不一定就是"好作品"。但目下不写作品，还在领导文学，领导不出什么，却以为党帮忙不够，不大符合事实的。鸣总不免有些乱。[1]

8月3日给大哥沈云麓的信中说：

反右斗争日益深刻，许许多多人都已卷入其中，唯绝大部分是和民盟、农工民主党、九三等有关，是想从整风中对共倾覆的人物。知名人士相当多。……看情形，必须重新排个队，有些作家，解放以来，工作本不多，花样却不少！×××是有代表性的。能力本不高，花招可真多！一揭露，假里手即原形毕现了。[2]

8月中旬致张兆和：

丁陈事已见报。个人主义一抬头，总必然会出现或大或小的错。从上次文代会中发言态度，我就感觉到不大对头，好像还缺少对于党的整体观念体会。自有一套，又未必真的有什么了不起。……凡初步建立了人民立场和党的整体观点，都会明白应当凡事十分谨慎，莫人云亦云做他人传声筒。稍受右派利用，我们

---

① 《致张兆和》，《沈从文全集》第20卷，第168页。
② 《复沈云麓》，《沈从文全集》第20卷，第181—182页。

哪受得了？要从一切小事上注意爱党，维护党。要学习从各种事情各方面来提高自己，不仅仅是学学文件。要在各种有益人民的工作上贡献自己，忘我踏实地来工作。我告你你总不明白，甚至于不相信，一时萧乾等说的反而相信。[①]

8月22日给大哥的信中又提到：

> 这三个月国内事可变得不少。北京方面不仅是民盟章罗大头子倾覆，即小伙计也日日出现于报上。这几天闻正在清算××。人不老实，必然这样。聪明处总用到小地方，自私自利，花样也不少。解放前搞××，到北京一跑，我们就吃他大亏，他们搞的内容，当时我一点不知道，外头人却骂到我头上，以为我曾参加。在学校中办壁报，从三楼写到下一层，其实我就不明白他到北京来是谁派的，有什么内幕打算。这次又总想要三姐加入民盟，还帮他的大头目拉我吃饭。……人不老实，总是不好。[②]

这里引述的，只是沈从文反右运动期间所写信的一小部分，它代表了沈从文这个时期的思想情绪。与当时知识分子对中国共产党牢骚满腹不同，从这里我们感受到的是一个知识分子对共产党的方针政策的拥护，对自己过去的许多朋友在新中国成立后的作为却颇多非议。这在当时是一个并不多见的景象。在这场波及全国的政治运动中，沈从文并没有什么批判文章留下来，萧乾记忆中的沈从文对他的批判是

---

① 《致张兆和》，《沈从文全集》第20卷，第189页。
② 《复沈云麓》，《沈从文全集》第20卷，第195页。

沈从文在这次运动中留下的唯一印痕，据萧乾回忆：

> 在文联批斗我的大会上，沈从文发言说我早在 1929 年就同美帝国主义勾结上了。他当然是指我与阿兰合编《中国简报》。按理，他对此事再清楚不过，怎么可以这样故意恶语中伤。我后来想，沈从文是我的第一位文学师父，对我的恩太重。我最初的几篇习作上，都有他修改的笔迹，我进《大公报》是他和杨振声介绍的。在我失业的那 8 个月里，也是他同杨老师收容了我。这些都是我没齿难忘的。再加上想他那样说，也许是要在阶级斗争面前自保，也就不去过分计较。①

但沈从文否认参加了这样的批判会，由此形成了一桩文坛公案。最早披露沈从文批萧乾这件事的，是萧乾的夫人文洁若。在 1992 年出版的《我与萧乾》一书中，文洁若说一位"老作家"揭露萧乾早在 20 世纪 30 年代初就与美帝国主义进行勾结，既然没有点名指认，大家只是心照不宣，仅在朋友间口耳相传。直到 1999 年傅光明发表了《沈从文和萧乾：从师生到陌路》一文后才广为人知，同时也引起热爱沈从文的人们的质疑。从现存材料看来，沈从文确实参加过一次萧乾批判会，这一点张兆和可以做证。② 沈从文也的确有时间参加批判萧乾的会议，8 月 4 日，沈从文在作协的安排下到青岛休养，这使他得以避过许多批判大会，但 8 月 28 日沈从文即已提前返回北京，

---

① 萧乾口述，傅光明采访整理：《风雨平生——萧乾口述自传》，北京大学出版社 1999 年版，第 256—257 页。

② 参见李辉：《和老人聊天》，大象出版社 2003 年版，第 42 页。

行前写信告诉张兆和，"早回好些，照你所说，多参加几次会"①。这样沈从文刚好赶上9月5日、9日召开的两次萧乾批判会。②

从当时的形势和沈从文对萧乾的看法来判断，沈从文批判萧乾也在情理之中。实际上，沈从文对萧乾的不满早就开始了。出于为贤者讳的目的，收入《沈从文全集》中的许多书信都以"××"取代了被议论人的名字，但对萧乾经历略知一二的人即可知，在这许多"××"中的一部分是指萧乾无疑，如文集中有这么一段："有关××事，我也不记到他什么了，只觉得他始终是不大妥当一位。为人不纯，相当自私自利。看他对××、对××，都可知。过去早就感觉到，但照过去习惯，总以为一些属于私事，不宜过问。正如同我对许多人一样。自从办××那次以后，对他即很不欢喜，所以他一再来要文章，我都不热心，你总不明白。上次邀到人家处去吃饭，又劝你入民盟，我都觉得不欢迎他是对的。但现在来提意见，还是不知说什么好。据我估计，××搞的大把戏，他未必知道，因为资格不深，但小把戏拉拉人，发展组织，如何配合鸣放，必清楚有份。这也恐得待我回来，我们共同来写好了。"③而一位与沈家交往颇久的苏仲湘在一篇文章

① 《致张兆和》，《沈从文全集》第20卷，第203页。

② 1957年9月20日《人民日报》刊登了一篇名为《萧乾是帝国主义的忠顺奴才》的新华社讯，文中有："关于批判萧乾的大会最近继续举行了三次，中国作家协会主席茅盾、副主席老舍、邵荃麟都在会上发了言。发言的还有方蒙、叶君健、方土人、方巨成、张彦、刘北汜、张光年、冰心、卞之琳、康濯、邹荻帆、杨刚、高集、沈从文、黄永玉等多人。"这是笔者检索到的沈从文参加批判萧乾会议的最直接证据。在郭小川的日记中有：9月5日，"近五时，到大楼，正开斗争萧乾的大会，听了几句，与荃麟谈了一些事情"；9月9日，"为送《诗刊》稿，到大楼去了一下。萧乾的会议正在开，白羽正找阮章竞和公木谈古立高的问题"（《郭小川1957年日记》，河南人民出版社2000年版，第186—189页）。

③ 《致张兆和》，《沈从文全集》第20卷，第200页。

中则有"在沈从文方面，的确在岁月往还中也出现了一些新的印象和感受。这种印象和感受，早在四五十年代就已发生，使沈开始有'他始终是不大妥当一位'的惋叹"。[1] 根据萧乾和沈从文的交往，再加上苏仲湘文中的旁证，可知沈从文信中的第一个××是指萧乾。不过，即便沈从文批判萧乾是事实，也不会影响读者对沈从文文学成就的评价，这是当时情势下许多文人的普遍选择，更何况沈从文与萧乾的恩怨由来已久。

多年来，为了争取生存的权利，沈从文变得小心翼翼起来，在行文中，他尽量避免使用容易引起别人反感的字句，他怕引起不必要的麻烦。1957年，人民文学出版社为他出版了《沈从文小说选集》，这是新中国成立以后沈从文出版的第一部文学作品选集，他非常珍视这个机会，特意为它写了一篇题记。文中有一段是这样写的："我既然预备从事写作，就抓住手中的笔，不问个人成败得失，来作下去吧。'德不孤，必有邻'，于是就凭这简单信念，当真那么作下来了。"这本没有什么犯忌的话，但沈从文还是觉得不妥，一个月后，他写信告诉张兆和："选集序，我想如果不发表，就不用好。书中那篇，如来得及我也想抽去。我怕麻烦。如已用，似得把你说的'德不孤，必有邻'删去。"[2] 就这样，在正式出版的《沈从文小说选集》中，"德不孤，必有邻"一句失去了与读者见面的机会。

"我拥护人民的反右派，因为六亿人民都在辛辛苦苦地努力进行社会主义建设的工作，决不容许说空话的随意破坏。如有人问我是什么派时，倒乐意当个新的'歌德派'，好来赞美共产党领导下社会主

---

① 苏仲湘：《也谈沈从文与萧乾之失和》，《纵横》1999年第11期。

② 《致张兆和》，《沈从文全集》第20卷，第192页。

义祖国的伟大成就。"①由此可见，沈从文的态度是旗帜鲜明的，上面也注意到了沈从文的变化。运动结束后，沈从文得到了官方的充分信任和肯定。"1958年，为庆祝'反右'斗争胜利，周扬在西长安街邮局对面一个饭馆里，设宴招待文艺界人士，有30多人参加，我也去了。席间，周扬当场宣布：'老舍工作很忙，准备让他多做一点全国文联的工作。北京文联主席，想请沈从文担任。'我一听急了，立即站起来说：'这不行。我还是做我的文物工作，我是个上不得台盘的人……'"②20世纪40年代那个指点江山、臧否人物的沈从文已经渐渐远去，他变得越来越谨小慎微。

这种变化与夫人张兆和的影响密切相关。尽管张兆和比沈从文小8岁，但她出自名门望族，是一个典型的大家闺秀；而沈从文则是一充满野性的"乡下人"，多一些侠义之气。在变幻莫测的政治风浪面前，张兆和的理性和沉稳帮助沈从文渡过运动的难关，使他不再有新中国成立前的那种"冒失"。在黄永玉的记忆中，"婶婶像一位高明的司机，对付这么一部结构很特殊的机器，任何情况都能驾驶在正常的生活轨道上，真是神奇之至。两个人几乎是两个星球上来的人，他

---

① 《一点回忆、一点感想》，《沈从文全集》第14卷，第427页。

② 转引自凌宇：《风雨十载忘年游》，载巴金等著《长河不尽流——怀念从文》，湖南文艺出版社2018年版，第385页。对这件事，不同的人回忆有所不同，武敏的《诲人不倦的人》、刘一友的《沈从文现象》都对此事有过记载，但设宴招待者为李维汉，二文同见《长河不尽流》。但陈徒手的记载均与他们不同："史树青证实此事，但在细节上稍有出入：'毛主席请沈先生当文联主席，沈先生告我此事。沈先生说，这是主席的客气话，我也不能去，我还是爱好文物。'在北京市文联工作几十年的林斤澜从未听说过此事，对此深表怀疑。他告诉笔者：'汪曾祺跟沈先生很熟，我也没听他提过此事。'"（陈徒手：《午门城下的沈从文》，《读书》1998年第10期）由此可见，做北京市文联主席这件事，确实出自沈从文自己口中，但不同人的转述略有差异，至于具体史实到底如何，待考。

们却巧妙地走在一道来了。没有姊姊，很难想象生活会变成什么样子，又要严格，又要容忍。她除了承担全家运行着的命运之外，还要温柔耐心引导这长年不驯的山民老艺术家走常人的道路。因为从文表叔从来坚信自己比任何平常人更平常，所以形成一个几十年无休无止的学术性的争论"①。沈从文在私下里把自己的夫人称为"政委"，也就是思想上把关的人。这一点，张兆和的同事涂光群深有感触："每当张兆和的同事去看他，沈从文往往显得很热情，说起他发现、保管的心爱文物，则如数家珍。但这些小文人（编辑呀，小说爱好者呀）爱说点当今文坛上的事儿，也常常问及沈从文，'可还在写作？''您的小说选为什么选得那样少？'……每当这种时刻，夫人张兆和总是以眼色、微小的动作，暗示沈从文'三缄其口'。这种微妙的局势，自然被编辑们感知了。"②

就这样，经过多年的努力，沈从文终于融入了主流社会，但他付出的代价也是巨大的。

① 黄永玉：《太阳下的风景》，载朱光潜等著《我所认识的沈从文》，岳麓书社 1986 年版，第 31 页。
② 涂光群：《沈从文写〈跑龙套〉》，《中国三代作家纪实》，中国文联出版公司 1995 年版，第 273 页。

3

午门，中国历史博物馆。从 1949 年起，一直到作为首都十大建筑的历史博物馆新馆落成，沈从文在这里工作了 10 年。虽然沈从文已经融入了主流社会，但在历史博物馆的最初十年的经历给沈从文留下了太多辛酸记忆。

沈从文在北新桥大头条 11 号的家离历史博物馆很远，每天天刚亮就要起床赶着去上班，早餐也来不及吃，只好在北新桥附近的小摊上买一块烤白薯，在充饥的同时，还可以暖暖手。由于自己的特殊身份，沈从文怕迟到，那时北京的公共交通还不发达，公共汽车的开行班次排得还不是很紧，为了不至于因汽车晚点而迟到，他总是留足提前量。这样，经常到了天安门，门还没有开，只好在寒风中等待，找个地方坐下来，看着夜空中的点点寒星，一直到博物馆开门。1953 年，沈从文搬入了东堂子胡同，但这里离单位依然很远，都需要中途换乘，每天在路上的时间就有 2 个小时，这种通勤艰难一直持续了 20 年。"在本馆中上面有馆长，有本部主任，有组长，都可算得是我上司。每天我按时签到，一离办公桌必禀告一下主任，印个二寸大照片作资料，必呈请主任批准，再请另一部主任批准，才进行。凡事必秉承英明全面馆长指导下进行，馆长又秉承社管局一个处长，处长又秉承局长，局长郑西谛算来是我五级上司了。"[1] 在这里，沈从文成了地地道道的小公务员。

<hr>

[1] 《致高植》，《沈从文全集》第 19 卷，第 365 页。

北方的冬天十分寒冷，而午门时期的历史博物馆又不允许生火，一般人很难坚持下去。沈从文不管这些，他总是早来晚走，为了节省时间，有时中午干脆就不回家了。他穿着厚厚的冬衣，在工作时间里，向来不参与闲谈，不是埋头写卡片，就是在文物仓库里清理尘封多时的文物。

博物馆的文物库房设在五凤楼的两角楼上，由于长期无人清理，上面累积了厚厚的灰尘，一面的旧木架上摆放着一些陶罐，在墙角上存放着几具据说是从埃及带回来的木乃伊，而另一侧的木架上放置的则是明代以来凌迟罪犯的一应刑具：鬼头钩、锥、刀、凿，东西虽然都上了锈，却依然十分锋利。沈从文就在这样的环境中工作着，由于非常投入，以至到了下班时间还浑然不觉，甚至有被工作人员锁在仓库中的，到下午上班时才被人发现，但他不以此为意。有时候，忙了一天，回到家里还要继续在单位未完成的工作，多年来，工作已成了沈从文的第一要务，只有在工作中他才感到充实，这也是他尝试"忘我"的一种方法。在略有空闲的时候，他就主动要求去当说明员，对此萧乾有过回忆：

那个时候他在故宫处境不好，一个那么有名的作家，到了新社会反而难处。当时有中苏友好协会、工会之类，挑着人入会。听说就没让沈从文加入，在政治上给他压力。

我跟他有几次接触，彼此的心情都很复杂。有一回我陪外宾去故宫参观，恰好是他在解说，拿一根讲解棍，非常认真。我看了很伤心，觉得这是一个青年人干的事，怎么让他干？我怕影响他，也怕伤害他，躲得远远的，没有上前跟他打招呼。[①]

---

① 转引自陈徒手：《午门城下的沈从文》，《读书》1998 年第 10 期。

但沈从文一点也不觉得难为情，他把这看作唯一和"人民"接触的机会。这个时期是沈从文最为孤独的时期，许多新中国成立前走动频繁的朋友离他而去，他见惯了人情冷暖，因而萧乾"躲得远远"的，在沈从文看来是题中应有之义。在当时的情况下，就是有朋友热情相邀，由于自己的特殊身份，沈从文也往往婉拒。吴小如回忆：

> 20世纪50年代末，我曾随北大中文系全体教员到故宫参观出土文物，从文师对我们一行十分热情，亲自戴了两副重叠的眼镜为我们当讲解员，边走边讲，如数家珍。参观完毕，我同沈先生告别，并说要去看他。先生拉着手诚恳地对我小声说："不，我们还是先不来往吧。"先生当时的韬晦心情我是理解的，只好遵命了。[①]

1959年1月8日，沈从文在故宫中陪30余个青年美术工作者看了一天绸缎和陶瓷。这些人都是参加首都十大建筑中陶瓷和丝绸地毯设计工作的人，虽然有很高的工作热情，但由于新中国成立以来推行厚今薄古的文化政策，优秀的古代文化传统没有得到应有的传承，大家参加实际设计时才知道知识匮乏，对此沈从文忧虑万分。一天的工作虽然很累，但能够为青年人提供有益的指导，他感到很高兴。这一天，是他的59岁生日，除了远在家乡的大哥和大姐，没有人记得这些。他拖着沉重的脚步回到家里，一个人独自坐在灯下，听着贝多芬的《第九交响乐》。交响乐是如此欢乐和清静，使他的心灵得到陶冶。

在那个政治决定一切的时代，沈从文的忘我工作并没有得到博物

---

① 吴小如：《师友怀想录》，《书廊信步》，辽宁教育出版社1995年版，第134页。

馆领导应有的信任和尊重。他得不到必要的科研条件，尽管馆里房舍很多，但他没有一间属于个人的办公室。他热心为馆里购买文物，看到有价值的文物，往往自己先买下来，如果馆里不要的话，就自己留下。时间一长，就分不清是馆藏还是私人的了，就稀里糊涂归了公，《阿房宫》长卷就是这样由私变成公的例子。这种公而忘私的表现，没有人在意，倒是有人留心沈从文买了太多的"破烂"，并以此为题举办了一次"反浪费"展览。沈从文的埋头工作被有些人看作"不合群""清高"等资产阶级思想的表现。很多情况下，在楼上库房里忙了半天的沈从文已经筋疲力尽，但当他下得楼来，"看一切人都似乎照旧，钓鱼的钓鱼，打闹的打闹，毁人的毁人，很觉悲悯"①。

沈从文的烦恼无处倾诉，连妻子、儿子都不能理解他，在这种情况下，大哥沈云麓成了他唯一的倾诉对象："即或能用一种十分严肃认真的态度把工作搞好，可常不免因为不善于应付人事上的种种，结果劳而无功。我一生最大弱点，即不会在场面上、表面上说好听话哄人。这个弱点要克服，可不大好办。写文章又十分慢，不能即时交卷，也因之容易见得不如人政治热情高。而同行中总是有一种人，在本业务上可以永远是马马虎虎，从不认真，却由于会做表面工作，一有机会即不放过，因而这种人倒在习惯上常是我的上司，才真麻烦！我们这里有个馆长，就是名义是业务方面的馆长，事实是从来不曾认真考虑本馆业务要面对全国，应当如何布局，应当如何培养年青一代，应当如何加强自己领导业务能力，以至于如何从高瞻远瞩使馆中业务改进和提高，才对得起党所给的任务的这么一种人，若写成小说，才真不容易使人相信，这竟是国家博物馆馆长！一天也好像忙忙碌碌，事

① 《历史博物馆日记片段》，《沈从文全集》第19卷，第98页。

做不完，真正应当用心处，却不知道。因之凡事对付，自己倒还是'馆长'，可把年青人业务上应有的提高，全耽搁了。"①

没有人理会沈从文的感受，在历任历史博物馆馆长眼里，沈从文不是什么"人才"，自然得不到他们的"重用"。对这些，沈从文根本不放在心上，只要能给他的工作提供必要的条件，他就心满意足了。1953年11月，出于对文物工作的热忱，沈从文给文化部副部长周扬写了一封情辞恳切的信：

周扬同志：

我到历史博物馆工作三四年了，因为业务知识有限，有些认识和领导馆务的专家认识或不能一致，即或只想把一点常识和热情，全部用到工作上去，有时不免有无从着手感。

…………

我本不懂艺术，只是对它有点常识，特别是对于工艺中瓷、漆、丝绸花纹形制趣味杂而泛，如果多掌握点资料，扩大原有常识，可能使用到轻工业日用生产品方面去，还有一点用处。特别是到民族形式问题上，如何接受优秀遗产问题上，到时我或可以为作丝棉织物花纹设计工作者，及建筑彩画与雕刻工作者，中学或大学美术教师，提供些参考资料。此外古典戏剧歌舞改良，碰到一个服装道具现实问题，也有可能为提点有益意见。好的是我自己并不是个艺术家，对优秀传统，就会比较看得清楚一些，也广泛些。

工作中比较重要，却又同时可以进行的，是陶瓷和纺织物花

---

① 《复沈云麓》，《沈从文全集》第21卷，第61—62页。

纹的研究。我想请你和乔木同志斟酌一下，是否可以为拨一笔钱，调几个人，来进行这个工作。钱的用处主要分三方面：一、有用实物的收集；二、重要资料照相；三、摹绘和处理。第一年假定有两亿资料费用，从各地印染厂，各艺术学校，调四至六个人共同工作，有一个比较宽大清静的地方，就可以进行下面一些工作：

一、古典漆器花纹有系统地整理　　二人

二、金银错器物花纹有系统地整理　一人

三、丝绸花纹……　　　　　　　　三至四人

四、陶瓷花纹……　　　　　　　　二人

五、玉器花纹……　　　　　　　　一人

一年结果，工作只能说有一点眉目，但总集起来，就已相当可观……

…………

我想我的常识如果还有用，党又觉得这工作还可以作为试验进行看看，且可以拨这笔钱让我浪费到试验中，就商量一个进行办法。人够用，几件事可同时进行。人不多，或先搞丝绸……[①]

但沈从文的研究计划并没有付诸实施。当时，领导们看重的是大项目，沈从文关注的"花花朵朵、坛坛罐罐"是没人注意的，是别人瞧不上眼的工作，这正符合沈从文"人弃我取"的原则。既是搞科研，就需要购买许多参考资料，但这工作上级领导不支持、博物馆里现成的资料又少，而他自己又买不起——这是沈从文经济上最为困顿的一个时期，有一封信可以看出他此时的生活境况之一般：

---

① 《致周扬》，《沈从文全集》第19卷，第369—372页。

我已迁入宿舍住。还是三间房子，白天有极好太阳照满房子中，可是我却一天亮不久即离开宿舍，到上灯后才回住处。来时向一个亲戚借了个床铺，前几天取回了，我这几天就稍微发挥了一点创造精神，用五个书箱（三大二小），三个煤油桶（一翻身就咣当一声），十多函旧书，一块一尺半宽七尺长床板，三块二尺方书箱板，拼拼凑凑成一个床，对付下来了。到礼拜六时，再和孩子们"孔融让梨"似的互让，一个上床，两个在地面想办法，打地铺的且多些安定感。①

　　在这种情况下，哪还有钱来买书呢？沈从文对这种困局感慨万端："工作中十分要书，却毫无能力买书（上次巴金来时，却听他说在莫斯科和北京，买了一亿多新书）。郑振铎却搁下几房子书翻也没人去翻翻。我真对我自己也奇怪，我做什么好？工作中十分要材料，许多人可见的材料，我却看不到，我能看到这些材料，就可能解决些问题，偏看不到，许多看到的人却平平常常地过去了。"②"现在搞的文物问题，越来越杂，各样摸摸，许多材料具全国性，要到手边才解决，作一小论文也得二百图片，搞资料作参考得以万计，如非有一大笔经费，又有力把材料放在手边，即在博物馆也不易着手。"③这是对沈从文物质文化史研究工作的最大困扰。

　　除去经济问题之外，人力也是一个问题，20世纪50年代末沈从文即有搞服装资料史的设想，但一直苦于"人手太慢，不大得用。估计至少得有一千左右待画下来，照目下进度恐将得两年时间。事实上，

---

① 《致高植》，《沈从文全集》第19卷，第366页。
② 《致沈云麓》，《沈从文全集》第19卷，第397—398页。
③ 《致沈云麓》，《沈从文全集》第20卷，第118页。

如人手得力，十个月到一年尽够作出来的"①。"搞丝绸问题却又总得有人为把材料复原，助手不易得到，体力又不济事，就只有放弃。"②这是沈从文从事文物研究工作以后常有的感慨。

在沈从文看来，国家给配备三四个助手、复制或购买三五万张照片，先把丝绸研究搞起来，这不仅是解决博物馆的陈列工作，同时还可以服务于国家建设。虽然要花上三五万块钱，但这些钱所取得的效益却是可观的：它将节省国家在别的方面要花的几百倍于它的钱，而且还可以节省其他方面无数的人力，这样的工作不值得投资，还有什么工作值得投资？

沈从文频繁地向各级领导谈设想、提建议的行为终于得到了应有的"回报"：1955年4月，博物馆书记找沈从文谈话，让他检讨自己的工作；与此同时，多年的老朋友、如今的顶头上司韩寿萱正告他：损失一张照片也是损失国家文物，是违反宪法的！这让已经习惯了谨小慎微的沈从文不寒而栗。对此，沈从文虽然百思不得其解，但又无可奈何，只好按着领导的要求反省自己，几天后，他给韩寿萱写了一封检讨信，信的抬头再也不敢直呼其名，而以官衔代之了：

馆长：

几年来我在馆中学习工作，得到党的帮助教育，并事事照顾，在馆长和主任指导下，在同事帮助下，进行工作，前后虽做了五六年之久，事实上因业务能力有限，政治知识不多，凡事东抓西扯，并没有做出一件"拿得出，报得上"的成绩。所学的文

---

① 《复沈云麓》，《沈从文全集》第20卷，第481页。
② 《致沈云麓》，《沈从文全集》第20卷，第118页。

物知识，更是零碎，如一堆烂垃圾，不切实际。这几天，因对王主任做鉴定，听过文教于坚二同志谈话后，我仔细检查了一下自己工作，觉得许多部分都是我的过失，有些方面，或比王主任更严重。例如：一、对工作少责任感，宋元陈列尚未进行；二、对文物不知爱惜，造成很多损失；三、对同事间不善团结；四、劳动纪律不好，工作效率也不怎么高；五、缺少组织观念，一再违反保管规则，影响不好；六、由于政治品质不好，在同事间形成一种狂妄自大目无首长的不良印象，对工作更带来极大损失。

在此阶级斗争剧烈时期，这种种毛病，使我实在恐怖忧虑。我的才具本来有限，对博物馆知识、历史文物制度，都只点点常识，对考古更外行。经过这几天冷静考虑，为整肃工作纪律，如上各错误，应当接受一定处分。或解除免去我设计宋元陈列庄严职务，改做王家齐同志帮手，我一样认真做去。或免去设计员庄严职务，调我在群众工作部主任下面，做一小小职员，量力谨慎小心做事，或可以后少些过失。好在随事打杂，在我已成习惯，即小劳苦，永无怨言。……①

沈从文感觉到，在这里很难找到自己的价值，虽在研究工作中尽心尽力，但别人不理解，自己也不顺心，他已经厌倦了这种费力不讨好的工作。这种工作状态，使沈从文刚刚松弛下来的神经再度紧张了起来："一九五六年三月，又写自传，来翻翻这些完全过时的旧作。时喉痛心烦，眼肿头重。我什么时候才能稍稍休息一阵，把身体弄好一点？读报，报上正说及全国作家在开会，巴金、老舍发言都刊载出

---

① 《致韩寿萱》，《沈从文全集》第19卷，第414—415页。

来。很奇怪，我是谁？身体那么痛苦，还得限十号写成，我怎么来反省我的错误，向谁请求一下，让我能睡两天，什么都不想，休息休息？我难道又在起始疯狂，他人却□分正常健康？我是在为什么？都说人是可知道，为什么我那么困难倒没有人知道，就是家中人也不知道？存在实在可悯。"①

从此，沈从文萌生了退意。1956年12月12日，在湖南考察途中他写信给大哥："心脏似乎还不怎么好，拟回去再好好检查一下，如无什么好转现象，已成定型，恐得整个考虑一下工作，也许还得把文物工作放弃，写写小说省事些。……至于写小说，也用力极大，究竟可以随作随休息，比起搞文物简单十分。目前却因为常识积下一堆，大有欲罢不能，欲进又限于条件情势。"②三年后，这种想法更坚定了："明年十月后，如许多事情还是走不通，研究工作也不能如应有的进行，体力又不大济事，也许还是准备再作冯妇，来做个'职业作家'省事些。因为十年来作职员，一天上下班四次，得来回换车八次，每天大约即有二小时在车中挤去，总是头昏昏的，黄昏过马路时，还得担心被车撞倒，除了我自己知道这么方式使用有限生命，真是对国家一种不大经济的浪费，此外绝对没有人会想得到。"③

沈从文在等待机会，在他看来，这是困境中的自我解救之道。

---

① 《题〈八骏图〉自存本》，《沈从文全集》第14卷，第465页。"□"为原稿无法辨识的字，收入时以"□"代之。
② 《致沈云麓》，《沈从文全集》第20卷，第118页。
③ 《致沈云麓》，《沈从文全集》第20卷，第286页。

第四章

跛者不忘履

1

"我们相爱一生，一生还是太短。"[1] 这是沈从文对文学感情的真实写照。在他转向文物研究的时期，对文学的热爱之情不但一点没有被缓释，反而由于远离文坛更增加了对文学的思念之情。即便在他一生最为艰难的日子里，沈从文也一刻没有放弃对文学的关注。他曾把自己的这种心态形象地比喻为"跛者不忘履"："这个人本来如果会走路，即或因故不良于行时，在梦中或在日常生活中，还是会常常要想起过去一时健步如飞的情形，且乐于在一些新的努力中，试图恢复他的本来。"[2]

1949 年 7 月 2 日，中华全国文学艺术工作者代表大会在北京开幕，虽然沈从文不是代表，他自己又尚在重病中，但他依然眷念着文坛，向来探望他的朋友们问这问那，似乎根本没有被隔绝在文坛之外。"首届文代会期间，我们几个人去从文家不止一次，表面上看不出他有情绪，他脸上仍然露出微笑。他向我们打听文艺界朋友的近况，他关心每个熟人。"[3] 在革命大学期间，尽管沈从文已经作出了离开文坛的决定，但这只不过是对阴晴未定的文艺政策的一种回避策略，在他的内心世界里，文学才是他魂牵梦萦之地，在这

---

① 语出沈从文，参见林蒲：《投岩麝退香》，载巴金等著《长河不尽流——怀念从文》，湖南文艺出版社 2018 年版，第 183 页。

② 《沈从文全集》第 27 卷，第 462 页。

③ 巴金：《怀念从文》，载《长河不尽流——怀念从文》，第 22 页。

期间创作的《老同志》便是这种情结的有力证明。多年来，他已经养成了一种属于他自己的文学观，告别文坛的他，经常不由自主地按照自己的理念评价当下的文坛。在这个时期的书信中，经常可以读到沈从文对文坛现状的看法和自己的写作计划：

近来在报上读到几首诗，感到痛苦，即这种诗就毫无诗所需要的感兴。如不把那些诗题和下面署名联结起来，任何编者也不会采用的。很奇怪，这些诗都当成诗刊载，且各处转登不已。①

1951 年 10 月 28 日写给两个孩子的信中他说：

这回下乡去是我一生极大事件，因为可以补正过去和人民群众脱离过误。二十多年来只知道这样那样地写，写了许许多多文章，全不得用。如能在乡下恢复了用笔能力，再来写，一定和过去要大不相同了。因为基本上已变更。你们都欢喜赵树理，看爸爸为你们写出更多的李有才吧。②

同年 11 月 8 日给张兆和的信中也说：

这么学习下去，三个月结果，大致可以写一厚本五十个川行散记故事。有好几个已在印象中有了轮廓。特别是语言，我理解意思，还理解语气中的情感。这对我实在极大方便。③

---

① 《凡事从理解和爱出发》，《沈从文全集》第 19 卷，第 107 页。横线为沈从文原稿中所画。
② 《致沈龙朱、沈虎雏》，《沈从文全集》第 19 卷，第 126 页。
③ 《致张兆和》，《沈从文全集》第 19 卷，第 156 页。

12 月 2 日给当时土改工作人员之一、话剧演员金野的信中，他还提出了合作计划：

> 你说写戏，共同来搞一个吧。容易安排。或各自作一个看看。怕没有时间。因为总得有半年到四个月左右空闲，写出来才可望像个样子。背景突出，容易处理，人事特殊，谨慎处理易得良好效果。可考虑的是事的表现方法，人的表现方法。用歌剧还是用话剧形式。我总觉得用中篇小说方式，方便得很。用把人事的变动，历史的变动，安置到一个特别平静的自然背景中，景物与人事一错综，更是容易动人也。但当成戏来写，社会性强，观众对于地方性生产关系，也可得到一种极好教育。只恐怕不会有空闲时间来用。……①

从这些书信可以看出，沈从文对文学创作还是非常留恋的。在新中国成立之初的几年里，尽管当局鼓励沈从文从事写作，但文坛上没有一扇大门是为沈从文敞开的。自 1950 年 5 月起，沈从文就在暗自使劲，悄悄地创作了纪实性的小说《老同志》，到 1952 年 1 月已经七易其稿，但辗转数家报纸杂志，没有一家愿意刊登。最后，这位名满天下的老作家，不得不委曲求全地给丁玲写信，请后者予以推荐："寄了篇文章来，还是去年十一月在四川写的，五月中寄到一个报纸编辑处，搁了四个月，现在才退回来，望为看看，如还好，可以用到什么小刊物上去，就为转去，不用我名字也好。如要不得，

---

① 《致金野》，《沈从文全集》第 19 卷，第 197—198 页。

就告告毛病。多年不写什么了，完全隔了。"① 为了发表这篇小文，沈从文可以说已经把要求降到了最低点，但这篇小说在沈从文生前一直没有得到发表的机会。

新作难以获得发表的机会，旧作的出版渠道也对沈从文关上了大门。1953 年春，多年合作的开明书店给沈从文发来一封公函，大意是：尊作早已过时，开明版纸型及全部库存作品均已代为销毁。尽管沈从文作为代表参加了第二次全国文代会，但却是以美术代表的身份与会的。这两件事对正尝试重操旧业的沈从文来说，无异于当头棒喝。几十年后，沈从文依然难以忘怀这次焚书事件给他造成的心灵创伤。此前多年，开明书店与沈从文一直保持着密切的合作关系，从 1941 年开始，开明书店陆续推出了沈从文的作品全集，到 1948 年时已出版了多种，尚有五六本待印。那时沈从文的书是抢手货，出版商把他当作赚钱的工具，沈从文也赖以糊口。正是有这个依托，即便在形势最为严峻的 1948 年，沈从文依然非常乐观。但斗转星移，才过几年工夫，已然物是人非，作品还是那些作品，人还是那个人，可一切都翻了个儿，人被当作"反动"作家，作品已然没有了存在的意义。世事已然如此，这使沈从文对创作产生了畏惧心理，这也正是新中国成立初他一再拒绝从事文学写作的终极原因。此后，每当拿起笔来，他总是前怕狼后怕虎，这种心态最终决定了沈从文 1949 年后文学创作的失败。

不过，"听党的话"一度是沈从文的生活信念，虽然文学让他如此伤心，在特定的历史情势下，沈从文也难以拒绝来自各方领导的好意。1956 年，新中国成立以来的政治风雨已经使作家们变得畏

---

① 《致丁玲》，《沈从文全集》第 19 卷，第 353 页。

首畏尾，一种工作惰性悄然弥漫在人们心头。在电影界，《武训传》批判的后遗症是："1950年、1951年全国年产故事片二十五六部，1952年骤减到两部。剧作者不敢写，厂长不敢下决心了，文化界形成了一种不求有功、但求无过的风气。"①用"万马齐喑"来形容此时的文坛局面实不为过。在这种情形下，"百花齐放、百家争鸣"的文艺方针适时发布了，由此形成了1956年、1957年之交的"早春"天气。

在这种情况下，已经寂寞多时的沈从文成为各级领导关注的对象。1956年上半年，《人民日报》正酝酿着改版，准备出版文艺副刊，时任中共中央副秘书长的胡乔木对此非常重视，亲自改定了编辑副刊的原则，并物色了一批作者名单，已从文坛隐没多年的沈从文也出现在这个名单上，并特意叮嘱说，"一定要请他为副刊写一篇散文"。②沈从文为此写了散文《天安门前》，发表在刚创办不久的《人民日报》副刊上。文章对天安门前的今昔进行了一组组对比，表达了沈从文对新中国建设的由衷赞叹。一个曾经被贴上"反动作家"标签的作家的作品发表在最高级的中央机关报上，这带给人们的震撼是可想而知的。

实际上，《天安门前》并不是新中国成立后沈从文发表的第一篇文学作品，率先刊发沈从文作品的是《旅行家》。1956年4月出版的《旅行家》第4期上，刊登了沈从文的散文《春游颐和园》。虽然文章的格调是明亮的，但在当时的情形下，率先刊登这位老作家的新作品，还是需要一定勇气的。从这时起，到1957年7月，《旅

---

① 夏衍：《〈武训传〉事件始末》，《战略与管理》1995年第2期。

② 参见袁鹰：《胡乔木同志和副刊》，载杨尚昆等著《我所知道的胡乔木》，当代中国出版社1997年版，第192—206页。

点近代史事情，例如为何长工部长记下些有关井冈山当时情况。如记下成绩还好，就再找别的一位，如记南昌起义，瑞金扎根，长征前夕，遵义情况，延安种种……或记人，或记事，用些不同方法，记下些过去不曾有人如此写过，将来也不易有人写，而又对年青一代能有教育作用的故事特写。……①

这自然是一个令人兴奋的写作计划。经过各部门的多方协调，决定在本年度的8月安排沈从文去青岛疗养，给他提供一个良好的写作环境。对此次青岛之行，沈从文充满信心。8月3日，沈从文动身去青岛的前一天，在给大哥的信中写道："在海边住一月会好一些。如有可能，住半年也许还更好些，因为有半年时间，一定可写本小书。有好几个小册子都没有时间可写。"②1949年以来，沈从文从来没有出现这种情况，他在努力追回失去的时间。

青岛对沈从文来说是故地重游，但他没有心思游山玩水，他不愿意浪费这来之不易的机会。"在这小房间里，五点即起来做事，十分顺手。简直下笔如有神，头脑似乎又恢复了写《月下小景》时代，情形和近几年全不相同了。如一年有一半时间这么来使用，不知有多少东西可以写出！即或是写诗，或戏剧，也一定会有意料不到成绩。因为似乎生命全部属于自己所有，再也不必为上班或别的什么老像欠债一般，还来还去又总不会完，——这里却真做到了自己充分支配自己，写什么尽管同样用力大，而相当累，躺个一天半天，又恢复过来了。"③

---

① 《创作计划》，《沈从文全集》第27卷，第509—511页。
② 《复沈云麓》，《沈从文全集》第20卷，第182页。
③ 《致张兆和》，《沈从文全集》第20卷，第185页。

沈从文的创作激情在燃烧，没出几天，即完成了一篇以打扑克为题材的小说。但小说写得似乎并不成功，从张兆和写给他的信中即可以看出这一点来："拜读了你的小说。这文章我的意思暂时不拿出去。虽然说，文艺作品不一定每文必写重大题材，但专以反对玩扑克为主题写小说，实未免小题大做；何况扑克是不是危害性大到非反不可，尚待研究。即或不是在明辨大是大非运动中，发表这个作品，我觉得也还是要考虑考虑。我希望你能写出更好一些，更有分量的小说，因为许久不写了，好多人是期待、注意你的作品的，宁可多练笔，不要急于发表，免得排了版又要收回。"[1] 张兆和不但是一位文学编辑，也是一位作家——她早年也出版过小说集，可以说是一位高明的鉴赏家。

多年来，张兆和充当了沈从文作品的第一位读者，对于她的意见，沈从文总要认真考虑的。读了张兆和的信，再回过头来仔细端详自己新写的作品，方知张兆和说得不错。这下他明白了，从《老同志》起，自己写短篇的能力其实已经失去了，现在想找回来，真是不容易。这让沈从文真正体会到"难成而易毁"的道理，如果毁的原因是来自纯粹外在的原因，随着外部环境的好转能力就会慢慢恢复，但如果这种失败同时来源于个人的精神危机，这危机虽然看不见、摸不着，却腐蚀着对工作的信心和热情，人就会最终陷入无可挽救的境地。自己的情况到底属于哪一种呢？

"反右"运动的声浪不时通过报纸、广播和张兆和的书信传过来，形势越来越严峻了，在此形势之下，容不得沈从文再追根究底。丁玲、彭子冈、萧乾、陈梦家、程应镠……一个个熟人都被抛出来了，

---

[1]　《张兆和致沈从文》，《沈从文全集》第20卷，第183页。

危机似乎一步步迫近，文艺界的风浪真是太大了！他想到自己的小说选集的题记中写了一句"德不孤，必有邻"，别人会怎样理解这句话？是不是指……沈从文越想越后怕，于是在给张兆和的信中加了一句"选集序，我想如果不发表，就不用好。书中那篇如来得及我也想抽去，我怕麻烦"的话。大环境如此，休养地的住房也越来越不适宜创作了，房子里又住进了第三个人，而只有一张写字桌，根本无法静下心来写作。沈从文决定提前返回北京。8月27日，沈从文踏上了北返的火车，新中国成立后的第一次休养就这样结束了。

1957年10月，《沈从文小说选集》终于出版了，11月3日他给沈云麓的信中说：

> 我新印的集子已出版……

> 第一版印二万四，如二年内能销到十万左右，生活略有些保障，不必向公家借钱，我也许还可自由支配一下生活，有几年不做事，专回到乡下写两本书。如第一版即卖不完，大致写作生命就只好告一结束，来写个《丝绸工艺史》或《工艺美术史》了。其实也都是一样工作，比较起来丝绸史一定还会写得相当好，因为这一行常识还够用，材料又多。写来也不至于出毛病。小说可并不怎么好写，批评一来，受不了。

> 解放后，有些人写近代文学史，我的大堆作品他看也不看，就用三五百字贬得我一文不值，听说还译成俄文，现在这个人已死了，这本文学史却在市面流行，中学教员既无从读我的书，谈五四以来成就，多根据那些论断，因此我这本小书的出版，是否能卖多少，也只有天知道！这也真就是奇怪的事，一个人不断努力三十年工作，却会让人用三五百字骂倒，而且许多人也就相

信以为真。令人感到毁誉的可怕，好像凡事无是非可言。看到那些不公的批评，除灰心以外还感到一种悲悯心情，想要向他们说："你们是在做什么聪明事？你那种诽谤，对国家上算？你不觉得你那个批评近于说谎？"①

这封信流露了一种矛盾心态。一方面对写作事业心存留恋；另一方面又对文学前景心存不安。一方面历史博物馆的工作环境让他心情抑郁；另一方面，随着对文物的研究越来越深入，自己有把握写出很好的研究著作，况且不容易让人挑出政治上的错误，比较起来相对安稳。一开始从事文物研究时，他留恋文学；现在有机会专门从事文学创作了，文物事业却又让他难以割舍。沈从文陷入了两难之中，这种两难从此伴随着沈从文，一直到他生命的终结。文学和文物，他已经分不清哪一个是他的"履"了。

随着环境转暖，沈从文的文物研究也渐有起色。

1957年12月，中国古典艺术出版社出版了沈从文、王家树合编的《中国丝绸图案》。

1958年6月，《龙凤图案的应用和发展》发表于《装饰》杂志。同年9月，任《装饰》杂志编委。

1958年11月，《唐宋铜镜》由中国古典艺术出版社出版。

1959年2月，《金花纸》发表于《文物》第2期。同年6月，在《文物》杂志发表《谈谈〈文姬归汉图〉》。

1960年3月，《龙凤艺术》由作家出版社出版。

在文物研究领域，沈从文已经取得了丰硕的研究成果。自他成

① 《复沈云麓》，《沈从文全集》第20卷，第220—221页。

为政协特邀委员以来，他的发言和提案都是围绕着文物工作展开的。1957年3月，在政协第二届全国委员会第三次会议上，沈从文做了《历史文化和民族文化需要些什么雨露阳光》①的发言；在1959年4月召开的政协第三届全国委员会第一次会议上，又作了《关于文物"古为今用"问题》的发言，发表于1959年5月7日的《人民日报》，而这还仅仅是沈从文工作的一小部分。在历史博物馆，他既是说明员，还要为各种各样的文物展览进行陈列设计、抄写陈列说明，同时还要到各地进行巡回展出。

沈从文是一个做事认真的人，敷衍了事在他看来是绝对的罪过。尽管在历史博物馆里受到了不公正的对待，他依然拼命工作、埋头研究。他把它当作一项事业来做，不仅是整理古典文化遗产，同时也想让自己的知识为现实服务，因而，在出差途中，他不仅会到博物馆指导工作，同时还到和自己专业相关的纺织厂、陶瓷厂考察，他希望自己的专业知识能为新中国的生产建设出力。1959年，为庆祝新中国成立十周年，北京十大建筑相继落成。中国历史博物馆新馆也在十大建筑之列，沈从文非常激动。这年6月，他先后给大哥写了两封信，描绘着自己的工作蓝图：

> 目下一面只希望十月后有个像样的研究室，有两万册书，二十万个文物图片，三五个得力助手，扎扎实实来搞三几年，一定会突破纪录，把文物工作引到一个正常方向上来，结合文献和实物，解决一系列问题。特别是丝绸服装史和工艺美术史、家

---

① 这篇发言后刊登在1957年3月23日的《人民日报》上，收入《沈从文全集》第31卷时，编者改名为《历史文化和民族文化工作的四点建议》，未注明出处。

具发展史……都可做得很像个样子。将来可以使历史戏、历史画根本改观。生产也会有好处。[1]

我这几年搞文物，就和打仗一样，武器不好环境困难时也打，一点不休息，什么都充满热心去学，凡事都抓抓，要动手时即动手，初初看来倒真像是漫无头绪，时间一下去，情形即大不相同了，和那些不用功而满足于已得一点成绩的比，我懂得可多了，用处方面也广大了，把文献和文物结合起来搞研究，在若干部门，深度或不能如某些同事，但综合各门类作分析探讨，提出问题，并加以解决，我的基础工作好些，也就博厚一些，说得有道理中肯一些。用处也多些。特别是文化史中许多空白点，某一文物在工艺史中提法，说来时，易把握轻重。许多过去人不敢碰的专门问题，不好做的研究，我们都积累了些常识，要进行只要有人来着手，都可以在已有知识基础上进行了。和当时写作一样，埋头下去狠心一学，初初看不出情形，稍过几年就不同了。[2]

由此可见，沈从文对自己的文物研究是有着很高的期望的，他不仅要为文物研究提供一种新范式，同时还要把自己的研究所得应用到生产实践中去。但他毕竟是将近60岁的人了，还有很重的高血压病，这样常年四处奔波，又要兼顾创作、陈列、研究多种工作，他的身体最终垮了下来……

---

① 《致沈云麓》，《沈从文全集》第20卷，第319页。
② 《复沈云麓》，《沈从文全集》第20卷，第321页。

2

    1960 年冬，沈从文发现右手已经不能像往常那样运用自如，而左手也转折不灵，有时晚上异常痛苦，工作时间一长，心脏即隐隐作痛，怎样休息也无济于事。体检显示，他的各项生理指标均已严重超标：心脏动脉粥样硬化，胆固醇 275，血压达到 200/110，已经达到了生命的极限，很难再坚持正常工作。医生建议他什么事情也不要做，最好住院治疗。在这种情况下，历史博物馆决定让沈从文全休。

    1961 年 1 月 5 日，沈从文住进了北京阜外医院，这是一家治疗高血压病的专科医院，只有 40 来个病人，比较安静，有利于病人休养。但沈从文哪里是一个闲得住的人，既然暂时不便从事文物研究，一种重操旧业的想法再度抬头。① 住院期间，他看的都是文学书籍，托尔斯泰的《战争与和平》《安娜小史》（《安娜·卡列尼娜》）、高尔基的《我的大学》、屠格涅夫的《父与子》、左拉的《萌芽》以及新近出版的贝奇柯夫的《托尔斯泰评传》……看着这些名人名作，沈从文对文学的感觉越来越亲切了，写作的欲望在他的内心深处激荡：

---

① 沈从文住院期间写给大哥的信中说："若一月后医生还说心脏不大健康，倒也许是另外一种转机，因为工作恐得改变。如能做半天工，或者将有'塞翁失马'事出现，有重新试来计划写个中篇可能。看看近来许多近于公式的歌剧、话剧及小说，写土豪、劣绅、军官等恶人通不够深入，写好人也不怎么扎实，特别是组织故事多极平凡，不亲切，不生动，我还应当试把笔用用，才是道理。如真的照过去那么认真来写，一礼拜写个五六千字，用四个月或半年写一中型小说，不会太吃力，写成也一定不会太看不下去。"（《沈从文全集》第 21 卷，第 15 页。）

在这里看到一本新译《托尔斯泰评传》，让我联想到如能有精力，好好收集一百家乡家中及田、刘诸家材料，和陈玉鳌近四十年材料，特别是近四十年家乡子弟兵在抗日一役种种牺牲材料（其中我只记住一部分，还是廿七年在沅陵谈到的），我可能还可以利用剩余精力来用家乡事作题材，写一本有历史价值的历史小说。规模虽不会怎么大，却必然还有一定意义。因为从局部看全体，用家乡子弟抗日为主题，也会写得出很好作品的。我似乎预感到这个作品是会从我手中完成的。倘若能得你的协助，尽可能把你能明白的材料记下来，由祖父起随日记下些，不拘记多少。我们将可以共同完成这个作品，也是对家乡一种责任。这些亲友限于知识气度，以及种种不良习惯，各自有一定的缺点，无关大体，重要是在国家紧急关头，他们为国家牺牲了。特别是那些朴质勇敢的兵士！我因为从他们身边长大，极懂得他们的情绪。过长沙时，还看过得余集合他们出医院的一队人一次训话。记忆永新，动人得很。当时写《云庐纪事》就打了个腹稿，以为会写到廿多万字的。一搁下来即十多年。现在因读托的评传，忽又想到如果体力能许可，写完鼎和传记后，第二本书将是这个未完成的故事。有几个人一定可以在笔下写成活人的。盼望你能支持这一工作，尽你明白的，一天拉杂随笔写一点来，我会重新抉择应用的。这半年来，每到医院去，医生总是说："休息休息，不用再做事了罢。"大致有时是血压比他所说的还高。……我一定要努力把生命用到一件为家乡子弟抗战纪念性工作上去。要好好地来完成它。如果能动手写时，为熟习空气，可能会回到家乡搞半

年的。……①

前文说到过，张兆和的堂兄张鼎和是中共党员，1936年10月牺牲于安庆。两人虽不是亲兄妹，但感情甚笃，他牺牲后，张兆和把他的事迹陆陆续续说给沈从文听，沈从文大受感动。据张小璋回忆："父亲牺牲的第二年，沈从文的中篇小说《大小阮》问世了。它的主人翁'小阮'是以我父亲为原型的，它以'要世界好一点，就得有人跳火坑'为主题，宣扬共产党人的高贵品质，为生活在黑暗里的劳苦大众指明出路，提出希望的曙光。"②《大小阮》1937年6月发表于朱光潜主编的《文学杂志》，朱光潜还在编辑后记中对这篇小说进行了评述："从题材、作风以及对人物的态度看，《大小阮》在沈先生的作品中似显出转变的倾向。"小说确实取材于革命题材，但说"小阮"原型系张鼎和恐不确，因为小说发表时在篇尾注明了写于"二十四年四月十四日"，即1935年，而此时，张鼎和还没有牺牲。

沈从文决定要为张鼎和写一部小说的想法，是以后的事。张鼎和牺牲后，他的妻子吴昭毅及其子女饱受家族人的欺凌，尝遍了人情冷暖。1944年冬天，吴昭毅带着子女辗转到达昆明。沈从文从吴昭毅那里，进一步地了解了张鼎和的事迹，渐渐萌生了写一本以张鼎和为原型的小说的想法。1948年，张以瑛因在上海从事学生运动被通缉，逃到北平后住到沈从文家，并从这里转往解放区，沈从文向她表示："我要写你们家。"同年秋天，吴昭毅再度来到北平，并住在沈从文家，沈从文得以更多地了解张鼎和的身世。从此，沈从文开始有意识

---

① 《致沈云麓》，《沈从文全集》第21卷，第5—6页。
② 张小璋：《沈从文未了之愿》，《天津日报》2002年9月3日。

地收集张鼎和的资料，准备创作小说。

北平解放后，沈从文的这种想法更加强烈了。在题材决定一切的年代里，以革命烈士事迹为蓝本的小说肯定大受欢迎，受此影响，沈从文也开始尝试创作这样一部小说。"为此，每逢母亲路过北京，他都要不失时机地请母亲为他叙述，根据母亲提供的线索遍访了与我父亲一起工作过、健在的范文澜、刘尊棋、杨纤如等老同志，还计划去我们家乡，实地观察。"①

1951年冬天，沈从文在四川参加土地改革期间，亲自感受了农民的革命热情，也亲眼看到了农民翻身以后的欣喜心情，他把这场景和张鼎和的故事联系起来，自信能够写出一部好小说。"虽不曾去过四哥住的新旧圩子，得不到大圩子印象，但是把四嫂的叙述和这个景象一结合，有些东西在成熟，在生长，从模糊朦胧中逐渐明确起来。那个未完成的作品，有了完成的条件。给我时间和健康，什么生活下都有可能使它凝固成形。大致回来如有一年时间可以自由使用，会生产一个新的东西，也可能是我一生中仅有的作品。即把这里背景移到四哥故事中去，把这里种种和鼎和活动对照起来，一种米丘林式的移植法，在文学，如求典型效果，必然是特别容易成功的。"② 然而，这一写作计划最终没有付诸实施。

1957年，借给中国作家协会填写创作计划的机会，沈从文再度把这部小说的创作提了出来。为此，中国作家协会给他提供了一切便利，并为他请了一年的创作假。1960年夏秋之际，为进一步搜集张鼎和的材料，沈从文两度到宣化，吴昭毅和女儿张小璋都在那里，沈

① 张小璋：《沈从文未了之愿》，《天津日报》2002年9月3日。
② 《致张兆和》，《沈从文全集》第19卷，第173页。

从文此行收获很大。至此，沈从文为创作这部小说已经陆续积累十万字的材料，创作时机基本成熟了。此外，他还陆续给张鼎和过去的战友写信，向他们了解情况，1960年10月10日，他写信给中国科学院副院长张劲夫：

劲夫先生：

　　我是张鼎和（张璋，安徽合肥人，西安事变前数月因返乡在安庆被刘镇华害死）的亲戚，今年组织上让我拟就鼎和一生参加革命工作写一传记式小说，从鼎和爱人吴昭毅同志方面已搜集了部分材料，主要是在合肥家乡时种种活动，及家庭背景。至于在日本、平津、上海活动情形，知道的还不甚明确。闻鼎和公子张以瑞说，有些事情或可从先生方面明白一些问题。不知先生是否还想得起和鼎和工作时种种，可不可以让我有机会来看看你（或我个人来或和吴昭毅同志同来），听听你的指教？你如工作忙，没有时间见客，或为便中写点材料，也十分感谢。我近在历史博物馆工作，住在东堂子胡同廿一号，电话：57516。吴昭毅同志本住在宣化龙烟公司她的大女儿张小璋处（小璋在龙烟公司党委宣传部工作），现正来北京暂住我家里。极希望你能在百忙中给我一个回信。

　　此致敬礼

沈从文
十月十日 [1]

---

[1] 《致张劲夫》，《沈从文全集》第20卷，第467页。

对张鼎和的材料，沈从文已经烂熟于心，只待时机成熟便可动笔写作了。这次生病住院为他提供了完整的阅读、思考时间，多年来，难得能有这么好的机会静下心来构思、写作。在生病住院期间，沈从文给汪曾祺写了一封信，在信中详细披露了小说的写作构想：

> 先是休假一年，打算写本故事，是三姐家堂兄闹革命，由五四后天津被捉，到黄埔清党逃出，到日本又被捉，到北京被捉，回到安徽又被捉，……终于还是在"蒋光头"西安被困三个月以前，在安徽牺牲了。死去后第二代经过种种事故，到昆明我们又碰了头。第二代又活动，复员后，回到上海，又被捉，幸亏手脚快，逃往冀东解放区。[①]

沈从文对这次写作充满了信心，他相信"估计写出来必不会太坏，可兼有《红旗谱》《我的一家》两方面长处"。[②]也就是在这年春天，中国作家协会派人与沈从文联系，希望他回到自己的老本行，从事写作，至于写什么，完全由沈从文自己决定，不一定非要写新题材，也可以写五四以来的社会现象，总之是让沈从文按照自己所习惯的方法进行创作。无论到什么地方，作协方面愿意提供一切便利。

1961年6月21日，中国作家协会给作协四川分会发了一封公函：

> 最近，经周扬同志指示，我们对沈从文同志的创作做了一些

---

① 《复汪曾祺》，《沈从文全集》第21卷，第19页。
② 同上。

安排,并已向历史博物馆领导上和齐燕铭同志为他请准了创作假。他将于六月二十五日左右动身去成都,初步打算住一个半月左右,动笔写酝酿已久的一部长篇小说(以其内兄——一九三六年牺牲的共产党员张鼎和同志一生斗争事迹为题材,写知识分子的革命道路,约二十万字),请对他的住宿等问题作安排。

　　沈从文同志患心脏冠状动脉硬化症,血压时有上升,并伴有心绞痛发生,请在安排住处时注意安静、医疗等条件。①

　　沈从文并没有去四川,他最想去的还是青岛。在 5 月 27 日写给沈云麓的信中就说:"我想有可能去青岛写半年,即可让朝慧同去海边疗养半年,对她身体会有转机。"②信中所说的沈朝慧是沈从文三弟沈荃的女儿。沈荃,生于 1907 年,原名沈岳荃,又名沈得余,黄永玉称之为"巴鲁表叔"。沈荃投身军旅,毕业于黄埔军校,1937年 11 月,任国民党陆军 128 师 764 团团长,率部参加了嘉善战役,身负重伤,伤愈后又投入抗战中。当时沈从文恰好从长沙经过,目睹了三弟集合士兵开赴前线的场景。抗日战争胜利后,任职于南京国防部,授中将军衔。但由于不属于蒋介石的嫡系部队,沈荃在部队中郁郁不得志,不久即返回家乡凤凰,并参加了凤凰的和平解放,1951年年底被判处死刑。③一年后,沈从文才间接知道弟弟的死讯,明知弟弟冤枉,但也只有徒叹奈何了。1959 年 11 月,沈从文将沈朝慧接

---

① 此信笔者未见原件。转引自陈徒手:《午门城下的沈从文》,《读书》1998 年第 10 期。

② 《沈从文全集》第 21 卷,第 52—53 页。

③ 黄永玉在《这些忧郁的碎屑》中曾对沈荃的人生最后一幕有过描述:"在河滩上他自己铺上灰军毯,说了'唉!真没想到你们这么干……'指了指自己的脑门,'……打这里吧!……'一句"(《比我老的老头》,作家出版社 2003 年版,第 70 页)。历史证明这是一桩冤案,1983 年沈荃被重新确定为"起义人员",获得"平反"。

到北京，作为自己的女儿来抚养，不久即发现沈朝慧患有严重的肺结核，沈从文愿意带沈朝慧去青岛写作的原因可能就在这里。

1961年6月27日，沈从文给中国作家协会副秘书长张僖写了一封情真意切的信，表示愿意自己承担一部分路费，"不必要公家破费，望你能够同意，免得我住下情绪上反而成为一种担负，也失去了组织上让我休息之原来好意！国家正在事事讲节约，我们能从小处做起，从本身做起，我觉得是应当的。务请将我应出车费收下，免得住在那边心不安定，只想早回！"① 但不知什么原因，沈从文带沈朝慧同去的愿望并未实现。在青岛期间，沈从文即投入小说写作中，"本月能写出三四章，出个二万字左右，即明白如何继续下去了。我主观想这么办做得到"②。

沈从文毕竟已经有十余年没写小说了，而这部小说从构思、题材到风格都与他早年的写作方式有着很大的距离。另外，尽管沈从文想极力适应时代的要求，但在其内心深处，"文学"依然是一个极其神圣的所在，来不得半点虚假，因而时常在书信中表达对文学创作现状的不满。"在《人民日报》上拜读老舍写的如何写散文那种既不精练又不深刻的散文，也算是学习，也算是享受！同时自然也不能不想到，这么来教人写作，怎么教得好？"③ 由此可见，尽管沈从文在思想上认同了官方的主张，但在文学领域，他却一直护卫着文学的纯洁性。1963年4月21日，在第三届文联全委会扩大会议上，黎之曾记载沈从文在会上发言："沈从文说，风景诗不能说是小摆设，但要有个比例，不能太多。风景诗写好了，革命性、战斗性也很强，他不赞成有人说，

---

① 《致张僖》，《沈从文全集》第21卷，第63页。
② 《致沈云麓》，《沈从文全集》第21卷，第64页。
③ 《复汪曾祺》，《沈从文全集》第21卷，第27页。

读坏书把青年变坏了。他说，不能怪书，不能因噎废食。要提倡青年多读书。不读书的人照样做坏事。"[1] 在"大写十三年""反修防修"大行其道的情况下，沈从文提出这样的观点也还是难能可贵的。实际上，在青岛的这段时间，他也一直思考着文学的出路：

> 在艺术若干部门中，也还正在封建意识毒素中散发其恶臭，唯独在文学作品中却过分加重他的社会影响、教育责任，而忽略他的娱乐效果（特别是对于一个小说作家的这种要求）。过分加重他的道德观念责任，而忽略产生创造一个文学作品的必不可少的情感动力。因之每一个作者写他的作品时，首先想到的是政治效果、教育效果、道德效果。更重要有时还是某种少数特权人物或多数人"能懂爱听"的阿谀效果。他乐意这么做，他完了。他不乐意，也完了。前者他实在不容易写出有独创性独创艺术风格的作品，后者他写不下去，同样，他消失了，或把生命消失于一般化，或什么也写不出。[2]

沈从文陷入了进退维谷的两难境地。这种矛盾心态由来已久，从他决定复出的那一天就开始了。1960 年写给沈云麓的信集中表露了他这种矛盾心态：

> 我近来正在起始整理小说材料，已收集了七八万字，如能写出来，初步估计将会有廿五万字。目前还不决定用什么方法来下笔。

① 黎之：《回忆与思考——"大写十三年"的大争论及其背景（下）》，《新文学史料》1997 年第 4 期。
② 《抽象的抒情》，《沈从文全集》第 16 卷，第 533 页。

因为照旧方法字斟句酌，集中精力过大，怕体力支持不住。而且照习惯一写作体力消耗极大，即需大量吃流质和糖，现在情形却不许可。如照普通章回小说写，倒不怎么困难，但是这么一来，将只是近于说故事，没有多大意思，一般读者可能易满意，自己却又不易通过。大致到十月将试写几章看看效果如何。社会背景虽熟悉，把握问题怕不大好办，因为照实写，也还有不甚宜于当前读者处！近来写作不比过去，批评来自各方面，要求不一致，又常有变动，怕错误似乎是共通心理，这也是好些作家都不再写小说原因，写成一个短篇非常费事，否定它却极容易，费力难见好。我则因为近十年学的全是文物制度问题，工艺上花花朵朵诸事，用脑子方法是傻记，工作对象是为人服务，为各方面服务。写作小说却要靠明白人事，组织事件变化，准确描叙背景，长于运用语言表现性格思想，这种种和近十年学的均有矛盾，是另外一套知识。把这十年学的完全抛弃，既不可能，也不经济，兼顾并及亦有限度。所以真的要写小说，恐怕还得用个一二年试验摸索时间，写个三几十篇，从失败中取得些新经验，才会见成绩。不是下乡下厂即可解决，因为下乡下厂人够多了，不会写还是难有成绩。我最大困难还是头脑已不甚得用，文字表现力也已经大半消失，许多事能记忆，可再不能通过文字组织来重现，真是无可如何。[①]

在这种情形下，动笔前信心满怀，而一旦写起来的时候，免不了缩手缩脚，最终还是写不下去了。他把这种想法告诉了张兆和，我们无从知晓在此期间沈从文到底和张兆和说了些什么，但从张兆和给沈

---

① 《致沈云麓》，《沈从文全集》第20卷，第465—466页。

从文的回信中还是可以略知他不愿再写的态度：

> 我觉得你的看法不够全面，带着过多的个人情绪，这些个人情绪妨碍你看到许多值得人欢欣鼓舞的东西，惹不起你不能自己的要想表现我们社会生活的激情。你说你不是写不出，而是不愿写，被批评家吓怕了。……当初为寻求个人出路，你大量流着鼻血还日夜写作，如今党那样关心创作，给作家各方面的帮助鼓励，安排创作条件，你能写而不写，老是为王瑶这样的所谓批评家而嘀咕不完，我觉得你是对自己没有正确的估计。至少在创作上已信心不大，因此举足彷徨无所适从。写呢？不写？究竟为什么感到困难？不能说没有困难，创作这种复杂的活动，主观方面，客观方面原因都有，重要在于能排除困难，从创作实践中一步步来提高，不写，空发议论是留不下好作品来的。我希望你能在青岛多住些时，一则因为今夏北京奇热，夜晚蚊蚋多，睡不好觉，二则能在青岛写一篇或两篇小文章，也不辜负作协为你安排种种的一番好意。这在你并不是很困难的。……①

是啊，写，还是不写？对沈从文来说，这确实是一个需要慎重考虑的问题。

---

① 《张兆和致沈从文》，《沈从文全集》第21卷，第76—77页。

3

  沈从文并没有听从张兆和的劝告。他还是决定离开青岛，回到北京。为此，他给中国作家协会的张僖写了一信，在感谢作协安排的同时，也提出了暂停写作的种种理由——当然这些理由要比他内心的真实想法冠冕堂皇得多：

张僖同志：

  得从这边文联转来的信，谢谢关心厚意。……本来第一次看时医生即以为"还是住疗养院妥当些"，我因疗养所多远离市区，极不方便。既已住下，又并不久住，不动还是好些。近来一次血压，医生认为还是高一些。不过我想只有十多天住了，还是不必再换住处，免得麻烦主人。我意思是月底回北京，看看工艺美院编书情形，因为一定会碰到些使用材料和文献上不可免的困难，我常识比较多，能协助解决一下，对工作必有好处。他们编的书既得年底搞出，我和陈之佛先生负责审定。时间已不多，万一必要随时得问到我，即在北京，不再走动。总之，把这工作解决告一段落，再搞写作（他们十月到十二月才定稿）。……

  至于写作，头脑能否使用到过去一半样子，也无多大把握了。毛病是一用过了头即有些乱，过一阵子又才回复。心脏部分不太严重，已不容易好。初步拟想把所收小说材料重誊一份，理出个顺序线索，万一我不能用，另外同志还可利用这份材料。最好当然是我自己能用它，好好整理出来成个中型故事。初步估计用十六万字安排，可以写得清楚。……

并候佳好

沈从文　七月十八日 [1]

沈从文和张僖说的虽不是纯然的心里话，但也基本符合客观情况——他身体确实不好，也正主持着一套教材的编写工作，但这比起他内心的矛盾来说，工作只是次要的原因。自1951年赴四川内江参加土地改革工作以来，沈从文已经将全部精力投入工作中去了，是一位爱岗敬业、大公无私的模范公民：

沈先生每次来校讲课，总是亲自抱着一大堆文物资料、图片、照片，给我们系统、详尽、具体地讲授分析，课前准备非常充足，课后又亲自给我改笔记，开书目，还常常抽时间带我到前门外珠市口的古董商店去看明清时期的织锦经面、刺绣衣服及绣片、缂丝小品，等等。有时候把我和吴光启带回故宫、中国历史博物馆资料室去看织绣文物，详细分析各个时代的艺术风格和特征。沈先生常常在古董店里自己花钱，买了大包大包的锦片和古书，雇了黄包车送到学校，给我们讲课时分析；讲完课之后，就把资料送给学校的资料室。这年寒假，学校会计室叫我给沈从文送去兼课费，沈先生不肯收受，嘱咐我把兼课费原封不动地退还给中央美术学院会计室。有一次，新闻电影制片厂到中央美术学院来拍摄报道留学生情况的片子，学校叫我去请沈先生来拍给留学生讲

---

① 《复张僖》，《沈从文全集》第21卷，第74—75页。

课的场面，沈先生说自己只是给吴光启讲了一些辅导课，不愿在电影上出头露面，拒绝了拍电影的邀请。①

这绝不仅仅是一种姿态。无论馆内馆外、本职兼职，沈从文总是有求必应，忘我地去工作。同时，他向来不计较个人得失，也不愿得到特殊的优待。1959年年底，因沈从文的工作突出，馆里给了沈从文一份奖金，但他没有接受，在给馆长的信中说："在馆工作这一年，做事极少，且做得极不好，给我这份奖金，在馆中本出于好意，事实上可令我十分为难，不知如何是好。工作已十年，能少犯错误，即很好了，不应当受奖，所以还给公家，少笔开支。或不可能再由公家收回，就请你为设法处理一下，或捐献给公家，或补贴十分需要经济补助同志……"② 这是沈从文的一贯态度。

1956年，沈从文应故宫博物院吴仲超院长之邀担任织绣研究组顾问，为了提高研究组成员的业务水平，他把自己多年积累的资料搬到故宫博物院，最终积累了满满一书橱，这些书有线装书，也有民国期间的图书和画册、报纸，直到1980年才由沈虎雏取回。据陈娟娟回忆："这些书，都是沈老在我们组当业务指导时，一本本从家里抱来、提来的。就像蚂蚁搬家，今天搬来几本，第二天又抱来几本，只要我们想看的，或是他认为我们应该看的，哪怕珍本、孤本，他都毫不吝惜地为我们找来，放在组里，由着我们随便翻翻。"③

1961年，文化部又请沈从文担任高等艺术院校工艺美术教材编写组的顾问，组织编写《中国工艺美术史》《中国陶瓷史》《中国瓷

① 黄能馥：《师表常青》，载《长河不尽流——怀念从文》，第279—280页。
② 《致历史博物馆馆长》，《沈从文全集》第20卷，第363页。
③ 参见刘北汜：《执拗的拓荒者》，载《长河不尽流——怀念从文》，第209页。

工艺史》《中国染织纹样简史》等教材。沈从文为这些教材拟定了提纲和参考书目，明知道这样下去自己体力吃不消，也想等"纲目和基本材料提出，馆图书资料为联系好后，即将让年青人自己动手写编，直到年底审稿时，再参加审定工作"。[①]但当他到青岛疗养时，依然放心不下，所以要提前回来。不但如此，沈从文虽为这套教材倾尽了心力，但当教材完成时，他却连校订人的名字也不肯署。据《中国工艺美术史》的责任编辑回忆："南京艺术学院陈之佛、罗叔子先生60年代编写的《中国工艺美术史》多次请沈从文先生校阅和修改、补充，我社拿到的是沈先生第四次校阅修改后于'文化大革命'前转交他的侄女儿沈朝慧同志保存下来的原稿，据了解，此稿沈先生补充了三分之一的内容。此书由我社出版，我们根据实际情况拟在本书上署名沈先生校订，而沈先生不肯同意。"[②]

多年来，沈从文不但义务为上海师范学院、长春人民大学等许多高校购置文物，而且还将自己陆续购置的文物捐给了博物馆。对此，沈从文在"文化大革命"初期曾经作过"交代"：

昨见大字报，所以响应号召，带了家中作参考用的几件破瓷器来，若有需要，我就全带来。

此外收藏主要是纸张，较好的，已送本馆三百七十多种，另外的多送了故宫，和其他公家。家中只留下三几张做样子。我的习惯即是凡是买的较好的东西，有用文物，通送公家。例如馆中陈列的《阿房宫图》也是我的，一个谢条也不需要。此外还送过

① 《复沈云麓》，《沈从文全集》第21卷，第58页。
② 詹蕙娟：《沈先生指导我做编辑工作》，载《长河不尽流——怀念从文》，第298页。

故宫、山东大学、吉林师范、北京工艺美术学院、天津工艺学校、北京市工艺美术学校，等等。[1]

沈从文成了一个典型的"文化服务社问事处""百凡杂事服务问询处"，文物、电影、戏剧、陶瓷、纺织……各行各业的人都向沈从文请教，而他都事无巨细地予以帮助。无怪乎汪曾祺要称沈从文为"一个爱国的作家"："沈先生五十年代以后不写文学作品，改业研究文物，对服饰、陶瓷、丝绸、刺绣……都有广博的知识。他对这些文物的兴趣仍是对人的兴趣。他对这些手工艺品的赞美是对制造这些精美器物的劳动者的赞美。他在表述这些文物的文章中充满了民族自豪感。这和他的文学作品中的爱国主义是完全一致的。"[2] 实际上，沈从文的爱国、爱党、爱岗的行动还要丰富细腻得多。

从革命大学学习的时候起，沈从文就开始阅读毛泽东著作，以后又逐步扩展。尽管沈从文在引用经典著作时经常给人一种"似是而非"的感觉，但大体意思并不错。诸如"文艺面向工农兵""不调查研究无发言权""一切不孤立，一切事有联系和发展"等就是这样的例子。对于这一点，黄永玉曾有过一段颇为生动的描述：

　　从文表叔对待马克思列宁主义、毛泽东思想是个什么态度呢？这是个有趣的问题。

　　我从来没听他谈过学习的经历和心得。

　　我们这些政治上抬不起头的人有一个致命的要害，就是对熟

---

① 《上交家中破瓷器的报告》，《沈从文全集》第27卷，第182页。

② 汪曾祺：《一个爱国的作家》，《汪曾祺全集》第4卷，北京师范大学出版社1998年版，第250页。

人提起"学习"就会难为情。

他书房里有《马克思恩格斯全集》（还是选集？）、《列宁全集》，自然还有《毛泽东选集》，还有《鲁迅选集》（全集？），记得还有《斯大林全集》（选集？）和《联共党史》，其他的学习材料也整整齐齐排了几个书架。

…………

在从文表叔家，他的马恩列斯毛的选、全集，有的已经翻得很旧，毛了边，黄了书皮。要不是存心从旧书摊买来，靠自己"读"成那种水平，不花点心力是办不到的。[①]

沈从文是真诚的。1959年1月3日，苏联成功发射了"月球1号"探测器。中国作为苏联的友好盟邦，自然为此感到欢欣鼓舞，1月4日，《人民日报》发布了"开创星际飞行伟大新纪元，显示社会主义无比优越性，苏联宇宙火箭飞探月宫，今天中午可抵月球区域，将成为第一个人造太阳卫星，十多种科学仪器工作正常，并且首次放出了人造彗星"的特大新闻。沈从文也兴奋异常，在他看来，这不仅仅是苏联的骄傲，也是所有社会主义国家的骄傲。这情绪在他1月7日写给大哥的信中得到了充分的表现："这几天来，全北京都为苏联卫星上天兴奋。（我觉得真是只有请求入党，来纪念这件大事，才足表示对社会主义阵营理想全面的拥护和成功深深信心！）这一来，实在太好了，把以美帝为首的资本主义阵营加速崩溃的事情，必然将在亚、非及南美各处都有具体的反美行动来证明！我们国内科学文化的进展，也是

---

① 黄永玉：《这些忧郁的碎屑》，《比我老的老头》，第115—116页。

在每一件小事上都可见出的。"① 黄永玉在《这些忧郁的碎屑》一文中也非常生动地描述了这一场景：

> 有时，他也流露出孩子般天真的激动。五十年代苏联第一颗卫星上天，当日的报纸令大家十分高兴。
>
> 我恰好在他家吃饭，一桌三人：我、表叔和一位老干部同乡大叔。
>
> 这位大叔心如烈火而貌如止水；话不多，且无甚表情。他是多年来极少数的表叔的知己之一。我十分欣赏他的静默的风度。
>
> "啊呀！真了不起呀！那么大的一个东西搞上了天……嗯，嗯，说老实话，为这喜事，我都想入个党做个纪念。"
>
> "党"是可以一"个"一"个"地"入"的，且还是心里高兴的一种"纪念品"！
>
> 我睁大了眼睛，我笑不出来，虽然我想大笑一场。
>
> 大叔呢，不动声色依然吃他的饭，小心地，慢吞吞地说："……入党，不是这样入法，是认真严肃的事。以后别这样说了吧！……"
>
> "不！不！……我不是真的要入党……我只是……"从文表叔嗫嚅起来。
>
> 大叔也喑着喉咙说："是呀！我知道，我知道……"他的话温暖极了，深怕伤害了老朋友的心。②

与沈从文的书信结合起来看，黄永玉的回忆大体不差。实际上，

① 《致沈云麓》，《沈从文全集》第20卷，第280页。
② 黄永玉：《这些忧郁的碎屑》，《比我老的老头》，第86—87页。

沈从文入党的想法并不是因苏联卫星上天才起的，自20世纪50年代，这是他的长期追求。这想法最早可以追溯到沈从文在内江参加土改期间，在写给儿子们的信中就说："要入党，才对党有益。我就那么打量过，体力能恢复，写得出几本对国家有益的作品，到时会成为一个党员的。工作搞不好，就不。"[1] 他把入党看得极其神圣，如果连自己的工作也搞不好，就不入。从这一刻起，这种想法就已经悄悄地埋在了他的心底。1959年，当大哥再次以入党事相询时，沈从文再次向他坦承了自己的想法："请求入党事，还没有做。因为目下工作重点在解决文物问题，不紧抓业务，不能完成任务。单是我积极也不成，有些问题国内还无人摸过，此后年青人或更无从摸它，不赶紧做，将成永远空白。……对付业务学习，我的能力比较容易运用，对付人，我不成功。特别是对付某种毫无业务热情，毫无职业责任，唯以民主党派成员出面，靠社交混日子的上司，我就不知如何来对付。……我最不中用的，是从社交方式来应付人，有些同事即同在一处十年或再久，也不易相熟。有些同事即已共事廿年，也还是等于陌生。工作态度不同，因之更难相熟。这是我一生极大弱点，无可奈何。这种性情入党，也许只能增加党的担负，因此从客观说来，目前或者不是入党与否问题，倒是怎么样好好使用剩余生命到工作上问题。"[2] 这是沈从文的真情流露。

　　沈从文是这样想的，也是这样做的。在这种情形下，沈从文对过去许多帮助过自己的朋友的认识也发生了悄悄的变化。1960年4月24日，沈从文接待了《鲁迅传》电影创作组，在与他们的谈话中，

———————————

①　《致沈龙朱、沈虎雏》，《沈从文全集》第19卷，第213页。
②　《复沈云麓》，《沈从文全集》第20卷，第289—290页。

对胡适、徐志摩作了重新评价：

胡适实际上很浅薄，他的一些文学上的见解和几位大弟子一样的，他发表什么，提倡什么，有时候自己也莫名其妙的。他一会儿忽然想搞"水经注"，一会儿又忽然想收洋火盒子了。非常浅薄无聊，他连卞之琳的十四行诗也读不懂的，他从来不敢想过搞中国文化史，在文学上也没有什么抱负，因为他本身没有多大能耐。他看了他的学生冯友兰的《中国哲学史》，吓得连他的《中国哲学史大纲》下卷也不敢写了。他是依靠控制庚款起家的，惯于吹捧，到处拉手，周旋于英美公使、买办、政客、军阀、官僚之间，吹拍逢迎，他靠了用庚款津贴的几个大学，以及中央研究院等机构，成为学界一霸，他是"对内学阀，对外买办"。

他的一些弟子，靠了他庚款的势力，分布国内，像罗家伦长燕京大学，傅斯年打入研究院……胡适每年要做一次生日，分布在各地的弟子都赶来贺生日。他的弟子，想利用胡适这个买办去国际上走走，都对他捧场。胡适当时他不想做官，因为做官不上算，做了什么长，一有变动就要下来，他想造成在野名流地位，自己执牛耳，和英美密切联系，靠庚款，抓学会，名利双收。

胡适在上海时，住极司非尔路三号，每天要接见许多客人，外国的多，中国的也不少，谈论天下古今，言不及义，应酬时连声"嗯、嗯、嗯"不时打哈哈，谈到一些小问题，眉飞色舞。到晚上，从口袋里掏出自己的《尝试集》之类的新诗来自我欣赏，以为是最大的乐趣，有一次客人走后，他拿一首《我就来了》的新诗在灯下念，得意死了。

胡适的老婆江氏爱打牌，罗家伦、傅孟真、梁实秋之类为了要讨胡适欢心，就常去陪她打牌。傅斯年是胡适最大的走狗，经常跟胡适回家去和他太太打牌。还有一个毛文水，为了要进身，不惜走内线。

胡适对事的处理能力也不强的，他在中国公学当校长时，许多学生反他。中国公学中华侨多，当时也很活跃，陈波儿也是那里出来的。后来控制很严，拿了鲁迅的《呐喊》红封面要被没收，有一次拿了一本马寅初的书，也被没收了。

胡适在政治上提出来的一套完全是抄袭英美的。国民党讲训政，他讲宪政，结果被国民党大骂一顿。他抽香烟，但不会跳舞，他说："我不跳舞，占了便宜，可以讲话。"家里雇用一个厨子，一个车夫。

办《新月》时，胡适、王造时、罗隆基、潘光旦、梁实秋等经常在一起开会，那时闻一多去武汉大学教书了，闻在武大当过回文系主任。徐志摩跳跳打打的，他是一个花花公子，不像梁实秋有一套，文学主张都是梁实秋提出来的。[①]

由此可见，与 1949 年前相比，沈从文的价值观已经发生了一定程度的改变，他开始自觉地按照当时主流的评判标准"校正"着对这些过去的老朋友的看法。

1961 年夏天，从疗养地青岛返回北京后，沈从文马上就住进了西山静宜园。《中国工艺美术史》的编写是一项大工程，参加的人又多是第一次动手，他实在放心不下。这里的工作告一段落后，1961 年 11 月 23 日，在中国作家协会的安排下，沈从文与阮章竞、戈壁舟、

---

① 《鲁迅传创作组访谈录》（油印内部材料），引文见《沈从文在 1960 年的谈话：胡适实际上很浅薄，该文经过当代作家陈村整理，2004 年 7 月 12 日《文汇读书周报》对此有专文介绍，请参照。

蔡天心、江帆、安旗、华山、周钢鸣等人一起踏上了南下的火车，开始了长达100余天的南昌、庐山、井冈山、赣州、景德镇、上海、南京之行。

在此期间，沈从文原计划完成酝酿中的关于张鼎和的小说。像在四川参加土改的时候一样，眼前的一切令沈从文非常激动，与他同行的又大多是诗人，在他们的激情感染下，沈从文创作了一批歌颂新时代的诗歌。多年后，沈从文还记得那次井冈山之行，"在著名于世的井冈山十层楼上望远近数十里群峰罗列，金碧明灭，一天中老是变化不定。又在名叫'黄洋界'山顶，先是一片云雾封锁，毫无所见，随即云散雾消，近百里万千山峰一一呈现，如同幻境。七十里山下村落也如在足下目前。还仿佛可闻四十年前巨雷惊天号角齐鸣战争情形。（其实极端沉静！）约十分钟后，忽见白云如千马齐奔，由山脚上涌，顷刻间即又把面前远近群峰一一掩盖，面前但见白茫茫一片湿雾，真正是一生希遇！一切都和童话中描写或梦境相似"。[1]在黄洋界，"正值雾散云开，群山奔赴，和仙境一样，为一生所仅见。特别是送米上山之小路，一线直下，千七百尺，比矮砦规模大得多，比庐山也高四五百公尺，回想当年种种，真是奇迹"。[2]在此情形之下，沈从文诗兴大发：

井冈山之晨

············

委员初来时，人民记忆深，

---

① 《复张充和》，《沈从文全集》第21卷，第440页。
② 《致沈云麓》，《沈从文全集》第21卷，第120页。

"入门谈家常，亲如自家人。

干活争动手，作事够细心"。

"红军闹革命，只是为人民，

斗争有对象，恩仇自分明。

官兵重纪律，反霸财同分。

谨记六誓约，考验证假真。

眼前不如人，迟早功必成。

丑类全消灭，家国始康宁"。

话语极平常，实践扎根深。

⋯⋯⋯⋯⋯

国运一转移，山村面貌新，

重楼遍山阿，灯火通宵明。

老幼各有托，山林献众珍。

我来值岁末，心暖如三春。

旧迹一一寻，感旧还歌今。

多难兴邦国，毛选实圣经！①

在另一首题为《赠蔡天心、江帆兼及诸同志》一诗中又有：

延安城虽小，茂材集群英，

马列勤学习，劳作共艰辛。

青春冶一炉，集体成巨人。

———————————

① 《井冈山之晨》，《沈从文全集》第 15 卷，第 252—255 页。

时事尽蜩螗，信心日转深。

多难兴邦国，自古在得民。

红旗遍地插，敌寇据孤城，

强弱各异势，不败亦自崩！

同唱还乡区，兆民共欢欣。

多士各尽职，同补破乾坤。

大豆高粱茂，工矿日以新。

主义重实践，真理证愈明。

历史重回溯，毛选实南针。①

　　虽然这里所引述的只是诗的片段，但诗中所蕴含的情绪，确是沈从文此时此刻心灵的真实写照。在致张兆和的信中，沈从文对自己作了非常深刻的分析："一面是'成熟'，一面却也永远近于'幼稚天真'。有些地方'极家常近人情'，有些又似乎也可说是一个'怪人'，一个'真正乡下人'，放在任何情况下，支配自己生命的，不是一般社会习惯，却是一点'理想'，理想也可以当成庸俗的迂腐的不切实际的打算看待，但究竟还是理想！也因此不免到处还是会感到一点痛苦，一点不好受，一点和人难于完全适应协调。好在在人看来是可以用一个'老'字加以原谅的。事实呢，我的理想还是反映生命比人还幼稚年青！总若在沙上筑屋，希望把生命更有效果一些使用到国家总的进展需要上，而且还永远幻想工作得突破自己固有纪录，做出点新的什么。又还十分充满自信，能够克服体力上的限制，生活经验上的

① 《赠蔡天心、江帆兼及诸同志》，《沈从文全集》第15卷，第270—271页。

限制，在工作和学习上有点'奇迹'出现。"① 在三年困难时期，沈从文诗中的这种明亮格调是难能可贵的，这些诗很快在《人民文学》《星火》《江西日报》《光明日报》等刊发表，沈从文似乎又进入了文学创作的"喷发期"。然而，拟议中的长篇小说却迟迟不能动笔，又拖延了下来。他对张兆和说："写文章如像给你写信那么无拘束，将多方便，还可写多少好东西给后来人看。"可是这只是一个理想，现实世界永远有那么多清规戒律，作家怎么能人尽其长地表现个性？沈从文再度陷入了苦恼之中：

> 四哥那个小说长期以来不好如何下笔。不知用某一方法，即比较容易处理而对读者却易于领会。我对一般方式（如《红旗谱》《青春之歌》）不拟采用，应还有更合我本来长处相配合的表现法，但是又受材料的现实性束缚，反而难于下笔。这点为难也近于一种反抗。我不希望用《红旗谱》那种手法得到成功，可是自己习惯的又不大易和目下要求合拍。②

在这种情况下，这部长篇小说也只有搁置一途了。而沈从文千辛万苦整理的材料，也在"文化大革命"中被付之一炬，最终成为他的一桩未完成的心愿。

1962年3月初，沈从文回到北京，这里的一大堆事情正在等着他去做。"这次回去将开政协会，会后大致即将看看他们写了半年初步脱稿的工艺专史各史稿，可能有七八十万字，再为景德镇写的瓷稿

---

① 《致张兆和》，《沈从文全集》第21卷，第152—153页。
② 《致张兆和》，《沈从文全集》第21卷，第154—155页。

四五十万字看看，恐得占一月时间。如还可外出，大致将去贵州一阵。如住下，不即动，即将准备去故宫入库房学习，把上万种玉器，大几千漆器，几万瓷器，和几万绸缎，八千卷人物画，几千种家具，和一大堆景泰蓝，等等，用年把时间全包下来。只要工作上能得到便利，有一年时间，大致已可以全摸底。"[①] 实际上，仅《中国工艺美术史》沈从文就前后看过四次稿样，并在稿件上仔细增改。而作为总审定人，沈从文不仅不想在书中出现自己的名字，就是在"序言"中也不要提，他只是"觉得很有意义，因为在博物馆十年所有杂学几几乎全用得上"[②]，这是他的乐趣所在。

沈从文自己已经把工作日程安排得满满的，但还有其他临时的工作不断插进来。《中国工艺美术史》的工作 1963 年夏天刚告一段落，马上有一个更为重要也更为艰巨的任务等待着他完成。1963 年冬，周恩来总理在与文化部有关领导交谈时提到，很多国家都建有自己的服装博物馆，有体现民族文化的服装史，而我国在这方面还是一个空白，现在我国历史题材的电影、戏剧很多，但在服装方面经常出一些不合历史情况的笑话，由此可见，我们这方面的知识很贫乏。周总理提出我们能不能编写一部反映我国服装沿革的图录，又问当时国内谁在从事这方面的研究。在场的文化部副部长齐燕铭最了解这方面的情况，他回答说历史博物馆的沈从文正在从事这方面的工作。于是事情就这么定下来了。[③]

齐燕铭在部务会议上传达周恩来总理的指示，最终拍板决定由中

---

① 《致沈云麓》，《沈从文全集》第 21 卷，第 186 页。

② 《致张兆和等家人》，《沈从文全集》第 21 卷，第 335 页。

③ 参见沈从文：《我是一个很迷信文物的人》，载王亚蓉编《沈从文晚年口述》，陕西师范大学出版社 2003 年版，第 9 页。

国历史博物馆负责这部书稿的编写工作。当历史博物馆领导把这个任务交给沈从文时，沈从文非常愉快地答应了，这本来就是他最想从事的工作，只是一直得不到上级的支持而已。沈从文没有想到的是，这是一项长达十七年的工作，他要为此受尽煎熬……

其实，沈从文早就萌生了从事服装史研究的计划，1959 年 6 月 13 日，在写给大哥的信中最早涉及"丝绸服装史"的研究计划，以为历史戏、历史画提供有益的参照。然而，这一计划并未受到重视，资金、助手等均得不到足够的支持。他经常抱怨："部分工作还是在进行，如服装资料史。就是人手太慢，不大得用。估计至少得有一千左右待画下来，照目下进度恐将得两年时间。事实上，如人手得力，十个月到一年尽够做出来的。"① 对自己的这种处境，沈从文虽然很着急，但他也很看得开，他明白，自己始终只是一个普通研究员，说话不顶事也是情理之中的事。②

这下好了，一切大为改观：历史博物馆马上成立了以副馆长陈乔为首的领导组，并由陈大章、李之檀、范曾三人负责图像的描绘工作，同时在其他方面也给予了最大的支持。研究条件是得到了极大改善，但问题也来了，既然是国务院总理布置的工作，那它就已经是政治任务，不再是沈从文个人的事情。因此，各方的婆婆也多了起来：稿子要层层上报，由馆长到文化部，再到中宣部，康生为它题签、郭沫若为它作序，规格已经达到了学术著作的极致。但与此同时，沈从文必须要按他人的意思加一些似是而非的套话，而真正的研究心得却要删掉，"这都是相当费力而不讨好的事情"。③ 这还只是问题之一。另

① 《复沈云麓》，《沈从文全集》第 20 卷，第 481 页。
② 参见《致陈翔鹤》，《沈从文全集》第 21 卷，第 279 页。
③ 《复沈云麓》，《沈从文全集》第 21 卷，第 419 页。

外，当研究工作成为一项政治任务的时候，抢时间、赶进度就在所难免：他必须赶在 4 月底前交稿。尽管有助手帮助，但要在几个月内选出 200 多幅图片并配上 20 万字的说明材料，对一个已经 62 岁的多病老人来说，确实是一个严峻的考验。

1964 年 7 月 4 日，经过层层审定，《中国古代服饰资料》终告完成，交由中国财经出版社出版。任务是完成了，沈从文的身体也垮了下来，加之政治形势越来越严峻，沈从文的心绪也渐渐黯淡下来……对于自己看到的一切，他不能理解：

> 北大史学系副主任周一良正在率领师生于海淀区淘粪，一定要这么做才算是思想进步，我目前就还理解不够。我可能实在已落后到一个程度，总依旧认为目前明明白白编的通史不过关，涉及劳动人民创造世界，务虚说似乎头头是道，一具体，究竟生产上创造些什么，艺术上又有什么成就，却不知道，即知道也并不落实，近于人云亦云。一个五十多岁的专家，不针对本业，改正学习方法和学习态度，来填补研究上的空白点，突破目前空疏处，来写写既有崭新观点，也有崭新内容的通史或论文，使亿万人得到启发并更正确一些明白国家过去，完成本门责任，却避重就轻，满足于形式上职业平等，把相当困难的专业上的"深入"和"全面"，诿给未来一代，也不能说是识大体，而又能"坚持真理"！①

面对这样一个他不适应的世界，再加上疾病的折磨，沈从文再也打不起精神来，他看不出希望所在，也不知道这样的生命有什么意义，

---

① 《复程应镠》，《沈从文全集》第 21 卷，第 454 页。

悲观的情绪又开始在他的内心世界弥漫开来：

> 雨后空气清润新鲜，公园和街道旁树多嫩绿妩媚，碧桃、刺
> 蔷薇、牡丹、紫藤正大放，所谓一年中大好春光，大公园人多如
> 赶街子，我却守在书桌边眼睛浮肿，心脏担负沉重，感到工作难
> 望完成十分之一，真正应了庄子说的"劳我以生"，殊不知如
> 何来"佚我以老"，或许来不及佚我以老，即将忽然要"息我以
> 死"了。可惋惜的还是学了许多，事做不完，不应当草草报废！
> 一切虽这么说，日子事实上过得极好，凡事得国家照顾，也从来
> 无所谓感伤、消极、不满、懒惰……，麻烦处就是身体受自然限
> 制过于严酷，体力有限，事做不完，随之入土未免十分可惜！①

> 很可惜，几十年学了许多，用的机会却不多。学文学，文字
> 刚好稳住时，所学已无什么用处。改学文物，又已十多年，常识
> 日益积累，似乎可以为研究、为生产服点务了，××一来，所
> 学又将报废。岁月催人，不知不觉间即到了六十岁过四。照理到
> 了这个年纪，应活得稍稍从容点，却经常在"斗争"呼声来复中
> 如临深履薄，深怀忧惧，不知如何是好。想把点剩余生命用到国
> 家最需要上去，也总像配不上去。相反，却眼看到一些老朋友，
> 过去在国民党时代做官蛮得意的，现在也还是坐在黑色大汽车中，
> 在什么集会散场时，从我身边风驰而过。我很觉得奇怪，是我始
> 终不明白原因。这些人凭什么法术，总是不倒翁？我为什么老是

① 《复程应镠》，《沈从文全集》第21卷，第456页。

不善于自处？也可说真正是"不学无术"！ ①

　　沈从文没有想到的是，眼前的一切只不过是不祥的前兆……

---

① 　《复程应镠》，《沈从文全集》第21卷，第490页。

第 五 章

「把我的眼睛拔了」

1

1965年11月10日，上海的《文汇报》发表了姚文元的《评新编历史剧〈海瑞罢官〉》，由此拉开了一场史无前例的政治运动的序幕。沈从文刚开始还只是从学术讨论的角度来理解这场批判。他在同年12月12日写给张兆和的信中说："科学院社会科学各部门，正在大举讨论吴晗关于海瑞戏剧和姚文元、戚本禹文章，就趋势而言，将比谈'中间人物'和《早春二月》人数还广泛。因为史学、哲学在全国大专校范围内还是人数众多而问题多方。"[①] 显而易见，当事件初起时，沈从文还只是把这一问题限定在"史学"领域，并没有上升到政治斗争的高度。即便到了1966年2月，还只是说"吴晗《海瑞罢官》由上海讨论开始，近日似已成为全国性历史院系师生注意集中一个问题，牵涉及此间'大专家'恐亦不少也"。[②] 这说明，尽管沈从文已经经历了多次政治运动，但他对新的政治动向还不够敏感。

全国范围的大批判热潮已经形成，以清政治、清经济、清组织、清思想为主要内容的社会主义教育运动波及的范围也越来越大。

1965年9月中旬，张兆和即已被派往顺义县参加这一运动，形势越来越严峻了。沈从文虽然没有参加这一运动，但政治学习也越来越多了。1965年春天，每周要有四个半天的时间参加政协的政治学习，

---

① 《复张兆和》，《沈从文全集》第21卷，第506页。
② 《致程应镠》，《沈从文全集》第22卷，第4页。

沈从文彻底厌倦了没完没了的学习、开会，在忍无可忍的情况下，在一次会议的发言中，表达了对这种学习方式的强烈不满：

近些日子因血压高，心脏供血不良，经常隐痛，坐到桌子边读书二三小时，即眼睛发肿，视觉短期失明。有时头沉重得可怕，不免有些急躁，觉得生命受自然严酷限制，可有效使用时间已不多。学习重在思想改造，本为更好建设社会主义，与其尽我坐下来谈"学习心得"，不如给我以机会，趁我精力还得用时，让我去全国走走，就各大博物馆陈列和库藏到处学学，也到处提出些意见，解决他们的问题。并去各个美术学校，各个烧造瓷器生产地区，特别是江西景德镇陶瓷研究所，陶瓷博物馆，陶瓷学校，参观一二月，他们生产上的花纹和造型，陈列上的说明，以及教学上的有关教材应用诸问题，我提供的意见，大体上是可望有较好效果的。……

我懂得生产情形较多些，我今后的工作，也就更容易配合需要，做得更有效果。能和老师傅年青工人打成一片，对个人思想改造，更显明比这么坐下来谈个三几月完全不同。[1]

1966 年 6 月中旬，沈从文与历史博物馆的领导一起到社会主义学院参加学习。在此期间，历史博物馆的"文化大革命"已经轰轰烈烈地展开了。7 月，沈从文回到历史博物馆，接受"革命群众"的批判。

当时就有师生情分的 ×× 写了几百条关于他"罪证的大字报"。在那样的氛围下，这样的指控往往是百口莫辩的，对沈从文来说，也

① 《一个长会的发言稿》，《沈从文全集》第 14 卷，第 431—432 页。

是这样。在运动初起的时候，沈从文针对"革命群众"对他的指控，写了许多申辩材料，但当他的"反共老手""反动作家"的身份已然确定，有谁还会相信一个"黑帮"的话呢？在这种情况下，沈从文很快就被列为批判的对象。

从8月25日起，沈从文的家被查抄，住房也被压缩为一间，多年购置的图书资料无处存放，只得以每公斤七分半的价格卖给了废品收购站。他很快被赶进了牛棚，开始了灾难岁月。

沈从文不得不参加没完没了的批斗会，即便他不是被批判的主角，他都要陪斗。沈从文的身体实在坚持不住了，就被安排坐在批斗会场隔壁的小房子里，再安上一个小喇叭，这样即便想充耳不闻也不行，声嘶力竭的批判发言、震耳欲聋的口号声不断冲击着他的耳鼓，也敲打着他那本已十分脆弱的神经。没有批判会的时候，他和其他被列入另册的"黑帮"们一样，要参加劳动、拔草、擦玻璃、打扫厕所，这些活看似无足轻重，但对一个患有严重心脏病的老人来说，已经是劳累不堪了。他随身带着一张小卡片，上面注明自己的姓名、单位、住址的卡片，以应付随时面临的倒地不起。

国庆节期间，沈从文被集中到历史博物馆的机关里，同时宣布了几条纪律：

1. 五号晚上回去。
2. 上午学十六条报纸等，下午写材料。
3. 离开屋子得请假。
4. 不许乱说乱动。
5. 屋中一切东西不要动。

对这样的"待遇"，沈从文只能忍受。运动最初的疯狂已经过去了，沈从文得到了相对的安宁。自8月份起，沈从文每月只能领取36元的生活费，家里越来越困难了。而已经被收养为女儿的沈朝慧又被注销了北京户口，沈从文为此忧心如焚，他为沈朝慧一家的遭遇而感到伤心。自沈朝慧到北京生活以来，沈从文尽最大的努力照顾着这位苦命的侄女，呵护着她，生怕她受到什么伤害。沈从文让她学习绘画，以便日后能有一个较为安定的工作，现在已经能够给他的科研工作打一打下手，为此，沈从文感到很欣慰。沈朝慧的身体本来就不好，在全国形势大乱的情形下，离开自己的家，她能上哪里去呢？

在万般无奈的情况下，沈从文给当时正如日中天的江青写了一封信："为了补过赎罪，我在博物馆工作已十多年，搞综合文物研究。别的工作再求深入，受体力限制，已不会有什么成就。唯对锦缎研究，拟恢复三几百种健康活泼可供再生产参考取法的图样，留着我女孩做助手，不要公家一文钱，或者在不甚费事情形下，即可完成。"[①] 沈从文在青岛大学任教时，曾经教过江青，而此时沈从文给她写信也属于有病乱投医，希望自己这位昔日的学生能伸出援助之手，将正处于困境中的沈朝慧解救出来。但此信没有得到回音。

沈朝慧从此失去了北京户口，1968年与中央美院教师刘焕章结婚。由于没有户口，她不时担惊受怕，害怕再度被赶到乡下去了。

让沈从文哭笑不得的是，自己一生不巴结权贵，只是"文化大革命"中在万般无奈的情况下，给江青写过一封请求解决问题的信——那不是什么"效忠信"，然而不但问题没有解决，到江青倒台时，自

① 原信未收入《沈从文全集》，沈从文在1968年12月写的《我为什么始终不离开历史博物馆》一文中，引述了信的部分内容，见《沈从文全集》第27卷，第253页。

己反而要为此交代与江青的关系，这也是一种人生的讽刺。

造反派安排沈从文负责打扫女厕所，本想给他难堪，但沈从文从不以此为意，他心里想：这只能证明我道德上可靠！多年的历练已经使他坚强了许多。在这非常时期里，很多过去红极一时的老朋友都由天堂坠入了人间地狱，而沈从文多年来饱受怀疑和排挤，如今虽然也被赶进了"牛棚"，心理反差倒不至于像那些在"天上飞来飞去"的朋友那么大，对于眼前的一切，沈从文泰然处之。

有一次，在东堂子胡同与黄永玉迎面相遇，沈从文怕别人说他们串联，佯装没看到，但当擦肩而过的一瞬间，他头都不歪地说了四个字："要从容啊！"分明十分惦记自己的这位表侄！但在那个年代里，即便有再多的委屈、痛苦，也不能拉拉手、叙叙旧，因为自己的"黑帮"身份，谁都怕给对方带来麻烦。

有一天开斗争会的时候，有人把一张标语用糨糊刷在他的背上，斗争会完了，他悄悄揭下那标语，上面写着"打倒反共文人沈从文！"他不以为意，心里默默地念叨：只是书法有点太蹩脚了，这哪像历史博物馆的人应该写的字，还好意思贴在我背上，真难为情！他真该再好好练一练。

他的泰然处之是有道理的，因为他一直相信自己是清白的，"十多年来和人不争权，不争利，不争名位，帮人做事总是赔本，学的通是过去人还不曾认真研究过的劳动人民文化，凡事由无到有，十年摸索结果，各部门都有了点常识，也做了不少事情。若比较公平地估计，我不会有太多错误，发生太大困难。因为和'三家村''阎王殿'通无什么关系，但是若一定要加以扫荡，自然也可以有不少过失可以上纲！一切只能听群众和党。信任群众和党，会得到实事求是的处理！"①

运动的高潮渐渐过去了，外调人员越来越少，街头巷尾卖各种各样的小报的也不见了踪影。1969 年 6 月，沈从文在馆中作了最后一次检查，很快就获得了"解放"。这是一个沈从文盼望已久的结果，他感到很欣慰。

徐城北恰好在这时给沈从文写来一封信，谈了自己写小说的打算。徐城北是徐盈、子冈的儿子，生于 1942 年，小的时候，徐盈经常带他到沈从文家玩。在徐城北的印象中，沈从文亲切而又和善，他很喜欢这位行事低调的老人："1957 年我父母双双出'事儿'，事后不太愿意打扰'没事儿'的沈。但沈的精神创伤在此之前就已饱尝，反倒频频到我家来，我父母下放劳动时，他还曾专程来看望尚在读中学的我。这大约也就是我自幼和沈先生感到亲近的缘故。这期间我也多次出入沈家。他的住房虽然拥挤，但'可看的'东西颇多。比如有一只放甜食的古董柜子，稍后黄永玉的一双儿女（黄黑蛮、黄黑妮）也追踪我的视线而'瞄'上了它，他们兄妹很贪婪、很渴望地仰望着那里面，因为沈爷爷（沈先生与黄永玉同是湖南凤凰人，沈高黄一辈儿）能够从里边掏出'无穷无尽'的小食品。而在我关注这只柜子时，沈伯伯很乐于给我讲述在地摊上发现这只柜子的经过，虽然它的边角已经残破，文物价值受到减损，但其审美价值反因破损而有所增加……"② 徐城北写这封信的时候，正在新疆生产建设兵团劳动，他把自己写小说的想法告诉了沈从文。沈从文给他写了一封回信，告诉他"有时间写写，总是有意义的学习"，但"这工作我认为最好是不

① 《致张之佩》，《沈从文全集》第 22 卷，第 51 页。
② 徐城北：《沈从文伯伯的信》，《天津日报》2001 年 8 月 14 日。

要希望过大，免得将来失望"。因为是熟人，沈从文在信中也简略介绍了自己的现状："我的定案过程特别简单，主要只说'写了六七十本黄色小说，编过反动《战国策》刊物，思想反动。但在政治问题上并未发现什么。（是思想认识世界观未得到根本改造，是人民内部矛盾。）'至于近廿年工作犯罪或错误，一字不提。随即宣布作为人民内部矛盾解放。并且明白我心脏不好，只在班上开开检讨会，不上会场，即告结束。从此以后若在什么文件提及历史，大致就有称为'反动黄色小说家'可能。"①

1969年9月26日，张兆和与中国作家协会的同事一起踏上了赴湖北咸宁五七干校的列车，由于沈从文正在病中，没有到车站为她送行。家中仅剩下沈从文孤零零的一个人，沈龙朱、张允和、张梅溪隔三岔五地来看望他，照料他的生活。11月1日，历史博物馆与革命博物馆合并而成的中国革命历史博物馆相关组织通知沈从文去领取发还的东西。

沈从文强忍悲痛，默默地把堆在地上已"消过毒"的书装进麻袋，对于嗜书如命的沈从文来说，"焚书"是让他最为绝望的事情。多年以后，他依然难以忘却这噩梦般的场景，流着眼泪对来看望他的杨苡说："'文化大革命'把我的眼睛都拔了！把我的眼睛拔了！我自己的书全没有了！"

1969年，中苏边境骤然紧张起来，小范围的军事冲突持续不断。北京城里的形势越来越严峻，10月25日，在写给张兆和的信中，沈从文对北京的情形作了简单描述："大弟这几天正在赶挖防空壕，且闻即将由临时土壕，逐渐挖洞加砖，巩固成半长远性，将来还要厨房

---

① 《复徐城北》，《沈从文全集》第22卷，第158页。

等等。中苏形势长时性紧张是定了的。是否即将爆发，无人可以预知。闻有些高楼已置高射武器。又闻二姊言，老、弱、病、残不下放，有新的说法。还是要下放，作疏散性。"[1] 在这种情形下，沈从文已经没有办法安心做他的服饰研究了，从身体状况考虑，沈从文的理想是："能留下不动即不动。"但对于刚刚获得"解放"的他来说，一切都是不以他的意志为转移的。

第一批下放干校的人员很快定下来了，沈从文位列其中，并被要求限月底前离京。新任革命历史博物馆革委会成员的高岚对沈从文说："要尽可能把生活用的东西带走，做扎根农村一辈子的准备。"

在沈龙朱、沈朝慧、刘焕章等人的帮助下，沈从文很快清理了家中的一切杂物，把卖东西得来的钱和多年积累下来的一点积蓄分给所有孩子们——他们目前正处在困难当中。家里已经乱得不能再乱，沈从文望着堆在桌上的文稿，十分难过，自己可能再也没有机会来清理这一切了，二十年的心血，就这样了结了，以后再也没有人肯搞这些东西，而还有十万八万的实物在库房里慢慢霉烂，一种伤感之情油然而生。11月29日，张兆和的二姐张允和到东堂子胡同去看望他，"屋里乱得吓人，简直无处下脚。书和衣服杂物堆在桌子上、床上……到处灰蒙蒙的。我问他：'沈二哥，为什么这样乱？'他说：'我就要下放啦！我在理东西。'可他双手插在口袋里，并没有动手理东西，他站在床边，我也找不到一张可坐的椅子，只得站在桌子边。我说：'下放！？我能帮忙？'沈二哥摇摇头。我想既帮不了忙，我就回身想走。沈二哥说：'莫走，二姐，你看！'他从鼓鼓囊囊的口袋里掏出一封皱头皱脑的信，又像哭又像笑对我说：'这是三姐（他也尊称

---

① 《致张兆和》，《沈从文全集》第22卷，第190页。

我三妹为三姐）给我的第一封信。'他把信举起来，面色十分羞涩而温柔。我说：'我能看看吗？'沈二哥把信放下来，又像给我又像不给我，把信放在胸前温一下，并没有给我。又把信塞在口袋里，这手抓紧了信再也不出来了。我想，我真傻，怎么看人家的情书呢，我正望着他好笑。忽然沈二哥说：'三姐的第一封信——第一封。'接着就吸溜吸溜地哭起来，快七十岁的老头儿像一个小孩子哭得又伤心又快乐"。[1] 这封写于20世纪30年代初的情书，是沈从文寄出无数封信后才换来的，其中所寄寓的辛酸与甜蜜是常人难以理解的。

　　1969年11月30日上午，沈从文锁好房门，又回头望了一眼已经居住了十几年的老房子，恋恋不舍地踏上了旅途，他不知道还能不能活着回到这个地方，前面等待自己的又将是什么……

---

[1]　张允和：《从第一封信到第一封信》，《最后的闺秀》，生活·读书·新知三联书店1999年版，第67页。

2

1969 年 11 月 30 日，沈从文踏上了奔赴湖北咸宁的列车，车上已经人满为患，根本找不到座位，沈从文只好坐在车厢地面上，这对已年届七十的老人来说，确实是一个考验。更离奇的是，当他们风尘仆仆地到达文化部五七干校的时候，却被告知"榜上无名"，甚至连个临时寄宿的地方也没有为他们准备，这也是一种难得一见的人生奇遇。

沈从文一行"只好于岁暮严寒雨雪霏微中，蹲在接待站前空坪里，等待发落"。这里需要的是壮劳力，几位老弱的到来，不但不能给干校增加生力军，反而会增加额外的负担。好在沈从文与故宫博物院的大部分人相熟。后来，他们被安排到了 452 高地上的一所宿舍，这才勉强有了临时的寄居处。

既然已经没有了退路，只好既来之，则安之。沈从文住的 452 高地离张兆和的五连住处有五六里路远，张兆和每天要到工地挖沙子，人变得又黑又瘦，两人隔几天总能见上一面。沈从文的身体依然不太好，来这里以后，曾经有一次昏倒在路上，医生特意叮嘱他："少活动为好。"但本来是在人家这里寄住，沈从文不甘心当一个"吃闲饭"的角色，总是找一些力所能及的活来干：到湖边上去拾干苇或在路边拾些竹根，以供引火用。身体略微好一点的时候，他就自己带着一个小板凳，去看守后山坡上的菜园，负责驱赶偷菜吃的牛羊。在给黄永玉的信中说，"牛比较老实，一轰就走，猪不行，狡诈至极，外象极笨，走得飞快，貌似走了，却冷不防又从身后包抄转来……"[1]冷得实在受不了的时候，就到附近的干草堆上躺一会儿，避避风寒。

1970年2月14日，沈从文正在菜地值班，忽然来人通知他，要迁往50里外的双溪。等沈从文赶回宿舍的时候，汽车已经停在那里，行李也已经装上了车，沈从文一到马上就要开车。此时张兆和还在向阳湖边劳动，沈从文想告诉张兆和一声，以免她惦念。当张兆和气喘吁吁赶来的时候，还没有说几句话，车即开动了。

到了双溪才发现根本没有部门接收他们，只临时腾出了一间空房。在稻草上摊开被褥，大家将就住下来。2月28日，沈从文等人又搬迁至一所小学里，才算是有了一个长期稳定的住处，可这又是一个什么样的地方啊！"地面约半年生长绿毛白毛半寸。炎夏气温及四十五度。雨时上漏下浸，幸得塑料发明较早，于是帐顶桌面和箱子上，全用塑料盖上，打着雨伞，在房中走动。地下一次舀水四十五大盆后，地面还可以养青蛙，朋友为搬来七八十块砖，搭成一条行人道，居然可以自由从床边到桌前，另一端可达门外……"[2]沈从文自己肯定难以应付这样复杂的局面，好在他遇到了一位好邻居——张蓝辉。张是沈从文历史博物馆时期的同事，是一位共产党员，他帮助沈从文修炉子、搬家具、补漏瓦，特别是赶上刮风下雨，张蓝辉一家都要一起动员，为沈从文"排涝"。非常可惜的是，这样一个好人，却早早地去世了，每当提起这件事，沈从文总是很伤感。

即便在这样恶劣的环境中，沈从文依然没有丧失生活的信念，赞美着眼前的一切，这正是中国知识分子"可爱"而又"可怜"的地方。

---

① 黄永玉：《太阳下的风景》，载朱光潜等著《我所认识的沈从文》，岳麓书社1986年版，第36页。

② 《复程应镠》，《沈从文全集》第23卷，第84页。

但理想永远代替不了现实，沈从文的高昂斗志也难以战胜他所面临的恶劣居住条件和营养极度匮乏的现状，身体彻底垮了，血压已经到了难以控制的地步，收缩压达到 240mmHg，舒张压为 130mmHg，而当地的医疗条件又十分有限，只能以水合氯醛控制血压。[①]1970 年春天，一场大雪不期而至，天寒地冻。沈从文独自住在空空的教室里，心脏不时隐隐作痛，妻子、儿女、孙辈均不在身边，可谓举目无亲。每天他都在泥泞中去区里的厨房中就餐。双溪是红土地区，雨雪过后，路非常难走，鞋上会粘上厚厚的泥。这一切自然让一个年届七十的老人苦累不堪，一种孤苦无依的飘零感油然而生。他回顾自己的人生历程，虽阅人无数，却又良莠难分，顿生感慨：

> 今有乡曲士，身心俱凡庸。
>
> 白发如丝素，皤然一衰翁。
>
> 时变启深思，经春复历冬。
>
> 五色目迷朦，五音耳失聪。
>
> 三月犹雨雪，彳亍泥涂中。
>
> 时怀履冰戒，还惧猛将冲。
>
> 夜眠易警觉，惊弓类孤鸿。
>
> "何不辞辛苦？""举世皆尚同！"
>
> 回旋云梦泽，风钦大王雄。
>
> 旌旗蔽云日，燎原烛天穹。

---

① 张学琦在《忆沈从文先生》一文中曾对此有较为详细的记载，文载《湖北文史资料》
1999 年第 2 期。

虎豹各潜骇，狐兔迹绝踪。

赫赫呈天威，壮丽难形容。

仿佛闻启示："习史宜会通

屈平性褊持，处世失其中；

宋玉人轻薄，徒矜文字工。

大库三十载，错大实少功，

误人兼误己，自省必反躬，

为不识时务，难免伤路穷！"

此事难言说，兰艾将毋同，

亦宜若有人，应世巧为容，

乘时忽鹊起，终"举鼎绝踵"。

亦宜若有人，拙诚如老农，

廿载锥处囊，澹然忘穷通。

偶逢机缘巧，附凤即凌空。

亦宜若有人，材质凡鸟同，

善自饰毛羽，展翅成大鹏。

一举高冲天，飞飞入云中，

高高上无极，天路焉可穷？

金风杀草木，时序迫严冬。

孤蓬转自征，去住长随风，

如欲不自弃，何敢惜微躬！

不期万夫雄，还应预"三同"。①

....

① 《双溪大雪》，《沈从文全集》第 15 卷，第 455—457 页。

这是《双溪大雪》一诗的片段。在这首诗中，既可以看出作者对自己遭遇的不理解，同时蕴含了作者对人生世事的无尽感慨。这时，一幅画面映入沈从文的眼帘：窗外，那头大牛正一步一步带着小牛去吃饭，而母羊"咩咩"一叫，小羊就乖乖地钻到了它母亲的肚子下面。这场景让沈从文感慨万端，他想到了自己的归宿，想到了远在四川的儿子……

1970年4月18日，一直关心着沈从文的大哥沈云麓在家乡病逝；7月份，沈从文又从刚获"解放"的史树青口中得知民族史学家冯家昇因心肌梗死去世的消息，这些亲朋故旧的相继离去使沈从文产生了一种危机感。想到自己的身体状况，他觉得自己也来日无多了，但他不甘心一生所学就此废弃，为此，他决定振作起来，抓紧时间把手头工作做完，为国家奉献自己最后的力量：

1970年7月24日致高岚的信中——

由于南方气候湿热，不易适应。目下住处虽在丘陵高地，长期雨季后又进入雷阵雨季，房中上漏而下湿，不免有些狼狈。心脏压力较大，头部也常感沉重，不大好办。近闻熟人中郑天挺、冯家昇均已因心肌梗塞，先后作了古人，我大致迟早会不免这一着，因此引起我对于工作的渴望。觉得这么下去，近于消极地坐以待毙，不是办法。只希望能有机会争取一二年时间，把几个分量比较重，经整理过，有待重抄的稿件（《漆工艺简史》《丝绸工艺简史》《服饰资料》说明），和分量轻些，大约廿个小专题资料性工作（《船的应用》《兵器应用》《前期山水画》《马和马装备的应用发展》《陶瓷装饰图案的发展》《玉工艺发展》《桌子板凳的应用发展》……）抓紧时间赶出来，有个交代，才对得起党对我廿年来的教育和工作鼓励与支持，以及生活方面的种种照顾优待！我要求极小，只是让我回到那个二丈见方原住处，把约六七十万字材料亲手重抄出来，配上应有的图像，上交国家，再死去，也心安理得！……

高岚同志，我从起居服用，家家伙伙，在历史发展中变化的种种常识，来对所谓"国宝"性著名人物故事画，重新提出比较正确年代的工作，可做的事还多，但是恐怕已来不及做了。这就是我希望能有机会，抢点时间，把《服饰资料》说明部分重抄出来，留作馆中参考资料原因。……我应当尽可能加速步子，争取时间，走完我自己能走的一段路，才对得起党廿年给我的信任和支持！我不会辜负这种信任和支持！因为我不是个尸位素餐的懒汉，也不是追求个人名利的野心家，我要的就是工作，对于共同提高有用！①

在 1971 年 1 月 17 日给干校领导的信中，他重申：

上月高血压心脏病和肾结石并发，血压上升到 240/150，幸亏赶送县医院抢治，住院四十多天，渡过难关，略有好转，仍回乡下。气候转冷，严冬将临，心脏间歇梗痛，从不止息。处此情况，困难转多，特恳请转达上级领导，允许我暂时回北京治疗，无任感谢！我虽已迫近风烛残年，如能使病情稍有好转，尚希望到另一时，还可能将近二十年所学文物点滴零碎常识，对于本馆今后改陈工作，能稍尽绵薄贡献，用答伟大的党对于我廿年来学

---

① 《致高岚》，《沈从文全集》第 22 卷，第 334—344 页。

习、教育、鼓励和支持的感谢，同时也可稍稍减少廿年来人民给我生活上、政治安排上的特别优遇的内心惭愧！静待指示。①

2月8日给常萍的信中，他说——

我年已近七十，可用生命已有限，回去如病恶化，也有个孩子在身边，可以将一些未了工作，交代一下。如病情稍有好转，只要心脏能稳得住，我即尽可能争取一年半载时间，将一些已改正，待亲手重抄工作抄出来，上交国家，也算不辜负廿年党对我工作给予的教育、鼓励、支持和希望。②

在这些信的收信人当中，高岚是革命历史博物馆领导，常萍是文化部五七干校领导，还有一封信是写给革命历史博物馆革委会委员王镜如的，但老人这些情真意切的信没有起到任何作用。在此情形之下，沈从文写作了这首后来广为流传的《喜新晴》：

朔风摧枯草，岁暮客心生。

老骥伏枥下，千里思绝尘，

本非驰驱具，难期装备新。

只因骨骼异，俗谓喜离群。

真堪托生死，杜诗寄意深。

间作腾骧梦，偶尔一嘶鸣，

---

① 《致干校二十三连领导》，《沈从文全集》第22卷，第417—418页。
② 《致常萍》，《沈从文全集》第22卷，第426页。

万马齐喑久，闻声转相惊！

枫槭啾啾语，时久将乱群。

天时忽晴朗，蓝穹卷白云。

佳节逾重阳，高空气象清，

不怀迟暮叹，还喜长庚明。

亲旧远分离，天涯共此星！

独轮车虽小，不倒永向前！①

多年的折磨已经令老人勘透了生死，真正达到了"七十而从心所欲，不逾矩"的境界。身体状况越来越不妙，时间不等人，既然你们不答应，那我就自己干！反正不能真的在此"坐以待毙"！对沈从文来讲，他似乎生来就是一个受累的命，要不怎么别人总是说他"不正常"呢？"晚上总是醒六七次，但心脏大致不会出事故。脑子也不免乱乱的，要使用在一工作上，即可望得到稳定。所以十分需要工作。如能在此安定三五个月，房子不过湿，将尽可能试来重抄那个'说明'一部分，挑有关重要的和名画鉴定有关的大约十万字，一天二千字易办到。报纸永远在提活学少用，我的活学活用，到另一时可能会得到认可的。"②

说干就干，从此，沈从文踏上了与生命抢时间的旅程。就是在这所"能养青蛙"的房子里，他硬是凭记忆开始了《中国古代服饰资料》的修改工作，还写了《关于马的应用历史发展》《狮子如何在中国落脚生根》《谈辇舆》《鼓的形象在文物中的反映》等专题性文章，同

① 《喜新晴》，《沈从文全集》第 15 卷，第 448 页。
② 《致张兆和》，《沈从文全集》第 22 卷，第 434 页。

时还为革命历史博物馆的改陈工作写了60篇改陈建议……据王亚蓉、王予回忆，"他并未丧气灰心，稍有闲暇，即将满脑子的丝、漆、铜、玉、花花朵朵、坛坛罐罐……反复回忆温习，除考虑《中国古代服饰研究》一书应增加的图像外，还就国内文物研究工作中，近于空白点的一系列问题，分门别类，拟出草目，默写了一大堆卡片。我们现在除古代服饰外，所进行的二三十专项研究，都是根据沈先生当年在农村'搭起的架子'而进行的"。[①]他人虽然还在湖北，但早已筹划着将来的工作。1971年11月14日，在写给同事史树青的信中说："我家中的书，在上次让房子给人时，已全完了。试就一时想得起的应用工具书写个草目，望为问问价钱，告我一声。如实在过了年还因内外种种不同原因动不了，或许就力所能及地买些书写，查查翻翻，因为照自己估计，除了那几个分量较大的工作以外，还有近百十个小题目，可望分别用万把字说明写出来，排出个秩序，可作好些方面参考。"[②]

对于一个患有严重心脏病的老人来说，如此高强度的脑力劳动肯定是难以承受的。1971年8月，沈从文和张兆和一同迁到了丹江，这里的居住条件虽然较双溪有所好转，但医疗条件却很差，再加上海拔较高，沈从文的身体越来越差了，血压经常徘徊在240左右，心脏的隐痛已经到了无法控制的地步，每天半夜总要痛醒一次，写字也越来越不灵便……长此下去，无异于"坐以待毙"。1972年2月初，有人告诉沈从文，"高知要返京，都必须得到总理批准"，在这种情况下，沈从文写信给周恩来，请求回京治病，并表示"如让我即早能回来，有必要时，还让我有机会为友好外宾中的什么艺术家、考古家、

①　王亚蓉，王序：《沈从文和他的服装研究》，载《我所认识的沈从文》，第84页。
②　《致史树青》，《沈从文全集》第22卷，第560页。

文化史家以及博物馆同行，用一个'普通说明员'名分，作作讲解，也可说是党教育我、鼓励我从事这个费力难讨好工作应尽的责任和义务。不管血压240或420，体力再不济事，任务大致还能完成。即因此而累倒，完事，也无关系。我觉得能在工作中报废，比在等待中报废，有意义得多"。① 从行文语气看，这封写给国务院总理的信肯定是在沈从文情绪激动的状况下写就的，它反映了沈从文返京的迫切态度。

沈从文知道，这一切都不是以个人意志为转移的，他还需要耐心等待，等待"奇迹"的出现……

---

① 《致周恩来》，《沈从文全集》第23卷，第10页。

3

1972年2月初，干校终于同意了沈从文回京治疗的要求。2月4日，在张兆和的陪同下，沈从文回到了北京。此后，一直到1973年11月关系正式转回北京，沈从文每月都需要向干校续假。张兆和马上就要返回丹江了，她特意叮嘱沈龙朱，要时常来看看爸爸，同时和关系一直处得不错的左右邻居张大妈、李大妈打招呼，请她们留意一下沈从文，一旦发生意外，尽快通知亲属。3月16日，安排好沈从文的生活后，张兆和的假期也到了。尽管对沈从文一个人在北京生活不放心，但在那个特定的年代里，除了按时归队以外，她没有别的选择。

正像沈从文自己所说的那样，回来并不是为了要条件、争住房的，他需要的是工作！沈从文马上投入到了紧张的工作中。文物局局长王冶秋告诉沈从文，《中国古代服饰资料》还是要出版，希望他抓紧时间校订一下。馆里要求将《中国古代服饰资料》中的二十二万说明文字压缩到五万字，然后再增加二百幅新图，而且要在5月份完成！馆里又不给配备助手，沈从文只得孤军奋战，从此开始了紧张的书稿修订工作。让沈从文惊喜的是，在床下的两只箱子中，竟然还有十来本珍贵的图录和二三十种珍贵的绸缎资料，这正是他目前急需的。但他的住处实在太小了，书籍、资料、文稿根本无处可放。他只好充分地利用空间：把有用的图录分门别类地贴在墙上，再在房中纵横牵了五条细铁丝线，把一些大的图像挂在上面，至于床上、桌上、茶几上更不用说了，到处都是摊开的资料……

沈从文就在这样的环境下工作着，几乎不分昼夜，他是在与死神抢速度。有时半夜想起了什么，马上爬起来记下。日积月累，在他的小屋里，贴满了"××有用""给××参考"的小字条。从丹江回来后，沈从文每天没有睡过5小时以上，凌晨3点钟即起床，到别人上班时，他已经工作了两个小时，住在隔壁的李大妈看到沈从文屋里一直亮着灯，总要敲一敲门，有了应声才放心地离去。他一心扑在了事业上，经常有人看到他一边手拿毛巾捂着正在流血的鼻子，一边奋笔疾书的场景。

多年积累的资料已经被七分半一公斤卖掉了，那就重新收集材料，把有用的书籍再按七元一市斤买回来，回京不久，家里的书又堆成了小山。在沈从文家里，人的活动空间越来越小了，而书籍资料俨然成了屋子的主人。1972年8月24日，退休后的张兆和从干校返回北京，考虑到她们家住房紧张的实际情况，中国作家协会在距东堂子胡同约二里地的小羊宜宾胡同分给张兆和两间住房，略微缓解了住房的紧张。但沈从文也开始了每天为"食""宿"往返奔波的生活：

> 于是，表叔婶一家就有了一块"飞地"了，像以前的东巴基斯坦和西巴基斯坦一样。从文表叔在原来剩下的那间房间里为所欲为，写他的有关服装史和其一些专题性的文章，会见他那批无止无休的不认识的客人。把那小小的房间搅得天翻地覆，无一处不是书，不是图片，不是零零碎碎的纸条。任何人不能移动，乱中有致，心里明白，物我混为一体。床已经不是睡觉的床，一半堆随手应用的图书。桌子只有稍微用肘子推一推才有地方写字。夜晚，书躺在躺椅上，从文表叔就躺在躺椅上的书上。这一切都极好，十分自然。恩格斯说过："……除了真实的细节之外，还应注意典型环境的典型性格……"在这里，创作的三个重要元素

都具备了。

不管是冬天或夏天的下午五点钟，认识这位"飞地"总督的人，都有机会见到他提着一个南方的带盖的竹篮子，兴冲冲地到他的另一个"飞地"去。他必须到婶婶那边去吃晚饭，并把明早和中午的两餐饭带回去。

冬天尚可，夏天天气热，他屋子特别闷热，带回去的两顿饭很容易变馊的。我们担心他吃了会害病。他说：

"我有办法！"

"什么办法？"因为我们家里也颇想学习保存食物的先进办法。

"我先吃两片消炎片。"①

沈从文在这块"飞地"上自由自在，接待来自各行各业、四面八方的客人。1973年，安徽马鞍山要建李白纪念馆，沈从文对纪念馆的陈列、李白像等问题都提出了细致入微的建议。多年来，他一直坚持"古为今用"的原则，以自己的所学知识为生产建设服务，各地的展览馆、纪念馆、电影厂、地毯厂、玻璃厂、陶瓷厂、工艺品厂的技术人员经常向他来请教，而沈从文也乐于为别人排忧解难。这是萧离描述的沈从文的工作场景：

从文先生的"业务"和"服务范围"日益扩展，除了自己在"物质文化史"方面二三十年来锲而不舍地狠下功夫之外，经常还把自己的专长"送货上门"，或者接受外单位的"加工订货"，甚

---

① 黄永玉：《太阳下的风景》，载《我所认识的沈从文》，第37—38页。

至应承"代购""配货"的委托。他那间本来就不大的"窄而霉斋",有时简直成了个不挂牌匾的作坊或者无以名之的文物、杂项荟集之所。每当客人进屋来,主人常常得这么介绍已经在座的:

"这位是景德镇来的 ×× 师傅……"

"这两位是专门搞舞蹈服装设计的……"

"快来看这几块新疆新出土的锦缎吧,不仅重要,还真是米(美)极了!"

"这剑格上的两粒碧琉璃才是好东西!它解决了我国玻璃生产发展史上一个大问题。"[1]

沈从文一个人住在这里的时候自然没有什么问题,但当沈龙朱或沈虎雏一家回来的时候,问题就来了。每当这个时候,张兆和往往将小羊宜宾的两间房让给孩子们住,她自己到东堂子胡同和老伴一起住。由于空间过于狭小,来客人的时候,张兆和只好避居简易的临时厨房中,时间长了,免不了闹矛盾。1974年2月,这矛盾发展到了极点。其实,张兆和倒并不是觉得自己受了委屈——在这方面她是看得开的人,她是怕沈从文如此热心各种事物,因此惹祸上身。多年来,正是在她的"耳提面命"之下,沈从文在大小运动中得以保全。但这一次沈从文没有听她的劝,为此他给张兆和写了封万言长信,剖露心迹:

我也可以如同过去写小说一样,告了你这一切后,你若还是认为这不必做、那不必做,在这个不可知的运动发展中,可以免过自全。并为了你和孩子着想,宁可不工作,安全第一。那就一

---

[1] 萧离:《沈从文先生二三事》,载《我所认识的沈从文》,第54—55页。

切放下，也做得到。可是据我这廿多年的经验体会，若我是社会前进的阻碍，预定中是被冲被刷的，即长年锁上门睡大觉，到头还是会来个一招，不可免避，也就正是文件中一再提到的"不以个人意志为转移"。若一心为党为国家，考验了廿五年，到七十多了，还不忘责任，不忘尽责，即有小错，也肯定会为党理解，为群众原谅。……至于第三件事，为生产服务，却初步见出了较好影响。说好也还只是第一步！因此要完成这三种合理愿心，我大致还至少得努力干三五年，来扭转这个忽视文物是劳动人民以至奴隶为唯一创造者。我正在恢复我的工作能力过程中，还要从你对我工作意义的理解，来关心它种种进展情形，才可望保持或更加强工作能力和信心。[①]

这就是沈从文此时的思想境界！

对沈从文来说，因住房引起的误会不止这一次。1973 年 5 月间，沈从文在西南联大时的学生许芥昱从美国回来。他已加入美国籍，任教于加利福尼亚大学，来到阔别多年的祖国后，特别提出要见一见自己的老师沈从文。在接待处的安排下，沈从文到许芥昱入住的酒店去看望昔日的学生，从儒家伦理来看，此事于情理不合，但官方怕让"外宾"看到沈从文住处的窘况，只好出此下策，这在那个年代是常有的事。师生见面自然非常高兴，会面中，沈从文绝口不谈自己的伤心事，只是说："我始终受到保护，也获得了很好工作机会。"问到过去相熟的朋友，也只是说"他们生活得很好，你无须担心"，接着就会顾左右而言他。最后，许芥昱请沈从文留下地址，好去家里看他。

---

① 《致张兆和》，《沈从文全集》第 24 卷，第 58—62 页。

"我想都没有想到你会亲自来这里；论情论理，我是你的学生，应该到府上拜候。"许芥昱不安地说。

"过去的师生关系已经没有意义。现在你是客，我应该来见你。你无须要我的住址。如果你要再见我，就用同样的方法：向接待处的同志申请。你认识楼下的刘同志，他是北京大学毕业生，应该很方便。"

"可是我希望看看老师的生活情形。"许芥昱还是不甘心。

但沈从文不再理这个话茬。这让许芥昱感到非常奇怪，他想："是不是因为他为了参考材料的方便，而他所处理的东西太珍贵了，所以不想在家里接待宾客？"

显然，许芥昱误会了自己的老师。沈从文的这一心思，在接待过去的好友、当时已任教于斯坦福大学的钟开莱时表达得更为明确，在写给负责接待的工作人员的信中说："照前些日子的习惯，他似不宜到我住处来看我。即得许可，也不宜来。因为我目下东堂子胡同五十一号住处，是个大杂院，我只一间房子，桌子上、墙壁上，还有桌子下，以至于床铺上，全是乱乱的图书，实在不成个体统。我自己即或已十分习惯，并不感觉到丝毫狼狈，一切工作进行得也还顺利。但是由一个外宾看来，印象恐不大好！特别是带了个外国夫人来，看到很不妙。所以不管他住处远近，见他时，总以我去看他方便些。"①

他和萧乾的关系也就因为住房问题陷入了僵局。1957年反右期间，虽然沈从文批判过萧乾，但并没有彻底毁坏两个人的关系。"文化大革命"期间，"关于沈从文，外调人员也来过十几次，主要是逼亚写材料证明沈参加过国民党。亚的回答是：沈一向对党派抱超然态度，他的一些朋友（如梁实秋）后来去了台湾，但就亚所知，他本人

---

① 《致世则》，《沈从文全集》第24卷，第333—334页。

绝对没有参加过国民党。"① 在湖北文化部五七干校期间，萧乾还写信问候，沈从文也热情地作了回复。但回京后，两人的关系发生了巨大的变化。据萧乾回忆："我们的关系维持到 1972 年。我从干校返京回来看他，见他住房困难，想托市委一位朋友帮他解决一下。他知道后大怒，痛骂我耽误了他的政治前途，质问我'你知道不知道，我在申请入党？'两人从此绝交。"② 与萧乾关系密切的傅光明对这件事的描述更为详细："1972 年，沈从文从咸宁干校回到北京不久，萧乾去看他，见他一人住在东堂子胡同的一间房子，而夫人和孩子则住在小羊宜宾胡同，中间隔得很远，生活极不方便，就想通过在北京市委工作的一位青年朋友，找到历史博物馆的领导，给沈从文一家解决住房上的困难。后来没办成。萧乾很觉过意不去，就把事情经过告诉了沈夫人张兆和。不想沈从文得知此事后，极为不高兴，当即给萧乾写了一封措辞严厉的信，指责他多管闲事。有一天在路上，两人偶然相遇，萧乾还想解释，不想沈从文劈头就是一句：你知不知道我正在申请入党？房子的事你少管，我的政治前途你负得了责吗？萧乾哑然，呆立良久。"③ 傅光明不是事件的亲历者，他所述也是辗转得来的，包括萧乾在内的一些回忆不尽确切，时间肯定不是 1972 年，因为萧乾本人于 1973 年 2 月才回到北京④，不大可能 1972 年在北京见到沈从文。至于萧乾请北京市委的熟人为沈从文找房子云云似也需商榷，在《未带地图的旅人》一书中，萧乾曾经详述了自己求房的艰难历程：

---

① 文洁若：《我与萧乾》，广西教育出版社 1992 年版，第 131 页。文中的"亚"指萧乾。
② 萧乾口述，傅光明采访整理：《风雨平生——萧乾口述自传》，北京大学出版社 1999 年版，第 256—257 页。
③ 傅光明：《沈从文和萧乾：从师生到陌路》，《纵横》1999 年第 2 期。
④ 参见萧乾：《未带地图的旅人：萧乾回忆录》，中国文联出版公司 1998 年版，第 338 页。

每逢星期二、五，我就像佛门弟子给土地爷爷烧香那样，必按时去房管所。裤子都快在那排椅子上磨破了，连间房子的影儿也没见。

天无绝人之路！有一天，在房管所影壁前碰见一位面熟的人。……

这可是遇上了大救星。……

副所长对他管区内的情况确实了如指掌。我一报胡同名字、门牌号码，他就问："那里可有个门洞？"我说："有。"他面有喜容了，说："那门洞总也有个七八米吧，给你成不成？"我说："再小，我当然也要。可门洞是那个大杂院几十口子成天出来进去的必经之路，我怎么搭床？"他胸有成竹地说："后天就动工。"要我务必保密。[1]

萧乾自己还住在由门洞改成的小房里，他的这位朋友怎么没有给他帮忙？在这种情况下，他又何以帮助别人？事实上，沈从文从干校返京后，一直要求革命历史博物馆落实住房政策，而且态度极其坚决。为此，博物馆曾经于1972年5月、11月先后两次分配给他黄化门、左家庄附近的房屋，但沈从文均以地段偏僻、不利于上班、不利于就医、不利于亲属照顾而谢绝了，他坚决要求将被强占的旧房归还给他。

"那边房子可好？"沈从文直率地问。

"好，不错，宽些……"来人答。

"那很好。我回来是争工作，不是争房子，好房子当然让别人优

---

① 萧乾：《未带地图的旅人：萧乾回忆录》，第341—342页。

先。如应落实政策，对我照顾，那让我回原来住处，十分合理而省事。"话说得掷地有声，根本不是一副"争取入党"的姿态。让人难以理解的是，既然要房如此艰难，有朋友肯两肋插刀为他帮忙，为什么还要写信去"骂"呢？这似乎有违常理。也许其中另有隐情，只是当事人不便直言罢了。

关于由住房引起的这次风波，王亚蓉的回忆颇有不同。"一九七五年一友人要去找自称是沈先生学生的江青，当着我和王㐨的面被沈先生坚决回绝，当时的形势，我们着实又为他捏一把汗。"① 与傅光明不同，王亚蓉是以目击者的身份回忆这件事的，时间（1975年而不是1972年）、人物（江青，而不是在北京市委工作的一位青年朋友、一友人而未指明是萧乾）均有出入。沈从文与萧乾之失和是否真的纯粹是因为"帮忙申请住房"？现在两位当事人已经作古，这件事也就成了纠缠不清的葛藤账。其实，有些事还是可以确定的：在此之前，沈从文、萧乾都对对方已经有了"看法"；在此之后，沈从文、萧乾就此绝交，将近40年的师生友谊就这样结束了。至于其中的是非曲直，还有待来日评说。

住房困难、工作条件简陋还不是沈从文最头痛的事，最让他难以理解的是他所从事的工作并不受重视。《中国古代服饰资料》的修订稿已经送上去了，却迟迟没有下文。但在等待领导批复的日子里，沈从文也没有闲着，他正在酝酿下一个更为庞大的工作计划：

　　初步估想，计有如下一些问题，我还可协助馆中同志，深入

① 王亚蓉：《先生带我走进充实难忘的人生》，载王亚蓉编《沈从文晚年口述》，陕西师范大学出版社2003年版，第199页。

学习学习：

一、"金银错工艺的种种"……

二、"漆工艺的装饰艺术及加工技术的进展"……

三、"玻璃工艺的历史"……

四、"家具发展史"……

五、"马匹的使用及装具进展"……

六、"前期山水画"……

七、"乐舞的演出形象"……

八、"历史的杂技演出形象"……

九、"历代故事画"……

十、"历史名人像"……

十一、"古代著名亭台楼观及名胜地方"……

十二、"金银工艺的进展"……

十三、"玉工艺的进展"……

十四、"瓷器艺术加工的种种"……[1]

沈从文的这些想法没有得到领导的回应。1973年11月上旬的一封信中他说："近三个月以来，我真像是在赤手空拳'孤军奋战'情形下，大大小小打了一系列的硬仗，用别人不易设想的方法，甚至于自己也不大明白的综合分析理解力，占领了大小不等五十到一百个堡垒（用本行术语说，便是把文物研究中那么多空白点，基本上已为填补过来）。完成的不少还近于'蓝图'，但草目已为拟出，只待有人相助来进行施工，就会见功效！试回头看看，我们的少壮同伴，还十分从容悠闲地坐在树荫岩石下玩扑克谈天，享受文化革命成功的果实，

---

① 关于沈从文的工作计划，参见《沈从文全集》第23卷，第382—384页，第426—427页。

消遣有涯之生，真是有点不免'悲从中来'感。"① 没有资金、没有助手，他就自己想法解决。在沈从文生命的晚年，当过去的学生纷纷背离他的时候，有两位青年朋友适时地出现在他身边，给他的生活带来了诸多便利，也给他带来了新的希望。这就是先后来到他身边的王㐨、王亚蓉。

沈从文认识王㐨很早，还是他在午门城楼做说明员的时候。1953年的一天，王㐨走进午门的西朝房，这里陈列着中国历代文物，一位穿白褂子的说明员正坐在一个很大的方凳上，他一看见王㐨，马上就站起来，开始照着展柜顺序给他讲解，非常耐心地解答他的问题。以后的几天里，两个人似乎达成了默契，沈从文每天都等着王㐨的到来，中午就买个面包、香蕉，在劳动人民文化宫或中山公园里坐着，边吃边谈。就这样过了七天，两个人成了无话不谈的朋友。在这七天中，沈从文请他到自己家里去吃饭，每当王㐨到的时候，会请张兆和也出来，"妈妈，出来听朝鲜的情况"。当王㐨返回朝鲜的时候，沈从文还给他和他所在团一些书，以丰富他们的生活。沈从文想不到的是，他们的相识影响了这个年轻人的一生。后来，从部队转业的时候，他选择了文物事业，进了中科院的考古所。多年以来，王㐨一直和沈从文保持着密切联系。

沈从文从丹江返京后，给王㐨写了一封信：

王㐨同志：

多年不见，想必近况甚好。闻尚在京工作。我从丹江回来已数月，因心脏病较麻烦，下午多不出门。有些事可能还将向你请

---

① 《致杨琪》，《沈从文全集》第23卷，第416页。

教。如于无事时能来东堂子五十一号原住处谈谈，幸甚。

并候一家佳好。

沈从文

五月十五日 [①]

从此，王予走进了沈从文的服饰研究世界。他为沈从文借资料、复制照片，而他也在和沈从文的交往中获得了许多书本上得不到的知识，两个人的工作紧密地融为一体。虽然博物馆一直答应给沈从文配备助手，但这些助手都不是固定的，根本用不上。这让沈从文很着急，王予虽然能够给自己帮忙，但他毕竟在考古所有自己的一摊工作，只能利用业余时间来帮忙。

正在这个时候，老友杨纤如给沈从文领来了王亚蓉。说来也巧，杨纤如和王亚蓉也并不相熟，是他从图书馆里给沈从文"拣"来的。当人们忙于"评法批儒"的时候，王亚蓉却经常到北京图书馆柏林寺分馆看书。她是一家工厂的美工。这个时期的图书馆往往门可罗雀，她引起了也经常在此读书的中国人民大学中文系教授杨纤如的注意。看到年轻人如此用功，老先生非常高兴，当得知她在查美术资料时，他爽快地说："我有一位老朋友，他会有极多的形象资料……如果他愿意，我带你去拜访他！"几天以后，在杨纤如的陪同下，王亚蓉出现在东堂子胡同沈从文的那间小屋前："记得敲开东堂子胡同那间没有光亮的房门，先生鼻口间还留有未揩净的鼻血，写字台上亮着台灯，放着毛笔和正修改的文稿。我打量这间十二三平方米的小屋，架上是书，桌上是书，地上堆的还是书。四壁凡身手能够到的地方全贴满图

---

① 《致王予》，《沈从文全集》第23卷，第82页。

片和字条，让我惊讶的是屋中占着很大位置，显眼的一张双人床上堆的也全是书。一个这么拥挤的大书堆坊，曾听杨教授讲沈先生多次被抄家，这劫后拥塞能理解，可这怎么睡觉和生活呀！望着屋中和老友谈天满脸布满灿烂微笑的沈先生，我的无知让我无法理解，他还能如此快乐地讲述他的工作。"①这是王亚蓉初进沈宅的印象，从此她走进了沈从文的生活。

当时，沈从文正为缺乏得力助手的事发愁，王亚蓉的出现让他眼前一亮，产生了让她协助自己工作的念头。他想把王亚蓉调到身边来，做自己的助手。当沈从文把自己的想法告诉她时，王亚蓉也表示愿意到先生身边工作。经过重重周折，王亚蓉的工作调动终于得到了原单位批准，谁知这个时候博物馆方面却出了问题！他们同意王亚蓉调入，但不能做沈从文的助手，只能在馆里摹古画。对王亚蓉来说，这是个意外，最初想调自己的是沈老，而调来后又不让在沈老身边工作，这于情理不合，于是她选择了拒绝。对其中的周折，沈从文曾在写给儿子的信中大发感慨：

> 只能是受人事限制，馆中加了三百人，一到我研究工作，就说"没有预算"，不给一个人。这几个月搞的，馆中一领导本已同意其中一个作临时工（因为看过已完成的种种图像），可是只许临时作助手，工作了四个月，一分钱不肯出，是由我自己出了百廿元补助费用，工作才能继续进行的。我们馆中派人去调查，认为人思想不成，于是取消临时工。可是考古所王䃏更细致而热心地去市、区、厂和第一把手去接谈，全部都对于这个人出身好，

---

① 王亚蓉：《先生带我走进充实难忘的人生》，载《沈从文晚年口述》，第194页。

工作能力满意。所以终于转到考古所去工作了。我只好又空手等待着，完成了快十个题目，此外看来又不成了。一切又得看此后机会去了。（也许考古所会答应把这个同志给我用！）[1]

1975年夏天的一件事让王亚蓉终生难忘。那年，北京的夏天极其闷热，有一天王亚蓉高烧不退，因而也就没有到沈从文那里去，那时电话还不普及，无法临时通知。在午后的睡意蒙眬中，婆母正在盘问一个人，听口音很耳熟，好像是沈先生。她强支病体来到门外，"真是他老人家，下午两点烈日当空，脸红涨涨的满头汗珠，右手还挎着个四川细竹编的篮子"。原来，沈从文见王亚蓉没有到自己这里来，就知道她肯定有事了，因为，以他对这位姑娘的了解，如果没有什么意外的话，她不会来的。沈从文买了些水果、鱼肝油等补品，顶着烈日来到了王亚蓉海淀区的家。要知道，老人的这一趟横跨了北京的东、西两个城区呵！从此，王亚蓉再也没有缺过勤。即便后来调到考古所，每天下班后，她都要和王㐨一起来到老人的那间小屋，协助老人工作。

王亚蓉到沈从文身边工作不久，就亲眼见证了让沈从文十分气愤的一件事。这件事情在流传当中有许多版本，黄能馥、陈娟娟夫妇的回忆略有不同："那时，××画了一个屈原像。沈先生看后，还是善意地指出一些服饰上的错误，说：'错了。'××指着沈先生说：'你那套过时了，收起你那套。我这是中央批准的，你靠边吧。'记得那是冬天，下着大雪，路上很滑，沈先生走了一个多小时到我们家。他气得眼睛红红的，一进门就讲了××的事情。他说：'一辈子没

① 《复沈虎雏、张之佩》，《沈从文全集》第24卷，第348页。

讲过别人的坏话，我今天不讲，会憋死的。'我们留下老人在家中吃了晚饭。记得沈先生说了这么一句：'好心带他，不认人。'"[①]同一件事，三个人三种表述。虽然都涉及沈从文受到××抢白这件事，但时间、事件均略有出入，而沈从文为此而伤心则是回忆中一致的地方。有些时候，回忆并不总是可靠的，随着时间的流逝，难免会渐渐模糊，免不了有失真的地方，但当事人说来却言之凿凿。虽然具体事实略有出入，但只要实质性的内容大体不差，就已经可以算是不错的回忆了。好在在这件事上，无论沈从文与××的冲突因何而起，一件确定无疑的事实是：沈从文受到了伤害。

但沈从文的工作并没有受这件事的影响。他依然在和时间赛跑，人们在东堂子胡同看到的，往往是他伏案写作的情形。"当我们走进他的斗室时，几乎都惊呆了。只见老人正伏在床前聚精会神地抄录什么。他发现我们来了，便亲切地招呼我们说：'怎么了？站着做什么？有什么新材料没有？'那时，我们激动得落下了眼泪，可是沈先生反而安慰我们说：'嗳！嗳！不要这样，这有什么，可不能只看到个人，个人受点委屈有什么要紧，要看到国家在世界上作战！我们中国这么长的文明史，可我们的文物研究还赶不过日本汉学家，心里难过得很。我们的文化，最有发言权的应该是我们自己，得努力呀！要做一个合格的公民，就不能用感情代替工作。'"[②]有时，一些青年朋友为他的处境抱不平，同时也觉得既然像沈从文这样拼命工作的老专家都得不到信任，我们的工作还有什么意义呢？黄能馥是沈从文在中央美术学院工艺美术系兼职时认识的一位研究生，1960年编写高

---

① 陈徒手：《午门城下的沈从文》，《人有病天知否》，人民文学出版社2000年版，第34页。

② 王亚蓉：《沈从文小记》，载《我所认识的沈从文》，第220—221页。

等学校教材时也和沈从文一起，负责《中国染织纹样简史》的编写工作。他的夫人陈娟娟则是沈从文在故宫博物院织绣组做顾问时指导的工作人员。当两个人得知沈从文已经从干校回来的消息后，马上去东堂子胡同看他：

　　有一天我和娟娟吃完中饭，从鼓楼坐车到东堂子胡同去看沈先生，进门已经是下午3点多钟了，沈先生还没有吃中饭。我们一看，是几个素菜包子，沈先生把包子放在火炉上烤一烤，泡一杯茶就算是午餐。这样时间一长，沈先生的身体慢慢就弄坏了，他经常眼底出血，血压高上去也降不下来。一位当代著名的文学巨人，在这样困难的处境中工作，使我非常寒心。回家之后，我就和娟娟说："沈先生这样一位杰出的专家，奔了一辈子，境况尚且如此。我们小不拉子还奔个啥？……"娟娟把我的想法告诉沈先生，沈先生一听就急了，要娟娟传话叫我马上去见他，说他有话要对我讲。我骑着自行车赶忙到东堂子胡同，轻轻推开沈先生小屋的门，见沈先生朝里躺在床上休息。门声响处，沈先生慢慢翻转身来，见我靠床沿站着，他又闭眼安了一会儿神，才用很低的声音问我："听说你灰心想改行了？"我发现沈先生面容憔悴，自己鼻子就一阵子发酸，虽然一时说不出话来，但内心已经知道是我错了。屋内像没有人一样地静了一会儿，沈先生欠身起来，我扶他坐到椅子上，捧去一杯热茶。沈先生喝了两口，才接着说："目光要远大一些。"他说话低沉而坚决，表情严肃。"国家不能没有文化，不能没有传统……""是我错了，不过，沈先生，现在图书馆都封着，什么资料也看不到呀！"我接着说。"我有一张中国书店的内部购书证，将来你们想看书找资料，都可以到我这里来找。"①

　　此后，黄能馥、陈娟娟夫妇专心从事研究，倾尽毕生心血，终于完成了《中国丝绸科技艺术七千年——历代织绣珍品研究》一书，专家一致给予了"前无古人、后无来者"的高度评价，认为它以丝绸文物研究作依托将中华民族的文明史向前推进 2000 年。②虽然陈娟娟一直经受着病痛的折磨，但她一直没有忘记沈先生的教诲，终于完成了这本书。2003 年 12 月，《中国丝绸科技艺术七千年——历代织绣珍品研究》获第六届国家图书奖，这是中国纺织类书刊获得的最高嘉奖。沈从文地下有知，肯定会为自己的弟子所取得的成就而感到骄傲，再度露出他那迷人的微笑。

　　紧张工作中的沈从文也惦记着朋友们的安危。1972 年 4 月，刚回北京不久的沈从文即托朋友窦祖麟的女儿窦达达去打听巴金家的通信地址，在得到确切消息后，马上写了一封信去问候这位老朋友。

　　沈从文除在信中介绍了自己一家六年来的情况外，还介绍了萧乾、王树藏、曹禺、李季等人的情况，以让老朋友释念。信中最后写道："便中也希望告告我们生活种种。我们都十分想知道。记得六二年在南京时，还看到赵瑞霈和杨静如，不知近来还在南京没有？活着没有？……愿一家大小安好。"③对朋友的关切之情跃然纸上。接到沈从文的来信，正在病中的萧珊非常感动，马上写了一封回信：

① 黄能馥：《师表常青》，载巴金等著《长河不尽流——怀念从文》，湖南文艺出版社 2018 年版，第 282—283 页。
② 苏铁鹰：《沈从文弟子倾毕生心血　各方面人士予高度评价　〈中国丝绸科技艺术七千年〉震撼出世》，《中国纺织报》2003 年 1 月 23 日。
③ 《致陈蕴珍》，《沈从文全集》第 23 卷，第 151 页。

沈先生：

　　收到你的信，全家都很兴奋，相传阅读。我家里情况还是依然，老巴在干校，他也做了二年"菜农"，但比起三姐，大大落后。我的女儿已结婚，女婿是同班同学，劳动人民的子弟，婚后女儿女婿住在这里。幸而有他们，要不，住在这里更冷静了。老巴是一个月回家休息四天，可是这次因为我生病，为了照应我一个月没有下乡。我生的也不知什么病，四十余天体温有时高到39度，至今尚未查出病因。我儿子1968年春去安徽插队落户，每冬回来过春节。总之，我们家的情况就是这样，你可以放心。①

　　只有亲身经历了那个人人自危、只求自保的年代的人才会知道沈从文的行为多么难能可贵，十多年过去后，巴金依然为老友的行动而感动：

　　我在奉贤县文化系统五七干校里学习和劳动，在那里劳动的有好几个单位的干部，许多人我都不认识。有一次我给揪回上海接受批判，批判后第二天一早到巨鹿路作协分会旧址学习。我刚刚在指定的屋子里坐好，一位年轻姑娘走进来，问我是不是某人，她是从文家的亲戚，从文很想知道我是否住在原处。她是音乐学院附中的学生，我在干校见过。从文一家平安，这是很好的消息，可是我只答了一句：我仍住在原处，她就走了。回到干校，过了一些日子，我又遇见她，她说从文把我的地址遗失了，要我写一

<hr />

① 转引自赵兰英：《新发现萧珊致沈从文信：一个远去的真情故事》，《检察日报》2004年11月19日。

个交给她转去。我不敢背着工宣队"进行串联",我怕得很。考虑了好几天,我才把写好的地址交给她。经过几年的改造,我变成了另外一个人,我遵守的信条是:多一事不如少一事。我并不希望从文来信。但是出乎我的意料,他很快就寄了信来。我回家休假,萧珊已经病倒,得到北京寄来的长信,她拿着五张信纸反复地看,含着眼泪地说:"还有人记得我们啊!"这对她是多大的安慰!

…………

他还是像在30年代那样关心我。可是我没有寄去片纸只字的回答。萧珊患了不治之疾,不到两个月便离开人世。我还是审查对象,没有通信自由,甚至不敢去信通知萧珊病逝。

我为什么如此缺乏勇气?回想起来今天还感到惭愧。尽管我不敢表示自己并未忘记故友,从文却一直惦记着我……①

巴金在不同场合多次提及这动人的一幕,由此可见他对这件事的感念至深。沈从文一直自称一个"乡下人",也就是指不懂城里的"规矩",永远学不会"城里人"的见风使舵、阿谀奉承的本领,但这也正是他借以自傲的地方。在沈从文的心目中,代表"城里人"的大概应是"海派",这是一伙转得很快、和商业竞卖结合在一起的人,像演戏似的,很难把握。比方说,"北京不靠宣传,因为他不能起经济作用。上海就非要招待新闻记者,有时还要同流氓搞点儿关系,不然他要捣乱。北京没有这种事情。北京哪,假定又落实到京派上,学院气重一点,工作踏实一点,不能取巧,也可能是保守一点,同时就是

---

① 巴金:《怀念从文》,载《长河不尽流——怀念从文》,第25—26页。

落后。从政治思想出发"。① 沈从文很清楚，现实政治的"法则"就是"你不捧场，我就干掉你"，但他不愿意按这"法则"去做，因为他有自己的伦理底线。

20多年来，沈从文也写过歌颂新社会的诗文，但那皆是触景生情发自肺腑之作。

沈从文知道，只要自己违心地向前迈一步，个人处境就有可能得到改善，而公然对抗必会落入无底深渊。但前者他不屑，后一种方式他又不敢，他选择了另外一种方式。当读到冯友兰的"清华、朗润共春风，协力辛勤练劲弓。众矢穿云无虚发，笑他天马枉行空"的咏史诗的时候，沈从文技痒难耐，写下了颇有趣味的"应和"之作：

圣人赞

一章

顺水船易坐，逆风旗难擎。

朝为阶下囚，暮作席上宾。

"圣人"知格物，如何长不倒？

"官家总圣明！"

又一章

穿杨何足道？贯虱不用夸，

儒术重心传，一发中五犯。②

---

① 沈从文：《社会变化太快了，我就落后了》，载《沈从文晚年口述》，第167页。
② 《沈从文全集》第15卷，第432页。

沈从文对"一个人"的升迁荣辱并不感兴趣，他担心的是这种行为成为一种"风气"，一旦这样的局面出现，世道人心就将无可挽救。"新式大儒巧佞把北大师生劝进说成百鸟朝凤，作诗有'自从高祖……后，始知吕后真英雄'，甚至把妖婆的像在客厅里也挂得高高的。北来后听到这类新天方夜谭倒不少，但是杞忧也不免随同加深。代表最高学府的第一流高知的自尊自重下降堕落到这种情形，我们哪能要求其他年青人这样那样？"①

沈从文知道，自己既然不会巧佞取媚于上，则必然沦落为"多余人"。20年来，自己存心做一个本分的"垫脚石"，但却最终被看作"绊脚石"，这玩笑开得也太大了！但现实如此，自己也无可奈何。眼看着自己的呕心沥血之作被束之高阁，几十项有待开展的课题难以启动，曾经允诺的四个助手遥遥无期，临时助手的事儿也最终被馆里搅黄，沈从文真是欲哭无泪。

1976年1月8日，国务院总理周恩来逝世。作为全国政协委员，沈从文参加了遗体告别仪式，他为国家失去这位当家人而感到悲痛，第二次文代会期间与周恩来的会面、政协委员的特邀、《中国古代服饰资料》的编写、"这是内行说的话"的批示……往事历历在目，任务尚未完成，而斯人已去，沈从文沉浸在巨大的痛苦中。长期以来，他一直把周恩来当作《中国古代服饰资料》这一系统工程的坚强支柱，尽管有人给自己的工作设置了重重障碍，但由于它是总理下达的任务，还没有人敢取消这一计划。现在周总理已经去世了，沈从文不知道这项工程还能不能进行下去，在前面等待自己的，又会是什么……

① 《致张允和、张寰和等》，《沈从文全集》第25卷，第55—56页。

第六章

乍暖还寒时候

1

1976 年注定是一个多事之秋。这一年发生了太多让人难以忘却的事情：周恩来、朱德、毛泽东相继谢世；4 月 5 日发生了震惊中外的"天安门事件"；7 月 28 日，地震又袭击了中国大地，整个唐山市在一瞬间被夷为平地……这一系列事件似乎验证着"龙年多灾"的民谚。

虽然沈从文不相信命相之说，但当粉碎"四人帮"的消息传来的时候，他并没有像常人那样欣喜若狂。他有一层更深的忧虑。这一年的 10 月 19 日，在写给朋友的一封信中，他倾诉着对中国未来的隐忧：

> 习历史的大致都可从历史的进展中，早就看得出一个规律，即丑角佞幸，即或在任何新社会里，总还有的是种种机会向上爬，成为"宠幸"和"弄臣"，赫然不可一世。……若不能从这种现实的形成，取得一点教育，十分谨慎认真，对于"城狐社鼠"可作隐蔽保护的根本原因，有所认识，而做出更大的努力，加以合理的制约，则到另一时，还难免会出现这种历史性的重复。更何况以目下而言，所谓几个特别突出的大知识分子，就早已学会采用儒家中"礼为尊亲讳，力避犯逆鳞"的心术，和近代政术中的巧佞相结合，用来维持他个人的名位。而且形成的趋势或影响，甚至于比几个彰名显著的小人还具有持久的恶影响。一方

面鼓励到封建意识的抬头，另一方面也为"四人帮"的小细胞做成培养候补人的温床。[①]

唐山地震时，沈从文的住房受到波及，小羊宜宾的正屋山墙坍塌，幸好沈龙朱所住的侧屋并未坍倒，家中老小均安然无恙，但因余震还依然频繁，市民均移居自搭的防震棚中。家人不愿沈从文再自己一人生活在东堂子胡同，他只好随家人住在一起。地震发生后不久，王予、王亚蓉来看望沈从文，他们觉得，两位老人岁数大了，长期住在防震棚中总不是个办法，因而力劝沈从文与张兆和南行，待环境稳定后，再行北返，这样大家才会放心。

1976年8月3日，沈从文登上了南下的列车，与他们一起南行的，还有张兆和的二姐张允和一家。他们的目的地是苏州，住在张兆和的五弟张寰和家里。沈从文一心想着的还是他的《中国古代服装资料》，虽然在苏州得到亲友的照顾，他心里却非常着急：在苏州，虽然有书可看，苏州图书馆就在住处附近，但用起来还是非常麻烦。多年来，沈从文已经习惯了将所用之书搁在自己随手能拿到的地方，桌上、床上、地下，随时查对，材料已经和他的记忆融为一体，图文互证，随用随取。但这样的工作方法在苏州是绝对不行的，即便把所用书籍寄到苏州来，也还是不行，这里也没有安放的地方，自己毕竟是住在亲戚家，再怎么着也不如自己家里方便。他觉得再在苏州住下去，太不经济，近于生命的浪费，实在不是一种好的办法。

即或在不久将来，北京近郊真来一次唐山式的"地动天摇"，

---

① 《致程应镠、李宗藻等》，《沈从文全集》第24卷，第515—516页。

死伤人以若干百万计，住处的一点工作积累和所有工具图书东东西西全部失去后，我们在这里即或能活下来，也实在无意义可言。所以照我的打算，只要能得上面了解，容许我在预报时，还可以不离工作室，即因之而牺牲，也无所谓，还比在这里由"一事不做"到"无从做任何事"为合理得多！①

这可不是写给党支部、馆领导的决心书，而是出自沈从文写给儿子的一封家信！这只能说明，多年来，沈从文的忘我工作，不是给别人看的，而是发自他内心的一种呼唤。无论是新中国成立前，还是新中国成立后，沈从文最怕的是"闲"。停止工作，对他来说，那就意味着失去生命的意义。在这种情形下，沈从文不顾亲友的劝说，于1977年2月15日回到了他魂牵梦萦的工作室。

"四人帮"是被粉碎了，许多人为此感到欢欣鼓舞，但沈从文的工作、生活却依然如故。他还是住在那间窄得不能再窄的小房里，更要命的是，他只能和张兆和轮流使用一张书桌，除此之外，还要受阳光的制约：早上5点，在月季丛中的小桌子上进行，10点左右已被阳光逼至廊下工作，而11点一过，卧室已呈蒸笼状，根本无法工作……沈从文即便再有耐心，也无法忍受下去了。1977年8月9日，在没有别的办法的情况下，他给全国人民代表大会副委员长邓颖超写了一封求助信：

邓副委员长：

　　我名沈从文，解放后，就在历史博物馆研究文物。……

---

① 《致沈龙朱》，《沈从文全集》第24卷，第508—509页。

我今年已七十五岁，体力虽不如十多年前健康，工作情绪还未衰退，迫切希望还能争几年时间，把总理生前交付给我这份任务，努力完成。并尽可能把其他所学，在国内文物研究始终还是"空白点"的部分，我由于常识较多，也能从"共同提高"目的着手，把能写的逐一写出，才对得起党的教育，和总理对我的期望。因此写这个信，盼望能得到您一点帮助，为解决一下住处问题。房子并不要求太好，只希望房间宽敞一些，环境比较清静，交通也还便利。家中老幼三代六个人住在一处，日常生活能得到一点照料，工作室能够把应用图书资料分门别类摊开。翻检查用时，不必我爬向高处找寻，使家中人为此担心跌倒。助手抄书、绘图，还有个空处可以坐下来从容进行工作。外边人来商请协助工作，借看资料时，还有个回旋余地，不至于影响到家中人，使他们生活工作受妨碍。……估计能有四五间房子，就可望把这点有限生命，集中用到待进行工作中去。对我来说，这种新的工作、生活条件就够好了，算得十分幸运，此外再无多求。烦扰您处，实在深感不安！敬此，

并祝

尊体健康！

沈从文

八月九日[①]

三个月后，他因同一问题写信给统战部部长乌兰夫，请求解决

---

① 《致邓颖超》，《沈从文全集》第25卷，第105—107页。

住房困难。但在那个百废待兴的年代，需要落实政策的人太多，各有关部门均无暇顾及沈从文的问题。

沈从文的不如意处，不仅住房一事。1956年5月，故宫博物院院长吴仲超请沈从文兼任院织绣研究组顾问，为此，沈从文每周都要抽出一定时间到故宫上班。为了增加研究人员的见识，沈从文把自己多年积累的明清封面锦、彩绣四折花鸟小屏风、朱砂红地描金银花蝶争春纸等放了织绣组内，供研究人员随时参考。有些文物上还留有沈从文书写的说明文字，按说不易和故宫院藏文物相混，但后来这些资料被收入库房中。现在，正值落实政策时期，而沈从文又确实需要这些材料做研究的参考，所以想请故宫归还这部分材料，吴仲超也作了批示，谁知此事一波三折，始终未得落实。再联想到北京大学博物馆建馆初期自己捐赠的那些文物，目前他不但难得一见，即便想要一个照片也得不到答复，真是捐时容易借时难。而当时，沈从文连收条也没有要一张，结果死无对证，到如今只能感慨自己"做尽了蠢事"。

而恰在此时，自己疼爱的小孙女沈红的上学问题又成了难以回避的问题。由于她的父母均在自贡上班，沈红的户口不在北京，借读一事迟迟难以办成。其实，这事只要东城区文教局同意即可办成，沈从文也知道必定有自己或张兆和的学生在那里工作，但多年来养成的不愿求人的习惯，使老人不知道此事应该怎么办。"特别是四十年来，有上百学生在北京，有的做了什么部长，有的做了副部长，或许还有人管全市文教，可没有一个人料想到我过的是什么生活，想让小孙女在身边还办不到。为借读事，得求人，也还找不到门路！"①自己半个世纪之前在北京无学可上，50年后，孙女上学又成了问题，沈从文不由得悲从中来，一种空前的失败感袭击着他：

> 我是一个真正过时人物，还只能怪自己不中用，"保守""固执"而"落后"。因为十分明显，这个社会正给人以各种"向上爬"的机会，只要肯去做，就不甚费事，得到解决。我虽懂得如何一来，如此如彼，一家人即可以过得很好。却还是依然相当狼狈。一家人挤在一丈见方小房中，毫无转机可望。近于永远在一种无可奈何情形下过下去。个人有限生命，在无意义情形中消耗，还同时把家中人也弄得十分疲累，永远在被动中，不知如何是好。客人一来，即只有逃到冰冷小厨房中去，客人走后，我再来接受埋怨，虽能沉默接受张先生埋怨，可并不解决问题。②

这一连串的打击接踵而至，逼迫沈从文反省自己的人生道路和处世哲学，引发了沈从文对人生世事的无尽感慨。1979年5月14日给孩子们的信中，他说道：

> 新社会争出路，必须具两种基本特长：一是善于适应当前需要，要你干什么就干什么，且做成十分柔顺诚恳的，装成无保留的对"顶头上级"的忠诚可靠；其次则长于十分巧妙的阿谀逢迎，且勇于当面奉承，把报纸上文件上随处可以见到的表态式款式，记得个烂熟，一有机会即用上。同样一个人，这两事学不到家，

---

① 《致王亚蓉》，《沈从文全集》第25卷，第156页。
② 《致王亚蓉》，《沈从文全集》第25卷，第166页。

一切倒霉你活该。你懂到了，又能在各种公开场合中胆大脸厚，运用得恰如其分，便叫作思想通了。即凡事好办。熟人中在军阀时代、老蒋时代吃得开，在新社会仍吃得开，都由于有这项本领。[①]

5月26日的一封信中，他又调侃道：

近日重读《二十年目睹之怪现状》和《官场现形记》，似大有所得，心中豁然开朗，试述述心得，或足供一笑：

"生活若要吃得开，应从二书学点乖。

回忆录亦不妨写，适当说谎倒不坏！"[②]

这样的语言、这样的态度在此前沈从文的书信中是绝难见到的，但这绝不是老人的处世哲学，它只能看作一个饱经风霜的老人对这个不合理世界的一种抗议。

是的，1953年以后，虽然沈从文对官方采取了合作态度，政治待遇得到了提高，工作几乎达到忘我的境界，但他在历史博物馆时的心情一直是抑郁不畅的。正像他自己所说的，"我虽在馆中工作已卅年，始终对业务上待解决问题无发言权。××馆长也相识了快三十年，可是事实上至今还像是彼此都缺少应有理解。他主持业务，情形和×馆长实在差不太多，似乎至今还不明白做馆长业务应当如何才算尽职。或许在新情形下，别有难心苦衷，不得而知。他主持的业务可能和我认识的'业务'不是一件事，所以过去偶尔谈及业务，

---

① 《致沈虎雏、张之佩》，《沈从文全集》第25卷，第316—317页。
② 《复杨克毅》，《沈从文全集》第25卷，第339页。

不到三句话，即连打哈欠，只得告别"。^① 事实上，历史博物馆的许多领导对沈从文都心存偏见。沈从文在工作没人支持、不被认可的情况下，认为再在历史博物馆工作下去已经没有了任何意义。

好在历史已经掀开了新的一页，随着知识分子政策的渐渐转暖，沈从文离开历史博物馆的时机终于成熟了。1978 年，沈从文的工作问题受到了新任中国社会科学院院长胡乔木的关注，这一年的 3 月，在胡乔木、梅益、刘仰峤等人的具体安排下，沈从文终于告别工作了 30 年的中国历史博物馆，正式调入中国社会科学院历史研究所，开始了他最后 10 年的人生跋涉。

离开中国历史博物馆后，沈从文再也没有踏进那座大大的建筑，他的伤心由此可见一斑。事实上，沈从文是怀着非常复杂的感情离开这里的，他一直认为，自己所用所学真正的用武之地，还是历史博物馆。1978 年 3 月上旬，沈从文参加了政协全国委员会第一次会议，在此期间，他一直思考着自己的工作去向问题。3 月 13 日，大会刚刚结束，沈从文在写给沈虎雏、张之佩的信中，对此有明确的分析，"所有准备廿个工作，都重在普及，说不上什么大不了的专。最有用大致还是旧的博物馆系统同志。但馆中对之似乎并不感兴趣。只闻增加大几百人，新近约四百人加入，其中首长即不下数十人，如副馆长、处长、主任、科长、秘书……位置都在我上头，全不是搞业务的。研究工作实说不上。听说每一事必经层层通过，不能直接和馆长对谈。新旧之间且不可免也会和别的机关相差不多的'明争暗斗'新事物发生。所以如房子事可望解决，而工作又有帮手，

① 《复一美术工作者》，《沈从文全集》第 25 卷，第 250 页。

或许转科学院倒也省事"。① 显而易见，在工作调动中，沈从文主要考虑的还是工作的顺利与否问题，而不是个人恩怨。

中国社会科学院与历史博物馆相比，对沈从文的研究工作还是重视的，沈从文调入伊始，即解决了他的职称问题，由副研究员升为研究员，同时又将王亚蓉从考古所调入组内协助其工作。沈从文的工作不但少了许多麻烦，与领导的沟通也顺畅了许多。为了能够尽快开展工作，1978 年 9 月 13 日，沈从文给院长胡乔木写了一封措辞恳切的求助信：

乔木同志：

　　承好意把我调过历史所，使我工作得到便利，可争取点时间，把停顿了十多年的工作，即早完成，实深感谢。目下因住处过窄，材料分存数处，无从集中，即能集中一部分，也摊不开，工作难于取得应有进展，深盼得您帮助解决一下。不然，难免坐耗有限生命，无可奈何。其次，添配说明中附图，虽得到考古所同意，将王亚蓉同志调来协助工作。此外，还有王㑊同志，许多年来，多亏得他热忱帮助为借阅所中图书资料，我才能从他帮助中，把其他一些较小课题进行下去。目下待完成的《服装资料》，校核图片说明，有一系列烦琐细致工作，待得有个十分细心耐烦，而且又还得对这些具体问题极其熟习的人，合力同功，加以协助，整理材料，必可收事半功倍效果。王㑊同志目前在考古所文物修复组工作，也希望您能为向夏鼐所长商量一下，同意暂时将王㑊同志过来帮助帮助我，付印时，必可省去许多麻烦，避免些

<hr>

① 　《致沈虎雏、张之佩》，《沈从文全集》第 25 卷，第 224 页。

容易疏忽或错误。……

　　即此并致

　　敬意!

沈从文

九月十三日 ①

　　胡乔木对沈从文是尊重的。胡乔木毕竟是党内著名的理论家，是一个真诚的共产党员，维护党的威信是他始终不渝的目标，他懂得知识的重要性，也懂得知识分子的宝贵。因而，国内许多老知识分子，像钱锺书、季羡林、萧乾等与他都有很好的关系，他对沈从文也是一样。胡乔木很快作了批示，将王㐨从考古所借调到图谱组，只是沈从文的住房问题一时难以解决，但胡乔木也尽了最大努力，据其夫人谷羽回忆：

　　作家沈从文，过去在文学上很有成就，新中国成立以后却改行从事中国古代服饰研究，在文坛上几乎湮没无闻，乔木在家中常提起这事，很惋惜。1956 年时，他就多次让《人民日报》副刊的同志去约他写文章。后来，沈从文的名字和他的文章终于在《人民日报》出现，在知识分子中引起强烈反响。1978 年乔木担任中国社科院院长后，又把沈从文从历史博物馆调到社科院历史所。大约是在 1979 年年底，沈从文给乔木来过一封信，谈了自己在服饰研究方面的情况，同时提出自己的实际困难，主要是住房，工作条件太差。乔木工作很忙，他就先让秘书去看望沈从文。

---

① 　《致胡乔木》，《沈从文全集》第 25 卷，第 259—261 页。

秘书回来反映，沈从文夫妇住房的确很差。他听后再也坐不住了，亲自前往沈家，还让当记者的儿子一同去。回来后，父子俩向我们描述了沈从文夫妇的住房：两间又矮又小的平房，屋里纵横交错拉着绳子，上面挂着各个时代的服饰的图片，走动都很困难，光线也很暗，冬天再安一个取暖的炉子，连转身的地方都没有了，在这样的环境中怎么搞研究呢？但当时社科院住房很紧张。怎么办呢？乔木和儿子商量，准备把家里一套四居室的房子腾出来让给沈从文夫妇住，儿子搬去住他们的两间平房。我和女儿也都支持乔木和儿子的决定。只是后来被主管部门否决了。事情虽然没有办成，但乔木这份情谊，我和全家人都感受很深。在乔木和有关部门关心下，沈从文的住房问题不久就解决了。后来，他又出面帮沈配备了助手，解决了医疗问题，对沈从文的待遇，他也亲自特批，由四级研究员调到二级。沈从文晚年总算有了相对安定的生活环境和研究条件。[1]

胡乔木当时的职务是中央委员、中央副秘书长、毛泽东著作编辑出版委员会办公室主任、中国社会科学院院长，没有人敢同意他让房的这个决定。既然如此，那就要先给沈从文一个安定的工作环境。但中国社会科学院又没有现成的房子，在这种情况下，中国社会科学院出面在友谊宾馆长期包房，作为沈从文临时工作室。1979 年 10 月 6 日以后的几个月时间里，沈从文和王亚蓉、王予等人就在这里工作，在这种条件下，《中国古代服饰研究》很快定稿了，

---

① 谷羽：《五十余年共风雨》，载杨尚昆等著《我所知道的胡乔木》，当代中国出版社 1997 年版，第 436—437 页。

1979 年 1 月，沈从文把全部书稿交给了轻工业出版社。

沈从文是一个闲不住的人，上级领导的支持，更激发了他的工作热情。他又开始筹划下一步的工作。他想实现多年的梦想，使自己的研究与生产、教学相结合：为地毯、陶瓷、丝绸的生产提供有益的借鉴，真正实现"古为今用"，同时，把自己的研究资料提供给全国艺术院校，为改进他们的教学方法、推行电化图像教学服务。为此，他再度致函胡乔木，请求胡乔木给考古所所长夏鼐做个沟通，让王㐨来协助自己工作，1979 年 2 月 26 日的信中说，"我认识他已快有三十年，凡事负责热诚，忘我无私。是我所见到理想青年党员之一。长沙马王堆第一号古墓的发掘，最吃重的是处理那老妇人一身衣着工作，就是他用一种超耐烦细致认真（前后约四十天，在四十度高温奇臭下进行工作！）整理完成的。此外，对于古代丝绸印花技术的研究，也从反复实践下，取得崭新的成果。这次又趁赴云南摄制原始制陶技术科学史参考影片，主要也是他和云南地区几个工作同志，跑遍了边区许多村寨，历尽路途中的困难取得的成果。在令人难于设想的旅途中，还同时把滇边许多不同部落原始纺织技术织机组织结构，和原料应用加工处理过程，也同时得到了解决，和我们过去就原始织物花纹进展的推测，得到实践相同的结论。我个人认为这都是纺织物进展史中一件大事，也是文化史研究必须从实践中才能得出的新成果，远非旧式仅凭文献学所能得到正确解决的。还有，他在考古所修复组廿年的工作经验及组织能力，和其他许多长处，我都觉得他是一个在今后我工作中最得力合作的助手，也是在我失去工作能力后，他是能把工作继续完成下去最好的接手人。从这次为协助服装初稿的完成，增加了我对于他的信心。因为如果没有他的协助，有许多问题势不可能如此顺利完功的。至于建议中涉及另加一二助手事，为工作着想，恐怕也得比较慎重一些，因为不仅是个技术问题，政治水平和品性方面，也得有一定理解，才不至于在工作中闹别扭，不大好办"。① 胡乔木再度做出了安排。但王予的工作调动进展很慢，问题出在考古所，所长夏鼐不同意正式调王予入历史所，考古所不放人。

夏鼐也是一个老专家，字作铭，1910 年生于浙江温州。1930 年入清华大学读书，与钱锺书、吴晗并称清华文学院三杰。大学毕业后，参加了梁思永主持的殷墟西北冈墓群的发掘工作，1935 年到英国伦敦大学留学，后获得埃及考古学博士学位。1950 年任中国科学院考古研究所副所长，1962 年任所长。新中国的许多重大考古发现均与他有关。他建立了中国首个碳 –14 实验室，是中国著名的考古学家，现代考古学的奠基者之一，也是中国学术界接受国外国家级学术机构荣誉称号最多的学者。说起来，夏鼐还是沈从文的好朋友，他经常来看望沈从文，在王亚蓉的印象中，"夏先生讲一口极不易懂的温州普通话，沈先生只会讲湘西话，他们两人你说你的我说我的，哈哈笑着，快乐无比。夏先生走后，我问沈先生：'你听懂夏先生说的什么吗？'　'听不懂'"。

但当听说沈从文还要正式调走王予的时候，夏鼐真生气了。像沈从文一样，他也是一个重视人才的人，特别是王予的人品又那么好，他实在舍不得。他特意为这事儿来沈从文家里，满脸的不高兴，一进门就说：

"沈先生，你不够朋友！你挖走了王亚蓉，还要挖王予。"

还没等沈从文回答，扭头就走了。② 但说完了就完了，并没有

---

① 《致胡乔木》，《沈从文全集》第 25 卷，第 297—298 页。
② 王亚蓉：《先生带我走进充实难忘的人生》，载王亚蓉编《沈从文晚年口述》，陕西师范大学出版社 2003 年版，第 213 页。

影响两个人的友谊。到王㐨正式调入历史所后，夏鼐见着王㐨总要问沈从文的情况，他是真的关心这位老朋友。

只是出于历史的原因，沈从文的住房问题尚待解决，而胡乔木对此已经有过指示，将优先解决沈从文的住房问题。对此，沈从文是理解的。实际上，当时的中国社会科学院党委书记梅益曾为沈从文要来几套房子，但均被人半路截去，对此梅益也无可奈何。经过长时间的等待，1980年5月，沈从文才迁入位于前门东大街的中国社会科学院宿舍，经过了8年的奔走呼号之后，沈从文总算有了三室一厅的住房，虽然面积依然不大，但毕竟告别了两处奔走的尴尬局面。

《中国古代服饰研究》定稿、即将出版的消息传到了历史博物馆，阻力随之而来。他们认为这部书主要是在历史博物馆搞的，历史博物馆的很多人都参与了，所以要算他们的集体成果，需要四个人共同署名。沈从文很生气，犟脾气上来了：你们要署名，那我就不署名了，你们署好了。"馆中有的人即只想把我挤开，成绩属于某官所有！"①好在社科院真的不是"博物馆"，没有人支持他们的要求，此事才算作罢。出版的事也是一波三折。《中国古代服饰研究》的印刷条件要求很高，当时国内出版社无力单独出版这部书稿，稿子在轻工业出版社、人民美术出版社辗转，每一个出版社都要与国外出版社合作出版，而外商的条件又很苛刻。沈从文不同意把书稿交给外国出版社，让王亚蓉把稿子从人民美术出版社拿了回来，最终在梅益的联系下，交给香港商务印书馆出版，沈从文同意了。

这项进行了十七年的工作总算告一段落，沈从文终于长舒了一口气……

---

① 《致沈虎雏、张之佩》，《沈从文全集》第25卷，第318页。

2

20 世纪 70 年代的中国，"政治待遇"——这只看不见的手依然束缚着沈从文的工作及生活。在对外交往中，国内的有些部门依然按旧有的逻辑对待沈从文，与国外友人的相见，被设置了重重障碍，而出国访问更是遥遥无期的事。沈从文只是为自己的工作着急，因为他的工作是真正需要到国外的博物馆里开眼界的。一切只有等待。

改革开放以来，那些离别中国多年的海外游子归国访问的机会越来越多，他们当中有很多是沈从文过去的朋友、学生。当他们回到大陆的时候，都想见见沈从文，但沈从文被尘封了那么久，那时几乎没有人知道他。

> 1978 年，我和安格尔第一次去大陆旅行，那时"文革"结束不久，大陆的政策尚不如近几年开放，我们想要去拜见沈从文，却未获准，这是我们那趟旅行中很感遗憾的事。1980 年我们又去大陆旅行，到了北京我仍说想见沈从文，我把他的名字写在一张纸上，大概我的字写得太潦草了，负责去传话的人竟回来跟我说："找不到'沈从又'这个人！"原来他把"文"看成"又"了。①

---

① [美]聂华苓：《与自然融合的人回归自然了》，载巴金等著《长河不尽流——怀念从文》，湖南文艺出版社 2018 年版，第 326 页。

1979年春天我应邀参加华盛顿州国际贸易访问团，准备5月间到北京一行。……访问团出发前一个月，戴德华要我把在北京最想见面的几个人，开列一个名单，由他打电报到美国驻北京大使馆，转请地主国外交部事先代向有关单位接洽安排，希望到京之后，可以早日会晤。我提出了一个5人名单，其中一位就是"沈从文教授，小说家，文物研究者。关系：师生，地址：不详，请向历史博物馆查询"。

5月4日访问团到达北京，住进北京饭店，我第一件事就是询问接待人员，是否已与沈先生取得联络。回答是上级没有交代，还不清楚。其后经我每日催问，到了第4天，接待人员说，已经到处查问过了，根本没有这个名字。我说，沈从文是有名的小说家，从前是北京大学大名鼎鼎的教授，请你费神再到作家协会去问问，总会有人知道他的下落！次日，5月8日，这位先生告诉我：已经问到了，确实有这么一个人！不过现在不在北京，无法联络。再经追询，他一脸无可奈何的样子，说："这个姓沈的，调到四川去了，一时不会回京，要去查问地址，时间也不够了，等你下次回国再说吧。"我忽然懂了，那信息清楚明白：接待人员只不过是一个送信的人，一切事情并不由他做主。[①]

沈从文在国内的尴尬处境由此可见一斑。1978年，张充和、傅汉思先生回到了已经阔别三十年的中国大陆。张充和是张兆和的四妹，姐妹感情很深，张充和曾经有一段时间住在沈从文家，她与傅汉思就是在沈从文家认识的。1948年，傅汉思在北京大学教授拉丁文、

---

① ［美］马逢华：《敬悼沈从文教授》，载《长河不尽流——怀念从文》，第214页。

德文和西洋文学，经过朋友的介绍认识了沈从文，从此就成为沈家的座上客，而这时张充和也住在姐姐家里，在这里两人正式定情。1948年11月，张充和与傅汉思结婚，一个月后，两人离开北京到美国。1978年的这次回国，是张充和姐妹分别后的第一次见面，姐妹相见，自然高兴异常，但他们也为沈从文一家的处境感到担心，一家人住在那么窄的房子里，生活该是什么样子啊！

这次分手之后，1980年年初，傅汉思和张充和即鼓动沈从文去美国，但以当时的情况而言，沈从文对此根本不抱任何幻想。因而，在写给傅汉思、张充和的信中他说："来美事，我不敢设想。我倒想过，正在付印的《服装资料》，还像一本书，若秋天可出版，廿多万说明文字，能得一笔钱，如足够三姐来回路费，希望能照你前信所说，尽她和二姐一道来和你们住几十天，你的家里可以大大热闹一阵。至于我被邀来，恐永远派不到我头上。"[1] 沈从文的意思很明白，虽然自己不能由官方派去美国讲学，但同意让张允和、张兆和姐妹一起自费到美国看望自己的妹妹。傅汉思已经从这封信中看到了某些希望的亮光，于是他会同耶鲁大学美术馆东方艺术部主任倪密、中国小说史教授高辛勇、中国历史教授余英时给中国社会科学院、沈从文各寄了一封非常正式的邀请信。不久，他们就收到了沈从文措辞得当的回信：

倪密女士、高辛勇、余英时、傅汉思诸先生：

　　收得四位来信，深深感谢你们的好意邀请，我非常愿意能得到文化高度发达、土地十分美丽的贵国来做短期访问并学习，且深信从你们社会和学校可学习到极多宝贵有益的知识，并深一层

---

① 《致傅汉思、张充和》，《沈从文全集》第26卷，第46页。

相互理解，使美中友谊也得到进一步扩大。关于来美的具体方法，将由中国社会科学院有关方面另函商洽。

敬此复颂

各位工作进展顺利！

沈从文

一九八〇年三月廿八日 [①]

傅汉思和张充和收到沈从文的信后，非常高兴。他们等待着中国社会科学院的正式答复，然而，没有消息。这年6月，金介甫正好在北京访问，于是他们托他同中国社会科学院联系，这才有了头绪。社科院方面说，需要沈从文在美国演讲学校的名称、时间与报酬情况。于是，傅汉思又与各大学东方语文系、人类考古系的负责人联系，商定一些细节问题。他们一致欢迎沈从文到那里讲学，但不负责来往路费，只给讲学报酬。问题又来了，傅汉思赶紧又与社科院联络，协商的最后结果是：中国社会科学院负责沈从文和张兆和的往返机票费用，而美国境内的旅行、食宿费用则由沈从文自理。食宿问题很简单，在东部就住在傅汉思家里，而西部则完全由钟开莱具体负责，夏威夷则由中国小说史教授马幼坦负责，沈从文赴美的一切问题就这样解决了。

1980年10月27日，沈从文与张兆和踏上了赴美的旅程，初次出国，语言不通，而他乘坐的班机又不是直飞，需要在上海、东京转机，十分不便。好在老朋友季羡林的长子也同机赴美，他正在美国学高能物理，在他的帮助下，他们的旅途少了许多麻烦。1980年10月

---

① 《复倪密、高辛勇等》，《沈从文全集》第26卷，第66页。

27日晚上9时，沈从文抵达纽约肯尼迪机场，从此开始了长达三个多月的美国讲学之旅。傅汉思和张充和早就在机场恭候多时了，傅汉思开着特意为沈从文到来新买的汽车到机场迎接他们。沈从文毕竟已经是将近80岁的老人了，他们担心旅途的颠簸累坏了两位老人，一见面就问：

"累吧，累吧？"

"还好，不累，不累。"张兆和回答。两个人的气色确实不错，张充和那颗悬着的心才放下来。因为这是他们第一次出国，身体又不好，她怕把他们累病了。

按照原先的安排，沈从文就住在张充和家里。休息了一天之后，沈从文参观了耶鲁大学的善本图书馆，由此拉开了沈从文这次讲学、访问的序幕。在美国的几个月中，沈从文的日程表排得很满，参观各地的大学、博物馆、图书馆、美术馆，和在美国的老朋友见面，再到耶鲁大学、哥伦比亚大学、哈佛大学、普林斯顿大学、华盛顿大学、芝加哥大学、斯坦福大学等地演讲……好在傅汉思充当了义务车夫，沈从文在东部的活动由他全程陪同。

在美国的这段时间里，沈从文做了20余次演讲，题目自然是围绕着"文学"和"文物"，最主要的有"20年代中国文学""中国古代服饰""我的生活经验"等。11月7日，沈从文在耶鲁大学讲"20年代中国文学"，由《中国现代小说史》的作者夏志清做介绍，傅汉思担任翻译，这是沈从文在美国的第一次讲演，受到了听众的热烈欢迎。沈从文在西南联大的学生王浩听完讲演后说："我曾听过多次国内访问美国的名家的讲话，特别喜欢沈先生的这一次。一个显明的原因是他用自己亲切的语言讲自己最有兴趣的话，因而若干粗心的或对中国所知较少的听众可能觉得文不对题。后来我想，另外一个原因是，他通过自己的经历，具体地反映了一个时期（20年代）的文化情况，比讲当前的情况较容易表达出要点，而且不需要正面来探讨国内几十年来政策数次大改所引起的思想混乱。这当然也是一个出色的作家善用了自己的长处而得到的效果。"① 尽管1949年后沈从文历尽劫难，受到了不公正的待遇，但在讲演中他向来不提过去的痛苦，也没有发牢骚、吐怨言。对此，1980年11月24日，在美国圣若望大学的讲演中，沈从文作了澄清：

> 我借此想纠正一下外面的传说。那些传说也许是好意的，但不太正确，就是说我在新中国成立后，备受虐待、受压迫，不能自由写作，这是不正确的。
>
> …………
>
> 许多在日本、美国的朋友，为我不写小说而觉得惋惜，事实上并不值得惋惜。因为社会变动太大，我今天之所以有机会在这里与各位谈这些故事，就证明了我并不因为社会变动而丧气。社会变动是必然的现象。我们中国有句俗话说："塞翁失马，焉知非福！"在中国近三十年的剧烈变动情况中，我许多很好很有成就的旧同行、老同事，都因为来不及适应这个环境中的新变化成了古人。我现在居然能在这里很快乐地和各位谈谈这些事情，证明我在适应环境上，至少做了一个健康的选择，并不是消极的退隐。特别是国家变动大，社会变动过程太激烈了，许多人在运动当中都牺牲后，就更需要有人更顽强坚持工作，才能够保留下一

---

① 王浩：《重逢沈从文先生》，载朱光潜等著《我所认识的沈从文》，岳麓书社1986年版，第211页。

些东西。在近三十年社会变动过程中，外面总有传说我有段时间很委屈，很沮丧；我现在站在这里谈笑，那些曾经为我担心的好朋友，可以不用再担心！我活得很健康，这可不能够作假的！我总相信：人类最后总是爱好和平的，要从和平中求发展、得进步的。中国也无例外这么向前的。[1]

新中国成立后沈从文心情不舒畅是肯定的，而他能够在美国这样讲，体现出来的是一个老人对自己国家的深深热爱，他不愿意外人对自己的祖国说三道四。沈从文对这次赴美讲演的题目做了充分的准备，再加上又是自己烂熟于心的东西，因而讲起来游刃有余，作为一个亲历者，张充和对沈从文在美国的演讲经历有过形象的描述：

> ……沈二哥讲开了头，愈来愈引人入胜，也将他自己引入胜地，大有点滔滔乎其来，或是大海不择细流，或是黄河有泛滥情势，此时也，汉思必采取水利工程法纳入正流。一次我坐近讲台，听汉思低低地说："你现在讲的是文学。"原来这天讲的是古代服饰。每次无论讲文学或考古，总离不了琉璃厂，古文物。在文学上间接接受到古文物的熏陶与修养，在考古上是直接接收同研究。这个同源异派，共树分条的宝藏，永远占他生活中一部分，他永远忘不了，所以有时忘了所讲题目。一经汉思提醒，他若无其事，不慌不忙归还原题，其时听众已入胜境，亦不觉有什么痕迹，比起当年在中国公学第一次上课时，大有天壤之别了。

> 他最喜引用的是辜鸿铭的两句话，并学着辜鸿铭用手空挽着

---

[1] 《从新文学转到历史文物》，《沈从文全集》第12卷，第386—390页。

辫子甩圈子的姿态说：

"你们虽是剪了辫子，精神上的辫子想剪掉可不容易！"原来哄堂大笑的听众，不得不沉默了。

汉思译了几次之后，也就了解他的习惯，在他忘乎其形，江河直下，不让出翻译时间时，也只好总译其大意了。但整个说起来还算忠实。有一回沈二哥提起当小兵时最得意为上司炖狗肉吃。只此一事，汉思可不能忠实译出了，糊糊涂涂地混过去没有翻，中国人吃狗肉不稀奇，可不能让外国人听到，因为他们把狗当成最亲爱的好朋友。怎么可以炖好朋友的肉吃呢？

他在麻省大学演讲文学时，提起早年写小说时的情景，很谦虚地说：

"我那时写小说，不过是一个哨兵。"

汉思译成："我那时写小说，不过是一块烧饼。"还加了一些注，说是中国一种烤饼。洋人听了并不觉得可笑，除饿了三天，烧饼当然是不重要的。不是湘西话的问题，也不是他不懂"哨兵"二字，实在他太爱吃中国的烧饼。[①]

张家姐妹不愧个个是才女，什么样的事情让她们写来都生动有趣。

沈从文是一个富有童心的人，远离政治的喧嚣，置身于亲密无间的环境中，他的忧郁自然会一扫而光，露出"顽童"的马脚来。他和张兆和这次到美国是在冬季，在这个季节里冰激凌已经不常见。有一次，张充和偶尔让他尝了一次冰激凌，沈从文吃得过瘾，因而每餐后

[①] 张充和：《沈二哥在美国东部的琐琐》，载《长河不尽流——怀念从文》，第477—478页。

总想吃一点。有一次，张充和忘了他这个嗜好，沈从文说：

"饭吃完了，我走了。"

张充和没有听出他的弦外之音，没理会他的话。

沈从文不甘心，接着说："我真上楼了。"这个"真"字让张充和有点奇怪，但仍然没有理会。这时，沈从文站起来故作要走的样子，说：

"我真走了，那我就不吃冰激凌了。"

这场景，逗得满屋子的人哄堂大笑。

知情的人知道，多年的政治运动、刻板的生活方式及精神的压力，使"诗意"远离了这位富有童心的文学家，他努力改造着自己，那个充满灵性的沈从文渐行渐远……沈从文童心的闪现，让张兆和、张充和姐妹感到非常欣慰。

更重要的是，沈从文在这里见到了许多老朋友，特别是与王际真的见面，令沈从文感慨万端。王际真是哥伦比亚大学的退休教授，他主持哥大中文系达20年，是沈从文在海外的最老的朋友。1928年，徐志摩将他介绍给沈从文，两人从此成为无话不谈的好朋友，一别50余年，老朋友相见，自然非常高兴，两个人又像回到了50年前的样子。虽然在海外多年，但王际真身上依然保持着山东人爽直淳厚的气质。谈着谈着，王际真忽然从抽屉里取出两本沈从文的著作，那是《鸭子》和《神巫之爱》！岁月的侵蚀已经使书破旧不堪，但其中凝聚的却是朋友的友情，这让沈从文激动万分。接着，王际真又拿出一大摞信来，那是沈从文1928年至1931年写给他的，翻阅着这些信，两位老友不由得想起他们共同的朋友徐志摩，回到了20世纪20年代末的那段岁月……

时间过得真快，一转眼，沈从文已经到美3个多月了，沈从文惦记着《中国古代服饰研究》的出版，香港方面早就来信说，书籍已经排版完毕，等待着沈从文回去看最后一遍校样。亲情再浓、友情再深，也有分别的时刻，沈从文再也待不下去了，他要回国，那里有他的工作……

1981年2月17日，沈从文告别了在美的亲友，离开美国返回北京。3月5日，他又南下广州，为《中国古代服饰研究》作出版前的最后校订工作，王予、王亚蓉与他同行。

3月29日，沈从文终于做完了这项长达17年的工作。

3

沈从文在国内处于尘封状态的时候，海外的沈从文研究却得到了长足的发展：

1961年，夏志清的《中国现代小说史》给予沈从文的小说高度评价。

1972年，聂华苓出版了英文著作《沈从文评传》。

1975年，司马长风的《中国新文学史》确定了沈从文的小说大师地位。

1977年，金介甫以《沈从文笔下的中国社会与文化》获哈佛大学博士学位。

法国汉学家Robert Ruhlman（中文名于儒伯）开列的四种中文必读书中，只有一本现代作品，即沈从文的《春灯集》。

……

1979年是大陆沈从文研究的复苏之年。这一年，徐州师范学院中国现代作家传略编辑组来信，拟收入沈从文条目；北京大学讲师孙玉石在《北京大学学报》上发表了研究沈从文的论文；北京大学中文系研究生凌宇开始撰写以沈从文为研究对象的硕士论文；在中直系统举行的第四次全国文代会代表的选举中，沈从文以高票当选；荒芜在《文汇报》发表了诗歌《赠沈从文同志》……在以上诸多事件中，以荒芜的诗作最为引人注目：

《边城》山色碧罗裙，小翠清歌处处闻。

我论文章尊五四，至今心折沈从文。

能从片楮论前朝，一史修成纸价高。

文物千秋谁管领，看君指授失萧曹。

新从圆领证唐装，老认天门上敦煌。

万卷书加万里路，自应选作探花郎。

对客挥毫小小斋，风流章草出新裁。

可怜一管七分笔，写出兰亭醉本来。

漫言七六老衰翁，百事齐头并进中。

夜坐空庭觇织女，鹊桥何日驾南东。

以沈从文一贯的低调作风，读了荒芜的诗以后，自然不同意发表
这些诗作，9 月 19 日他马上给老友写了一封信，表明自己的态度：

荒芜兄：

　　四诗及附注曾重新好好读过，盛意可感。但弟以为不发表好
些。因为事实上我可以说是个相当庸俗的平常人，不问干什么，
都做不出真正像样成绩的。性情既十分拘迂，思想也不免极其落
后。卅年来，只近于单门独户开个小小服务店，把时间送走的。
回想一下，既对不起国家的期许，也对不起个人的生命。年来在
国内外得来的赞美，实已大大超过应得的甚多。懔于孔子所谓"血
气既衰，戒之在得"的名训，一切赞许，不免转成一种不祥的负
担。所以事如还来得及，最好能去个信给华侨报记者，和她商量
一下，四诗能不发表，或可免招摇批评。事实上我觉得从其他工

作上所得到的好意赞许，也早已超过应得到的远甚。名不副实，
转增忧惧。世事倏忽多变，持静守常，在人事风风雨雨中，或可
少些麻烦。如能争取三几年有限时间，使住处稍稍宽绰一些（能
如熟人中某某茅房即已大好），可以摊材料，把待收尾、在进行
十来个范围较小文物专题逐一完成，结果能达到新社会合格公民
资格，得到个"不是吃白饭的工作干部"鉴定，就够好了。若尚
存任何不符现实的奢望，恐随之而来的将是意外灾星，实在招架
不住。

　　复候笔健。

弟　从文

九月十九日 [1]

　　沈从文绝不是在故作姿态，多年的生活已经使他习惯了平凡的日
子，他不愿意再回到旋涡的中心去。"古人有'破甑不补'名言，我
可算得是个身心早已被摔破的瓦罐，破的业已破了，即或能加以修补，
也算不得什么了。" [2] 即便对于家人，他也千叮咛万嘱咐，告诫沈虎雏、
张之佩："今后万一出现什么，你们务必记住一点，即缄默……若不
万分谨慎，出了事故，还莫名其妙。所以务必实事求是，把我看成
一个并非什么大不了人物，事实上应说是个十分庸俗普通人物，才可免
去意外灾星。" [3] 显然，多年来文艺界的风风雨雨，已经使沈从文感
到十分厌倦，虽然他还怀有对自己文学成就的自信，但他不相信这些
纸糊的桂冠，他更相信时间的淘洗。

---

① 　《复荒芜》，《沈从文全集》第 25 卷，第 384—385 页。
② 　《复韩宗树》，《沈从文全集》第 25 卷，第 409—410 页。
③ 　《致沈虎雏》，《沈从文全集》第 25 卷，第 418 页。

一切迹象表明，在文学上为沈从文"平反"的时机已基本成熟了。但坚冰难以在一夜之间融化。以后的历史进程表明，沈从文的预见是正确的。但沈从文绝对没有想到的是，率先向自己开炮的竟然是自己有着生死之交的老朋友。1980年，丁玲在《诗刊》上发表了《也频与革命》，文中写道：

> 四五个月前，有人送了《记丁玲》这样一部书给我，并且对这部书的内容提出许多疑问。最近我翻看了一下，原来这是一部编得很拙劣的"小说"，是在一九三三年我被国民党绑架，社会上传说我死了之后，一九三三年写成、一九三四年在上海滩上印刷发售的。作者在书中提到胡也频和我与革命的关系时，毫无顾忌，信笔编撰，……类似这样的胡言乱语，连篇累牍，不仅暴露了作者对革命的无知、无情，而且显示了作者十分自得于自己对革命者的歪曲和嘲弄。……贪生怕死的胆小鬼，斤斤计较个人得失的市侩，站在高岸上品评在汹涌波涛中奋战的英雄们的高贵绅士是无法理解他的。这种人的面孔，内心，我们在几十年的生活经历和数千年的文学遗产中见过不少，是不足为奇的。[1]

由此引发了沈从文与丁玲之间的一段误会。1949年以后，沈从文一直把丁玲看作自己最好的朋友，在他最艰难的那些日子里，他渴望丁玲能给他帮助，期盼着丁玲能与他相见。在此以后，沈从文去看过丁玲，丁玲和何其芳也来看过沈从文，虽然沈从文觉得丁玲在自己的事情上有未尽力处，但丁玲毕竟帮过忙，因而，新中国成立后两个

---

[1] 丁玲：《也频与革命》，《诗刊》1980年第3期。

人的关系也基本上维持了下来。1950年9月12日给张梅溪的信中，沈从文说："前几天，到颐和园去，在'云松巢'那所房子里，见到丁玲的母亲。提起永玉，她也深觉不见你们为憾事。因为她办的那个学校，永玉母亲曾在那里教过书。也即是永玉父亲和我常到的地方，永玉父亲黄玉书就在那学校里认识永玉母亲的。蒋老太太80岁了，听到永玉又长大成人，还画得很好，即刻把印象带回三十年过去。我们就谈了许久常德。事实上，那个地方的一切，早在抗日时炮火中毁去，现在完全不同了，我们却各自对那个三十年前学校有个极清楚的印象，保留到回想中。生命真正离奇！在颐和园，我又看到丁玲的儿女，也成了大人。他父亲也死了二十年。他那时还不到三个月大，被我送回到常德去交给那位老太太的。他在我面前，可想不出我是谁，我却正想起他被第一回交给了那外祖母，裹在一片白绒毯里，闭着个眼睛，那老太太当时感动得厉害，一双老眼湿湿的情形。"[1] 沈从文的《我的学习》《老同志》都托丁玲转交有关报刊，在经济困难的时候，还向丁玲借过钱……[2] 从目前保存下来的书信及其他材料来看，在沈从文结交的诸多朋友中，在沈从文危难之际，丁玲也还是尽力较多的。因而，沈从文在1952年填写《博物馆工作人员交代社会关系表》时，还是将丁玲列入"个别友谊好的"朋友之列[3]。

需要说明的是，这一切是在丁玲已经对沈从文有所不满的情况下做出的：早在1938年，丁玲就认为自己被捕后，沈从文作为朋友有未尽力处，"沈从文几次回湖南，连顺道去探望一次都不曾，不必说

---

① 《致张梅溪》，《沈从文全集》第19卷，第84—85页。
② 参见《沈从文全集》第19卷，第161页、第353页。
③ 参见《沈从文全集》第27卷，第133页。

是友情上的应有的扶助了"。① 还有人告诉丁玲：她被捕后，沈从文拒绝了左联营救丁玲的建议，并说丁玲同他早已没有来往了。但这不是事实。事实上，沈从文是回湖南探望过重病的母亲，但因为局势紧张，很快便返回了。而丁玲被捕之后，沈从文也确实尽力营救过：1933 年 5 月 14 日丁玲被捕，沈从文快速做出了反应，在 5 月 25 日、6 月 4 日先后写了《丁玲女士被捕》《丁玲女士失踪》两篇文章，这文章不是一般的"新闻"，那是谴责国民党的檄文：

> 如今丁玲女士究竟押在何处，无人明白，所犯何罪，也不明白。且据传说，则其人又有业已为某方害死的消息。这传说我希望它不是事实，但政府也应当用别的方法证明这是个不实谣言，且应当即刻公开审讯。人若当真已死去，活埋也好，缢杀也好，仿照别一处处治盗匪方法套石灰袋也好，政府既只知道提倡对于本国有知识青年的残杀，所用方法，即如何新奇，我也绝不至于因其十分新奇，另外提出抗议。因每个国家使用对知识阶级的虐杀手段时，行为的后面，就包含得全个的愚蠢。这种愚蠢只是自促灭亡，毫无其他结果。②

这可能是丁玲被捕后，对国民党当局谴责最为严厉的公开文字。同时，沈从文并未止于纸上谈兵，通过他写给胡适的一封信，可以知道沈从文在调动着一切力量营救着这位朋友，以下是信件的部分内容：

---

① L.荫森:《丁玲在西北》,广州新闻研究社 1938 年,转引自陈漱渝《干涸的清泉》,《人物》1990 年第 5 期。
② 《丁玲女士被捕》,《沈从文全集》第 13 卷, 第 233—234 页。

适之先生：

丁玲事承向各处说话，费神实在感谢。

近从上海、南京各处得来消息，皆同转来电报相似。政府一再表示并未捕捉这人，但事实上则人业已被捉失踪（且实由诱绑失踪）。十几天前曾从另外一个人口中转出她的口信："我被人诱绑，不自由。"得到这个信的是她很熟的某女士。口信那么简单，则危险可知。政府今既始终否认捉了这个人，理由不出两点：

一、被政府以外某种人诱绑（这不可能，因为她又无钱，又不美）。

二、被上海政府或直接为南京党部辖制的特务机关诱绑，但因去年办《北斗》时，政府已有缉捕她的消息（这是我见她时亲自同我说的，且有次差一分钟险已捉去）。如今捕去，恐怕为人知道，当然不敢承认为丁玲，恰如当年胡也频故事，政府明知其为丁玲，但因名姓稍大，难于处置，也就乐得将计就计，否认并未捕一丁玲（已秘密解决，仍然若无其事）。

两项推测，尤以第二点为近理。又闻南京方面人相告，这类事情，皆由南京某方一个驻沪特务机关办理，事情既由特务机关办理，故把人捉来后，当时并不转送公安局，容或为之，转送公安局，因人犯不用丁玲名姓，不为公安局所知，也属可能。

…………

先生提倡人权多年，且因提倡人权，每当说过了些比较公平的话时，就吃过政府的小亏，在这件事情上还盼望能主持公道，说几句话，提醒一下政府。政府既尽做糊涂事于前，就不能禁止年青人做糊涂事于后，恐怕作家尽全力提倡被治者与被虐待者用暗杀来对于政府行为作报复时，政治上将更多一重纠纷，中国也更多一种坏习气，有了这种纠纷，已发生这种坏习气，以后要和平处置，也就不大容易处置了。年来政府对于左翼作家文艺政策看得太重，一捉到他们就杀（内地因此杀掉的很多）。其实是用不着这样严厉的。另外一方面又似乎把文艺政策看得太轻，毫不知道用什么方法去把几个较有名较有力的作家好好去培养起来，从作品上输给年青人一个生活态度，一个结实自重耐劳勤学的为人态度，只知道用一些钱去办一批刊物，却不问刊物用处，两方面实在皆做得极其愚蠢。小说在中国为人所注意，她的价值，为人所承认，皆全得先生。数年来一切情形皆似乎不同了，一切理论皆把她"能够有多少用处，可以有什么用处"，真实价值弄得有些混乱，左翼作家说不到她在中国发展的真实情形，以及未来的希望，右翼（作）家则因上海的坏风气，又慢慢地主张作品变成礼拜六派，在一种毫无希望下支持。平常人则责望太奢反而十分失望。这时节就正要几个明白人，同时说话也能使人相信的人，来重新为她定下一点范围，且就民族环境来论，怎么样使文学也来帮助一下这个民族，解决一个难题。（若太重视她，以为有了她就可以解决一切，也若太轻视她，就让她在一个无目的无计划的自由生灭情形下，糟蹋年青人的精力。）这就仍然需要先生说几句话，只有先生才说得到她的要点！

从文敬启

六月四日 [1]

这封信表明，沈从文没有相信国民党没有抓人的解释。同时，沈

---

[1] 耿云志主编：《胡适遗稿及秘藏书信》第 27 册，黄山书社 1994 年版，第 123—126 页。

从文确实为丁玲事向胡适求助，请他帮忙。此后，沈从文开始撰写《记丁玲女士》，并在《〈记丁玲女士〉跋》中对自己的朋友做了热情的赞扬与肯定，对国民党政府再一次进行了谴责：

> 我们皆不应当忘记，这两个作家，是在中华民国党治独裁的政体下，因个人政治思想与政府稍稍有些相左处，两年内先后突然宣告失踪的。他们虽生在有法律的国家中，却死于莫名其妙的境遇里。政府对于这种失踪，仿佛毫无责任可言，只推诿为并不明白有这件事，且绝不承认有这种事。对于这件事情既不是政府的责任，也不算国民党的责任，那么，应当归谁去负责？
>
> 读者们，一个稍有生气的作家，在商人与政府两方面的摧残中，他们不是饿死便是杀死，这些现象在中国的今日是很平常自然的，你们先前不明白，如今想来也明白了。……
>
> 我这篇记载，并不仅仅是为你们叙述一个作家生活中细末的哀乐，供给你们一些新鲜见识。我虽简略地告给你们，这个作家生来如何不辜负自己的日子，如何爽直，勇敢，活泼，热情，到这世界上来打发每一个日子，当各种不幸围绕到她身旁时，她又能如何坚毅沉着支持下去，当政府同商人既一面在合作情形中提倡一种腐烂民族感情糟蹋民族精力的消遣文学，一面又毁灭摧残这种有希望的作家时，这人终于便在如何悲惨境遇中死去。但我的意思，却是要你们从这个人的际遇中，明白你们自己所在的国家，是个什么样糊涂愚昧的国家。活到这种国家中，年青人不只感到死亡无时的可怕，也应感到晏然而活的可羞。你们若知道沉默是你们的耻辱，你们就应当用各种抗议方法，来否认这个现象。
>
> 一个前进作家他活下来时，假若他对于人生还有一点较遥远

的理想，为了接近那个理想，向理想努力，于生活中担受任何不幸，他是不至于退缩的。他看准了他应取的方向，他对于他的牺牲便认为极其自然。他相信光明与正义所在，必不至于因为前面怵目惊心的牺牲了，就阻止了后面赴汤蹈火的继续。他明白一页较新的历史，必须要若干年青人的血写成的。（同这个社会种种恶劣习气作战，同不良制度作战，同愚蠢作战，他就不能吝惜精力与热血！）他们力尽气竭后，倒下去，僵了，腐烂了，好像完事了，在一般人记忆中，初初留下一个鲜明活跃的影子，一堆日子也慢慢地把这些印象弄模糊了，拭尽了。可是，他们却相信，他们强悍的生，悲惨的死，是永远不会为你们年轻人忘掉的！①

　　1935 年，当报上登出"丁玲办清自首手续"的消息时，沈从文义愤填膺，马上写了一篇文章，谴责记者：

　　　　如今凡有编者可挨打的消息，如回教问题，应受处罚问题，如强有力方面的行为，记者照例皆很知道小心谨慎。唯对于一个受迫害与虐待的作家，正因其为女子，在无望无助中所产生的悲剧，却常常有人努力设法使此悲剧角色小丑化，造作一些无聊故事，糟蹋其人，以博读者开心。事虽子虚乌有，因不必负任何责任，就任意发表，这种发稿人的心，真不知是用什么东西做成。②

　　在这篇文章中，沈从文珍爱朋友声誉的感情溢于言表，事实很明

① 《〈记丁玲女士〉跋》，《沈从文全集》第 13 卷，第 228—230 页。本文写于 1933 年 6 月，原刊载于 1933 年 9 月 23 日《大公报·文艺副刊》第 1 期。
② 《"消息"》，《沈从文全集》第 13 卷，第 239—240 页。

白，沈从文不但在行动上营救过丁玲、在文字上声援过丁玲，而且维护着丁玲的声誉。

1978 年 5 月，沈从文写给胡乔木的信中也还说："应当感谢几个老小朋友在解放初期给我的帮助。第一是死去的杨刚，给了我一个短信，说国家事千头万绪要人去做，你好好工作下去吧。其次去土改时问到丁玲，如何可少犯差错，记得她说'对国有利的你就做，有害的就莫做'。"[①]1979 年春天，沈从文在北京友谊宾馆修改《中国古代服饰研究》时，两个人还热情地打招呼；同年 12 月 10 日，为社会科学院分配住房事，沈从文还到丁玲的木樨地寓所去参观，那么，到底是《记丁玲》中的什么东西使她突然发怒，突然向这位命运多舛的老友开刀呢？除了政治态度问题（沈从文的"不革命"早就广为人知了，当着沈从文的面丁玲也这样说）之外，是什么原因使丁玲如此恼怒呢？问题可能出在沈从文对丁玲的个人情感生活的描写上。丁玲多次对别人说过"《记丁玲》全是谎言，是小说，着重在趣味性"之类的话。[②]而中岛碧也问丁玲，《记丁玲》中所说的"沈从文、胡也频、丁玲三人'同住'这种含糊的措辞，这究竟是怎么一回事？"[③]事实上，这才可能是令丁玲发怒的原因所在，这一点，从丁玲在《记丁玲》上的批语也可见一斑：

---

① 《致胡乔木》，《沈从文全集》第 25 卷，第 248 页。
② 参见姜穆的《沈从文的性格与婚姻》（转引自李辉：《往事苍老》，花城出版社 1998 年版，第 178 页），类似的话参见《丁玲全集》第 12 卷，河北人民出版社 2001 年版，第 138 页、第 140 页。
③ 陈漱渝：《干涸的清泉》，《人物》1990 年第 5 期。

《记丁玲》	丁玲的批语
她们一面读书一面还得各处募捐。为时不久，她们处处似乎就同那些名教授在一个地方了。至少瞿秋白兄弟同施存统三人，是同她们住过一阵子的。	又是胡说！
……她的年纪已经需要一张男性的嘴唇同两样臂膀了。……倘若来了那么一个男子，这生活即刻就可以使她十分快乐。	沈从文常常把严肃的东西，按他的趣味去丑化。我很不喜欢他的这种风格。在他的眼睛里，总是趣味。
她虽然同这个海军学生住在一处，海军学生能供给她的只是一个年轻人的身体，却不能在此外还给她什么好处。	浑蛋！
她的年纪已经有了二十四岁或二十五岁，对于"肉体与情魔"的电影印象则正时常向朋友提到。来到面前的不是一个英俊挺拔骑士风度的青年，却只是一个相貌平常，性格沉静，有苦学生模样的人物……	看把我写成一个什么样子，简直是侮辱！完全是他的低级趣味的梦呓！

自延安审干以来，过去的"私生活"成为丁玲最敏感的问题。因

为 1940 年 10 月 4 日陈云、富春签发的《中央组织部审查丁玲同志被捕被禁经过的结论》虽然排除了丁玲自首的可能，并称她"仍然是一个对党对革命忠实的共产党员"以后，仍然认为"丁玲同志没有利用可能（虽然也有顾虑）及早离开南京（应该估计到住在南京对外影响是不好的），这种处置是不适当的"。因而，这问题看似小事，却随时都会影响到自己的政治生命。她对这类问题尤为敏感，因而，在关于她的一部书稿的审稿意见中，她将私人生活问题列为问题之首，而把"和无政府主义的关系""'率领'周南女中学生游行""被绑架"的史实等问题等而次之。信中说：

> 书中几处提到早年我的私人生活，沿用了某些著作者的文字，如第 2 页，说我和沈从文、胡也频之间的什么"三角恋爱"，我是什么"遐迩闻名的风流韵事的女主角"；第 46 页上说什么"……有一段无政府主义的风流往事，延安的妇女并不很喜欢她……由于她过去的历史，她在延安多少有点不受人欢迎……"；第 74 页说我"有段不寻常的罗曼史"；等等。对于这种言论，虽然在书中用小字排印的注解中说了"丁玲否认此事"，但读者，至少是部分读者可能会感到这种否认非常缺乏说服的力量。须知我之所以否认，根本上是由于这种说法违反历史的事实。产生这种说法是有社会原因的。但如果从我的作品，从我的一生来看，就可以更容易看出这种说法的无稽。我不知道你们是否注意到《诗刊》一九八〇年三月和《文汇月刊》一九八一年一月我的两篇文章中对此事的正面讲述？而且沈从文本人现在还活着。①

---

① 《致彭阜民并转山西人民出版社》，《丁玲全集》第 12 卷，第 171 页。

丁玲的愤怒可能在于，沈从文的《记丁玲》是关于她的种种生活流言的源头。而在这件事上，具体事实到底是什么，沈从文说的她说是"假的"，而她过去到底有过什么样的生活，恐怕连她自己也"记不清楚"了。因为对同一件事、同一件作品（比方说《莎菲女士的日记》《在医院中时》《我在霞村的时候》）在不同的年龄阶段态度也是会变化的。写《也频与革命》一文时，丁玲已经76岁了，七十多年的风风雨雨后，她对生活的看法已经与青年时代不可同日而语了。至于当时丁玲是怎样的，只能等待新的史料的挖掘了，只有这样我们才能了解一个完整的丁玲。

沈从文之所以写作丁玲的文章，不是为了往丁玲身上泼脏水，他如果有这种想法的话，就不会去救她，后来当别人污蔑她"自首"时也不会为她辩诬。丁玲所关注的《记丁玲》中的一些细节，即或与真相有些出入，在沈从文，纯粹属于说者无心，而丁玲则是听者有意。

《诗刊》的编辑部主任邵燕祥也觉得此事不妥。他也是沈从文的学生，沈从文最早在《平明日报·星期艺文》上编发了他的诗作，后来在吴小如的介绍下两人见面，从此开始了往来。邵燕祥到《诗刊》工作后，曾到小羊宜宾胡同去看过沈从文，并从此定期给沈从文寄《诗刊》。他为发表丁玲的文章而感到歉疚，因而没有寄当期的刊物。后来，他听说吴泰昌去看望沈从文，就请他转告沈先生：《诗刊》最近发表了一篇文章，其中谈到沈老在新中国成立前写的《记丁玲》不真实等，沈老如有不同意见，请写文章给《诗刊》。同时，邵燕祥也请吴做点解释性的工作，吴泰昌与张兆和在作协时是同事，两家也时有来往，因而就答应了下来。下面是吴泰昌记忆中的见面过程：

我见到沈老，就转告了燕祥的口信。我估计沈老和兆和已看过这篇文章了。沈老沉默不语，神情严肃，严肃中带着几分压抑。这是我从来没见过的。兆和在一旁连忙激动地说："没有什么好说，没有什么好写。"在这压抑的氛围里，我坐了10分钟。到我自己也感到压抑时，我忘了礼貌，也忘了谈事先想请教的问题，突然起身开门离去。我没乘电梯，从五楼急促促地跑下来。①

沈从文的愤怒是可以理解的。但沈从文始终没有就丁玲的文章做过公开回应，《也频与革命》发表的当月，远在南京的学生赵瑞蕻就把这期刊物送给了沈从文，沈从文觉得丁玲的火发得莫名其妙，没有由头，他又细读了朋友陆续送来的《记丁玲》，还是满头雾水。沈从文觉得是非自有公论，自己帮的忙和写的文章都摆在那里，让后来的好事者去说吧。

沈从文知道丁玲身体不好，凡事沈从文都从好的方面来考虑，他觉得，丁玲的无名之火可能是因健康而引起的，所以不愿和她计较。1982年1月10日，在给金介甫夫妇的一封信中他说："如果可以有办法，让国外想研究她的人，不看我那本坏书，最好另外找别的材料自然很好。这书事实上已赞美她够好了，你一定明白。外国人对她印象，大致还多从这本'极坏小说'而来。这书在中国卅年前就被烧毁，现在虽有机会重印，已不打算重印。你的朋友熟人，以后若有研究她的，烦你转告一下我的希望，最好不用我的那本'极坏小说'，免得她感到受损害。她在美国一定大受欢迎。"② 由于沈从文的"不回应"

①　吴泰昌：《紧含眼中的泪》，载《长河不尽流——怀念从文》，第400页。
②　《复金介甫、康楚楚》，《沈从文全集》第26卷，严338页。

的态度，丁玲的文章也并未引起什么波澜。沈从文依旧埋头做着自己的研究工作。

1980年5月，广州出版的大型文学丛刊《花城》以专辑的形式发表了沈从文的《拟咏怀诗》《喜新晴》，同时发表了朱光潜、金介甫等人的研究文章和一份能够反映沈从文创作面貌的《从文习作简目》。在诸多研究文章当中，朱光潜以老朋友的身份回忆了沈从文对青年作家的培养，指出"京派文人的功过世已有公评，用不着我来说，但有一点却是事实，在军阀横行的那些黑暗日子里，在北方一批爱好文艺的青少年中把文艺的一条不绝如缕的生命线维持下去，也还不是一件易事。于今一些已到壮年或老年的小说家和诗人之中还有不少人是在当时京派文人中培育起来的。在当时孜孜不辍地培育青年作家的老一代作家之中，就我所知道的来说，从文是很突出的一位。他日日夜夜地替青年作家改稿子，家里经常聚集着远近来访的青年，座谈学习和创作问题。不管他有多么忙，他总是有求必应，循循善诱。他自己对创作的态度是极端严肃的。我看过他的许多文稿，都是蝇头小草，改而又改，东删一处，西补一处，改到天地头和边旁都密密麻麻的一片，也只有当时熟悉他的文稿的排字工才能辨认清楚。我觉得这点勇于改和勤于改的基本功对青年作家是一种极宝贵的'身教'，我自己在这方面就得到过从文的这种身教的益处"。

1980年6月22日至26日，金介甫曾经几次到沈从文的新居，在张兆和、王亚蓉的陪同下，沈从文回答了金介甫提的有关生平与创作的问题。

1981年，《沈从文散文选》《边城》《沈从文小说选》《从文自传》先后由江西人民出版社、湖南人民出版社、人民文学出版社出版。

1982年，《沈从文文集》（12卷）开始由花城出版社、香港三联书店联合出版，同年，《沈从文小说选》（2卷）、《沈从文散文选》由人民文学出版社出版。

1983年，《沈从文选集》（5卷）由四川人民出版社出版。

至此，沈从文作品难买的局面基本改观，全国各高校图书馆中的沈从文作品也丰富起来，这也意味着真正的"沈从文热"即将到来，沈从文研究已呈不可阻挡之势……

然而，好事多磨。常言道："木秀于林，风必摧之。""过于誉美，易增物忌。虚名过实，必致灾星"，[①] 后来的事实证明，沈从文的担心并不是多余的。这一时节的沈从文研究虽然还谈不上"誉美"，但已经引起了人们的注意。1983年3月7日，在纪念马克思逝世100周年的大会上，周扬作了《关于马克思主义几个理论问题的探讨》，文章认为，人是建设社会主义物质文明和精神文明的目的，也是一切工作的目的，马克思主义是包含人道主义的；同时，社会主义在经济、政治、思想诸领域都存在异化现象。3月16日，报告全文在《人民日报》发表，由此引发了一场波及全国的"人道主义与异化问题"的大讨论。周扬这位文艺领域的大管家，第一次发出了与中央宣传口径截然不同的声音，他的理念也第一次被作为"精神污染"清除。沈从文没有想到，在这场运动中，自己也会受到某种程度的波及。

1982年，凌宇应邀为文化艺术出版社编选一册沈从文的作品集《凤凰》。文集编好后，还需要一篇序言，沈从文想到了朱光潜。朱光潜是沈从文最为信赖的朋友，他也为老朋友的遭遇颇感不平，因而在不同的场合，一直呼吁公正评价沈从文的历史地位。6月，朱光潜把序言写好了，这就是发表在《湘江文学》1983年第1期上的《关

---

① 《复凌宇》，《沈从文全集》第26卷，第76页。

于沈从文同志的文学成就历史将会重新评价》。谁也没有料到，这篇文章捅了马蜂窝。文中有段话是这样写的：

从文先以边城穷乡的一个苗族"老战兵"和司书，后以青岛和北京两大学的文学教师和文学编辑，带着一副冷眼睛和热心肠，一直孜孜不倦废寝忘食地把亲身见证和感受到的一切，用他那管流利亲切的文笔记录下来，赢得了广大读者的爱戴和专业同道的器重，决不是偶然的。他的刻苦习作的精神永远是青年作家的榜样。

当然，对从文不大满意的也大有人在。有人是出于私人恩怨，那就可"卑之无甚高论"。也有人在"思想性"上进行挑剔。从文坦白地承认自己只要求"作者有本领把道理包含在现象中"，"接近人生时绝不是所谓道德君子的感情"。我自己也一向坚持这种看法，所以对从文难免投其所好，因此我也很欣赏他明确说出的下列理想：

"这世界上或有想在沙基上或水面上建造崇楼杰阁的人，那可不是我。我只造希腊小庙，选山地作基础，用坚硬的石头堆砌它，精致，结实，匀称，形体虽小而不纤巧，是我理想的建筑。这神庙供奉的是'人性'。"我相信从文在他的工作范围内实现了这个理想。我特别看出他有勇气提出"人性"这个蹩扭倒霉的字眼，可能引起"批判"，好在我们仍坚持双百方针，就让仁者见仁，智者见智吧！在真理的长河中，是非就终究会弄明白的。

于今文学批评家们爱替作家戴些空洞的帽子，这人是现实主义者，那人是浪漫主义者，这人是喜剧家，那人是悲剧家，如此等等。我感觉到这些相反的帽子安在从文头上都很合适，这种辨证的统一正足以证明从文不是一个平凡的作家，在世界文学史中终会有他的一席地。据我所接触到的世界文学情报，目前在全世界得到公认的中国新文学家也只有从文和老舍，我相信公是公非，因此有把握地预言从文的文学成就历史将会重新评价，而他在历史文物考古方面的卓越成就，也只会提高而不会湮没或降低他的文学成就。①

　　朱光潜的文章发表后不久，凌宇就接到北京朋友的来信，称已经有人到出版社追查《沈从文小说选》的"背景"，并告诫他不要"乱说乱动"。②凌宇这才意识到出了问题。问题在于，朱光潜在说明了沈从文的庙里"供奉的是'人性'"后，还说"目前在全世界得到公认的中国新文学家也只有从文和老舍"，这就是"立场"问题了。有人认为这"代表了一种思潮，否定现代革命文艺传统"，一时间流言四起，中国作家协会也坐不住了，商定要写一篇表明自己态度的文章，好在任务的承担者吴泰昌与沈从文、朱光潜都熟，几经周折，化名写了一篇文章，指出了朱光潜文章的不足之处，同时引用海外人士的意见一定要持慎重的态度。③在"大批判"之风盛行的日子里，这篇文章算是轻描淡写的一篇争鸣文章，但这依然给沈从文带来了极大的心理压力，他为自己给老友带来的麻烦感到极度的不安。

①　朱光潜：《关于沈从文同志的文学成就历史将会重新评价（代序）》，《湘江文学》1983 年第 1 期。引文中的楷体字部分，是收入《凤凰》（文化艺术出版社 1986 年版）时删去的部分，1983 年的风波主要由这些文字引起。
②　凌宇：《风雨十载忘年游》，载《长河不尽流——怀念从文》，第 375—376 页。
③　吴泰昌：《紧含眼中的泪》，载《长河不尽流——怀念从文》，第 401—402 页。

数月后，我因事去北京，抽空去看沈先生。这时，风头虽过，余波犹存。一见到我，张兆和先生便介绍了朱光潜先生文章发表的始末——她很为这件事给朱先生带来的麻烦感到不安：

"……朱先生的文章原想请朱先生改动一两句再发表，不想来了一位《湘江文学》的编辑，这位编辑知道有这样一篇文章后，便提出由《湘江文学》先发表，我不同意；这编辑又提出借去复印一份，保证不发表。我不好再拒绝，便同意了。谁知不久就给登了出来。"

当张先生介绍这事经过时，沈先生坐在藤椅上，始终沉默着，双颊微微泛红，两眼凝视着面前的虚空，一言不发，脸上却失落了惯有的微笑……①

这时的沈从文已经81岁了，已经再也经不起风浪的折腾。1983年4月，沈从文因患脑血栓导致左侧偏瘫，住进了首都医院，从此，勤奋了一辈子的他，不得不离开心爱的书桌，专心与病魔搏斗了……

---

① 凌宇：《风雨十载忘后游》，载《长河不尽流——怀念从文》，第376页。

第七章

再生的凤凰

1

在沈从文的最后岁月里，最让他魂牵梦萦的，还是他的家乡——凤凰。他生长在这片土地上，这里的风土人情滋养着他，使他走进文学的世界，而沈从文则通过自己的笔，让人们逐渐认识了这座小城。

从 1956 年那次返乡以后，沈从文已经有二十多年没有回过家乡了，可那里的山水一直在他的梦里出现。他想念这座充满灵气、养育了自己的小城，可是自己毕竟已经 80 岁了，还能禁得起路途的颠簸吗？黄永玉最了解表叔的心思，他自愿承担护驾的任务，自己一个人不行，他还拉上黄苗子一起陪沈从文远行。就这样，早就心痒难耐的沈从文总算动身了。

1982 年 5 月 8 日，沈从文与张兆和、黄永玉、黄苗子、郁风一起回到了凤凰小城，他们就住在黄永玉的旧居——古椿书屋。尽管沈从文不事张扬，但当他回到家乡的消息传开时，旧时好友、父老乡亲、各级领导都来看望这位古稀老人，无论什么人，沈从文总是以礼相待，与来人话旧、聊天，一点没有大作家的架子。

这次回乡，他有一个心愿：一定要踏遍自己熟悉的山山水水。因此，只要有时间，他总是引导着一起来的朋友们领略小城的风光，对他是故地重游，而对同来的朋友们，则是让他们了解凤凰，这也是他对家乡的一种推介。"他引导着远方客人，去游了齐梁洞、阿拉营、黄丝桥等旧游之地，坐上一叶扁舟在一湾沱水上漂行；按照传统习俗，在河坝坪上，围着三块岩头架起的锅灶，热热闹闹地参加了'吃羊'

盛会……"①

　　沈从文只在家乡待到 15 岁，他脑海中的家乡都是童年时代的记忆。这次回乡，他似乎回到了那无忧无虑的逃学时光，读书的小学、逃学时寄文书篮的土地庙都还在吗？它们怎么样了？来到凤凰的第三天，沈从文即来到母校"文昌阁小学"，这里给他留下过太多痛苦与欢乐的记忆。有人记下了沈从文在母校的活动：

　　　　当我们步上石桥台阶，仰面看到门楣上首所挂之匾已换成黄永玉题写的"文昌阁小学"的校牌时，沈老便附着我的耳朵说："永玉的胆子真不小！"我便问他："你为什么不题写呢？"他正容地说："这里是我的母校，如同抚养过我的母亲。试问，作为一个人了，能随随便便地给母亲题名题号吗？何况，我还有老师在世呢？即使老师不在了，还有比我成就大，贡献多的同学，我怎敢'班门弄斧'呢！"

　　　　我们走过石桥，穿越过厅，一眼看到左边那棵高大而挺拔的楠木树时，沈老深有感触地说："看到了这株树，便勾起了我对童年的深刻回忆。记得十五岁那年，我在这个班读书。那时我很贪玩，尤其喜欢看戏。不管是汉戏、阳戏、傩愿戏，还是木脑壳戏，我都爱看。有一天，道门口扎台唱木脑壳戏，我吃过早饭就迫不及待地把书包往土地堂的炉膛一塞，便钻到戏台前，饱饱地看了一天。由于那天唱的是：《孙悟空过火焰山》，使我看入了迷，直到歇台才离开。哪晓得当我回家去取书包时，发觉书包不

──────────

① 萧离：《他生活、劳动在"两本大书"之间》，载朱光潜等著《我所认识的沈从文》，岳麓书社 1986 年版，第 242 页。

见了。我猜想一定是哪位同学发现，拿去向老师告密去了。这时，我真有点着急；如果家长盘问，还可以蒙混过去，但要瞒过老师这一关，那真是'孙悟空一个筋斗翻不过如来佛的手板心'的。继而转念一想：这有什么可怕呢！好汉做事好汉当嘛！第二天，我还是硬着头皮上学去。刚走到这里，就碰到级任教师毛先生（那时这里称老师叫先生），他一见到我，就脸色严肃地叫我跪在这株楠木树下，并严厉地问：'沈岳焕，昨天你为什么逃学？！'我知道老师已经知道了，便毫不隐瞒地回答：'看戏去了。'老师斥责地说：'勤有功，戏无益，为什么你不吸取教训？'我带着一股犟劲回答：'我喜欢看。'老师开导地说：'楠木树喜欢向上长高，你却喜欢在它下面变矮是吗？'这时旁观的一些同学相互讥笑着说：'高人不做做矮人，真奇怪！'这使我当时感到非常难堪。大约跪了半点钟，老师喊我起来，问我：'你今天可能恨我，对吗？'我毫不掩饰地说：'我恨你不应该当着许多同学羞辱我。'老师慢条斯理地说：'你既然知道不能忍受别人的羞辱，那你为什么不尊重自己。大家都用功读书，你却偷偷地去看戏。这样，别人能尊重你吗？这就叫人必自侮，而后人侮之'。自轻必然自贱，自尊才能自贵。要别人尊重你，必须先自己尊重自己。毛先生的这一席话，给了我深刻的教育，我便处处注意自己的言行，从而发奋读书。在以后的生活道路上，我始终记住：'自尊'而后'人尊'这条教训。在我写作的实践中，能严格恪守创作的规范，与我这次所获得的教益是分不开的。"[1]

---

[1] 滕浩：《严于律己　谦诚待人——记沈从文先生回乡探望母校给我的印象》，凤凰县政协文史资料委员会《怀念沈从文》，第146—148页。

随后，沈从文来到校长休息室。文昌阁小学的许多老师在这里等着他，聆听他的教诲，沈从文很谦虚，说："首先，我申明，我不是什么名牌大学毕业的，也没有留过洋，更不是什么作家，我只是一个东闯西荡，到处打烂仗的角色。要知道，作家是大家喊出来、抬出来的，实际上我是当之有愧的。但有一点可以大讲，我是这个学校的学子。今天，我是以漂泊多年的游子来探望'母亲'的。我的年纪比你们大一点，你们可以称我为'老校友'，这是当之无愧，倍感亲切的。至于说对学校工作的指导，我是没有资格的。几十年来，母校有了很大的变化，这些都是党的领导与你们的努力所获得的。而我对母校没有什么贡献，是深感内疚的。我只希望大家根据党和国家的要求，把我们的母校办成一个名副其实的社会主义学校。多培养具有为社会主义现代化服务的基础人才。这不仅是我个人的心愿，也是大家所期望的。"

这时，一位少先队员给沈从文系上红领巾，这情形让沈从文很激动，他说："看到你们的成长，我非常高兴。我过去也在这里读过书。和你们是先后同学，可以说是你们的老同学。只是我过去没有你们现在这样的优越条件，更没有享受过幸福的童年。希望你们珍惜现在所处的黄金时代，一定要听老师的话。因为现在的老师，是党培养教育出来的，他们根据国家建设的需要，指引你们走向光明大道，把你们培养成为合格的人才。这一点是我过去远远不及你们的。我过去是在黑暗中像瞎子摸鱼一样，东奔西撞，而你们是在阳光普照，春风和煦的环境里，逐步茁壮成长起来的。你们要努力读书，使我们的学校能多出一些人才，使我们的国家更加繁荣富强。这是我们老一辈的衷心愿望。"[1] 马上要离开了，沈从文又回头看了一眼母校，学校还很陈旧、

① 滕浩：《严于律己 谦诚待人——记沈从文先生回乡探望母校给我的印象》，《怀念沈从文》，第148—149页。

简陋，他默默地想：我一定要为你做一点事。

随后，沈从文一行来到了校园背后的一口井旁，井旁立有一方光绪年间的"兰泉"字碑，这也是沈从文儿时常玩的地方。沈从文童心大发，非要喝几口兰泉里的井水不可，引得同来的黄永玉、黄苗子也要沾一沾井水的"灵气"。水喝完了，黄永玉非要已经"沾了仙气"的黄苗子出点"血"不可，沈从文也看着同来的黄苗子，说："书法家，你也总该表示表示吧？"黄苗子自然乐于从命，回到住所以后，挥笔写就了"一瓢饮"三个大字，看着这一切，沈从文高兴得笑了，笑得还是那么天真无邪。

沈从文虽然不愿自我张扬，但打心眼里愿意为自己的家乡做点好事儿。有一天黄永玉也请黄苗子为"古春书屋"写一匾额，黄苗子胸有成竹，提笔写下了"沱水开图画，边城出凤凰"。沈从文看了直摇头，马上请黄苗子把对联改成"天开图画，人出凤凰"，这样，既避免了颂扬自己，又保存了原句的风貌。

沈从文最难忘的还是家乡的傩堂戏，那是他儿时的乐趣所在，为了听它，沈从文没少逃学，也没少挨家长、老师的板子。老了以后，只要一听见那熟悉的音乐，他就会想到儿时的时光。好不容易回来了，自然不会错过听原汁原味的家乡戏的机会。他回到家乡的第二天晚上，提出想听听多年听不到的傩堂戏。1982年5月13日下午，为了满足沈从文这点心愿，凤凰县文化局和文化馆的同志，特意请来了民间傩堂戏班子在他住的院子里唱了起来。一听说要唱傩堂戏，沈从文马上来了精神，唢呐一响，刚才还笑嘻嘻开着玩笑的沈从文肃穆起来：

……《搬先锋》是其中一节。艺人们在锣鼓伴奏声中，唱着："正月元宵烟花光，二月芙蓉花草香……"当唱到"八月十五桂花香"时，沈先生也手舞足蹈地跟着唱了起来。他一边流泪，一边轻轻唱着。

一直唱了 3 个小时。艺人们要走了，先生站起来送行。他那黄框眼镜片后的眼睛红红的，依然盈满泪水。

他说："这些曲子，我年轻时都会唱，小时读书，常听人唱通晚，这也是我当时常逃学的理由。"[1]

在给家人写的信中，沈从文具体地讲了自己听傩堂戏的感受："傩堂戏《搬先锋》特别动人好听，也录了音录了像。将来还可作《边城》电影的引曲，真是快乐中显得凄楚动人，和古人说的楚声必有密切关系。"[2]沈从文来了，家乡的大学自然不会放过这样珍贵的机会，请他去讲学。5 月 25 日，沈从文离开凤凰到达湘西首府吉首。5 月 27 日上午，在黄永玉和老朋友萧离的陪同下，沈从文来到吉首大学，自新时期以来，这里一直是沈从文研究的重镇。一批老师致力于沈从文创作史料的挖掘、研究工作，沈从文虽然经常劝他们不要研究自己，但故乡人的深情厚谊他总是难以拒绝。吉首大学图书馆的一个阅览室里，早已座无虚席，当主持人请"著名作家、考古专家沈从文先生讲话"时，沈从文谦虚地说："我实际上算不上什么作家，说我是考古专家，也不是的。可以说，六十多年前，我是打烂仗出去的。二十五年前回来时，住在龙再宇同志家里，住了三天。这次回来，想看看家乡，向各方面学

① 颜家文：《死是一门艺术》，载巴金等著《长河不尽流——怀念从文》，湖南文艺出版社 2018 年版，第 449 页。
② 《致沈虎雏、沈龙朱等》，《沈从文全集》第 26 卷，第 404 页。

习。"① "我讲话这个家乡口音永远改不脱，人家听起来，觉得怪里怪气。我有个亲戚，燕京的，他是文字改革的专家，讲语言学的，我们相识五十年，只听懂我讲的十分之三四，可想见我的话不好懂。他说我语言低能。"② 沈从文满口的家乡话，湘西人越发感到亲切。沈从文在讲话中，介绍了自己的创作、生活、研究的情况，娓娓而谈，最后，话锋一转，又回到家乡这个话题上来：

> 吉首大学这个学校，我个人很希望它更快成为对湘西、对自治州特别有贡献的崭新的学校。我相信各位一定做得到的。特别是在我的本行，大概是历史文物方面，我个人认为保存的东西比较多，这个条件特别好，许多（东西）引起外头人注意，这是必然的，相信过一阵更会引起全世界的注意，这是应当的。
>
> …………
>
> 也有人说：你把湘西，你的家乡刻画得太美了。可他们到了湘西，又都同意，说湘西是不错。特别是我们湘西人的爽快、热情、爱好朋友、做事情坚韧方面，得到大家认可和好评。③

家乡的山山水水永远是亲切的。吉首是湘西自治州的首府，自离开边城茶峒后，沈从文就再也没有见过峒河。借这次归乡机会，他又来到峒河渡口，峒河的两岸依然排列着一幢幢吊脚楼，沿着河的走向一直向前延伸。沈从文来时，峒河刚刚涨过水，原先碧绿的河水染上了一片浑黄的颜色，供过渡者攀缘的地根铁索，中间一段已经没入水

---

① 《在湖南吉首大学的讲演》，《沈从文全集》第12卷，第392页。
② 《在湖南吉首大学的讲演》，《沈从文全集》第12卷，第397页。
③ 《在湖南吉首大学的讲演》，《沈从文全集》第12卷，第393—399页。

中。望着这熟悉的一切，沈从文和夫人一起坐了下来，他好像是又回到了从前。

"这里真好，真想在这里修栋房子住下来。"

"沈老，这不是你的《边城》吗？"陪同参观的颜家文说。

"是呀，是呀。"

小溪宽约20丈，河床里是大片石头。静静的河水即或深到一篙不能落底，却依然清澈透明，河中游鱼来去皆可计数。小溪既为川湘来往孔道，限于财力不能搭桥，就安排了一只方头渡船。……渡船头竖了一支小小竹竿，挂着一个可以活动的铁环，溪岸两端水面横牵了一段废缆，有人过渡时，把铁环挂在废缆上，船上人就引手攀缘那条缆索，慢慢地牵船过对岸去……这里正在演绎着的，似乎依然是《边城》里的景象。

"真是米（美）极了，"沈从文望着渡口两边说，"这二面河坎的房子过去都是油桐商行，一码码堆满油桶。"

正在说着，一个十一二岁的小男孩走下河滩，脱下红背心、长裤，把衣服顶在头上，从从容容地走到水中，用手扒着，一推一拥，一直扒到对岸。到了对岸后，小孩赤条条跳了几跳，把身上的水抖尽，穿上衣服，走远了……

看着这景象，坐在一边的张兆和开玩笑说："沈公，你当年是不是就是这个样子？"[1]

中国文学艺术界联合会第四届第二次会议马上就要召开了，作为会议代表，沈从文需要赶回北京。1982年5月28日，沈从文完成了这次故乡行，恋恋不舍地踏上了归程，他知道，也许这是自己最后一次回家了……

---

[1] 详见颜家文：《死是一门艺术》，载《长河不尽流——怀念从文》，第450—452页。

2

历史前进的脚步难以阻挡。1982 年后，虽然还有这样那样的阻力，但作为文学家的沈从文已经日益凸显在世人面前。

1982 年 6 月 19 日，中国文联第四届全委会第二次会议在北京举行，在这次会议上，沈从文当选为全国文联委员。虽然委员这称号来得迟了点儿，也还与沈从文真正的文学地位相差甚远，但毕竟代表了人们对沈从文的普遍认同。

沈从文自己却不在意这一切，他对和自己住在一间房里的朱光潜说："孟实，你去替我向上边说说，让他们把我的名字拿去。我是个不会做这种事的人。"

"已经决定了，多说也没有什么用处。当就当吧。"朱光潜劝他坦然处之。

沈从文需要的是一个良好的工作环境。1981 年 9 月，《中国古代服饰研究》由商务印书馆香港分馆出版，初印 3000 册，一个月内即已售出 2000 册。书印得漂亮、大方，沈从文比较满意。但沈从文并没有就此放下服装研究工作。书出版不久，供国内出版的修订本的工作又提到了议事日程，拟增加原始社会部分，增加 100 幅彩图。此外，美国兰登书社还要出版英译本，只是需要将说明压缩至 5 万字，如果这个英译本能够出版，沈从文打算到美国办一个巡回展，他自己准备做五个专题讲演。好在现在已经有了工作室，有了得力的助手，沈从文已经不必事必躬亲了。

1983 年 4 月，沈从文因病住院，从此，那位不舍昼夜地玩命工作的沈从文已经离我们远去了。1983 年 6 月 17 日，中国人民政治协商会议第六届全国委员会第一次会议在北京召开，沈从文因病未能参会，在这次会议上，沈从文当选为常务委员。然而，从此以后，那个每次都认真提交提案的委员再也没有出现在政协会场上，与病魔斗争成为他的首要任务。

1985 年 5 月 18 日，老作家萧离直接致信中共中央总书记胡耀邦，反映沈从文生活当中存在的问题，请中央予以关注。这样，在社会各方的努力下，沈从文的待遇问题终于受到了中共中央的关注。1985 年 6 月，中共中央组织部为解决沈从文的待遇问题，向中国社会科学院发文：中央同意，沈从文先生为正部级研究员，按部长级解决工资、住房及其他待遇问题。工资三百元，从 6 月份起。1986 年，沈从文终于分到了一套面积稍大一些的宿舍，沈从文可以有自己的书房、像样的客厅了，但是令人遗憾的是，他已经没有能力再享用这样的工作条件了。自 1983 年以来，沈从文的身体越来越差了，第一次中风还没有彻底恢复，1984 年 11 月，又因为基底动脉供血不足住进了中日友好医院。

沈从文似乎预感到这回真的是来日无多了，因而，当新老朋友来看他的时候，他总愿意回忆往事。黄永玉还是不时来看他，每当他来，叔侄俩总有说不完的话。

"要多谢你上次强迫我回凤凰，像这样，就回不去了……"

"哪能这样说，身体好点，什么时候要回去，我就陪你走。我们两个人找一只老木船，到你以前走过的酉水、白河去看看。累了，岸边一靠，到哪里算哪里……"黄永玉宽慰他。

他似乎已经回到了那个世界，眼睛眯着，慢慢地体味着过去的那段生活。

"怕得弄个烧饭买菜的。"沈从文的思绪又回到了现实中。

"弄个书童!"永玉应和道。

这回沈从文来了兴致:"哈!哈!叫谁来做书童,让我想想,你家老五那个三儿子……"

"黄海不行,贪玩,丢下我们跑了怎么办?其实多找个伙伴就行,让曾祺他们都来,一定高兴。"

"以前我走得动的时候怎么没想到?"

"你忘了'文化大革命'……"

"是了,把'它'忘了……"沈从文无奈地闭上眼睛。[①]

1987年,黄永玉从一位朋友那里得到一张将近六尺的拓片,"从文表叔为当年的内阁总理熊希龄的年轻部属的殉职书写的碑文。字体俊秀而神风透脱至极。我的好友黄苗子看了说,'这真不可思议;要说天才,这就是天才;这才叫书法!'书写时间是民国十年,也即是一九二一年,他是一九〇二年出生的,那时十九岁整。……我带给表叔看,他注视了好一会儿,静静地哭了"。[②]此时此刻,不知道沈从文在想什么,逝去的年华?坎坷的人生?抑或是被压抑的生命激情?

沈从文越来越伤感了,再也难以控制自己的情绪。在生病以前,对于在"十年动乱"中的遭遇,他总是轻描淡写,好像根本没有把那段艰难的生活放在心上。实际上老人的心却在流血,只是别人难以察觉而已。有一次,一位年轻的记者来采访,当问起"动乱"中的事情的时候,沈从文还慢条斯理地说,"说起来,在那个年代里我最大的

---

① 参见黄永玉:《这些忧郁的碎屑》,《比我老的老头》,作家出版社2003年版,第117—118页。

② 黄永玉:《这些忧郁的碎屑》,《比我老的老头》,第97—98页。

功劳是扫厕所，特别是女厕所，我打扫得可干净了"。听到这里，没有经历过"文革"岁月的那个女孩非常感动，她突然就走过去拥着老人的肩膀说了句："沈老，您真是受苦受委屈了！"女孩的举动完全是自然而又真诚的，没有丝毫的矫情。谁也没有想到，沈从文突然抱着这位女记者的胳膊，号啕大哭起来！他哭得就像个受了委屈的孩子，什么话都不说，就是不停地哭，鼻涕眼泪满脸地大哭。这下子所有在场的人都惊呆了，女记者自己也手足无措！还是张兆和有办法，她就像哄小孩子一样又是摩挲又是安慰，这才让老人安静下来。[1]谁也不知道，沈从文在想什么，也许那是压抑了半个世纪之久的痛苦的总爆发。

　　随着病情的加重，沈从文再也不能工作了。他成了王㐨、王亚蓉真正的顾问，在家里指导他们进行研究。他最放心不下的还是他的服饰研究室的工作。1985 年 5 月，多年的老友夏鼐突然去世，沈从文大哭了一场。他既为失去一位支持自己工作的老友而伤感，也是为自己再也没有能力投入工作而着急。《中国古代服饰研究》只不过是一个试点本，以后需要做的工作还有很多，他需要在自己的有生之年，把自己的一生所学都交给下一代。在这种情况下，他急电正在外地的王㐨火速返回，向他交代《中国古代服饰研究》需要增补的材料，以及以后研究的注意事项，助手们明白，老人这是在与死神抢时间。

　　沈从文不是一个没有原则的人，他不会为了名或利改变自己的做人原则。1982 年，上海电影制片厂筹拍据《边城》改编的电影《翠翠》，在一般人看来，这是一个名利双收的好机会，对于一个刚刚复出的人来说，更是求之不得。但当沈从文发现对方并不是为艺术而工作，而

---

[1]　依旭：《沈从文大哭》，《南方周末》2002 年 9 月 28 日。

是贪图额外的利益的时候，向来为人谦和的沈从文愤怒了。改编者根本不尊重原作，随意添加子虚乌有的内容，在这种情况下，尽管有老友徐盈从中斡旋，沈从文还是退回了上海电影制片厂寄来的"改编费"，断然拒绝了他们的拍摄要求。在1982年写给徐盈的信中说：

盈兄：

　　昨天一面，言不尽意。上影厂文学部陈某，来一信，态度十分恶劣，且带讹诈性质。或许即《边城》改编人之一，并以"业在文化部备案"为辞，似乎如此一来，我即可以不过问。正因此，我必须过问。为我寄了五百元发表费，已一再退回。书烧去已近卅年，我都不以为意，哪会以为能改拍电影即当成大不了事？城北若有空，盼能为就长沙出版之《芙蓉》月刊改编剧本和《边城》原文对照看看，所得印象如何，告告你，即可明白改编者对原作之无知，到如何惊人可笑程度。地方明明白白为三省边境，却以为是苗族故事。全文前后明明白白写的是一个未成年女孩朦胧情绪，却改成真正恋爱故事。原文遐想中对话，和对话叙事，都充满了一种朴素抒情诗气氛，却胡改成现实极庸俗故事。原文用字措辞及人物表现，都扣得极紧凑，是经过半世纪还有读者主要原因。改成剧本后，我自己就读不下去，不相信这就是《边城》！处处且见出改编者可说看不懂内容，并欣赏原作能力也大有问题。尽管说是"已去湘西调查"，改编本似乎还应说是调查结果。这么全面惊人的无知，哪宜拍成电影？认识基础既差，这么调查三年五年，也绝不会可望改好，事极显明。

　　就我看来，改不好，不好改，最好还是主动放弃此费力无从见好的难题，不必勉强，为近情合理。我绝对不同意把我作品来作上海流行什么补药一般商品处理，在剧本中故弄噱头逗笑，这样作为电影，若送到我家乡电影院放映，说不定当场就会为同乡青年起哄，把片子焚毁。……比如原文中本无什么"林掌柜"，却凭空出现。"乡绅"指的是本地土财主，哪里会是什么"举人"？本地"土娼"，一般只是做生活，素朴之至，哪会有什么"乌龟王八"或"鸨母"？渡船照例是溪中水流平静处才能用横溪牵动缆索方式过渡，哪会要用龙船去抢救？而且龙船下水就得用十个八个人抬，下水后，操纵它至少得五六人，哪会由二老一人用龙船去救渡船道理？沅水流域缆索，是历来由桃源上游鲶家溪人专利的，普通乡下人怎么会编缆索？这些小事通无知识，怎么还说去过湘西调查？并且据说改了许多次，却始终不明白"二老"和"老二"的区别，始终用老二代替二老。更可笑是地方无公路，哪会有骡车？当地商品转口，全得用肩挑，哪会有"马帮"？绿营原有骑兵，但骑兵多把马养在自己家里，改编者由于无知，却改成"马倌"。这种种荒谬可笑的无知，照厂中来信说，黄祖谟还亲自去湘西调查过，这些小处都始终不明白，究竟调查过什么？真是只有天知道。……徐先生试改成剧本我虽同意，可并不含有丝毫商业意味，不是在做生意，且从不正式签署任何有约束力协定，不容许就"只此一家"独占权力。据所有熟人印象，都以为编者对于作品缺少基本认识，以放弃为合理。

⋯⋯⋯⋯⋯⋯

弟 从文

十一月五日 ①

---

① 《致徐盈》，《沈从文全集》第26卷，第456—458页。

沈从文在这里护卫的并不是一部自己的作品，而是文学的纯洁性和自己做人的原则。晚年给他带来不快的不仅是这一件事。1985 年 3 月中旬，沈从文收到了朋友从美国寄来的两个航空挂号邮件，是台湾台北故宫博物院编纂的中国古代文物图录三册：《故宫织绣选萃》《故宫玉器选萃》和《故宫铜镜选萃》。当沈从文高兴地打开邮件，迫不及待地欣赏其中的精美图案的时候，意外地发现这三册书都被毁坏了！这让沈从文很生气，他是一个嗜书如命的人，更不要说这些图录对他的科研还很有助益了，他不明白，书籍何辜遭此屠戮！他马上致函全国政协常委会，要求查清事实真相："这些被挖剪的图既非黄色又不涉及反动政治内容，我不明白海关究竟根据什么原则这样做！工作人员者如此滥用权力，如此肆无忌惮，为所欲为，如此践踏知识文化，如此不尊重研究工作，如此践踏法制，我认为不是一件可以忽视的小事。希望能通过政协提请海关领导同志注意，认真对待认真查问，将没收的图全部退还，说明情况。至盼。"[①] 这可能是沈从文自新中国成立以来写给官方的措辞最为严厉的一封信，是一个知识分子对于不合理社会现象的最强烈的抗议。把一个向来儒雅的老者逼到这种地步，表明了这件事已经到了多么难以容忍的地步。但最终的结果，只能是"大事化小，小事化了"，任何人也无可奈何。

1982 年以来，一股"沈从文热"已经在中国悄悄兴起，但在这股热潮中，沈从文向来不是一个"加柴者"。相反，他不合时宜地充当了一个灭火者的角色。在与朋友、学生、研究者的通信中，他一再引述的是"血气既衰，戒之在得"这样的话，而且反复告诉别人，"极希望少在报刊上见到姓名"，这是沈从文一贯态度。

---

① 《致全国政协常委会》，《沈从文全集》第 26 卷，第 527 页。

从凤凰回来以后，文昌阁小学的破旧情形一直萦绕在沈从文的脑海里，他一直想为自己的母校做些实事，但自己人微言轻，光靠动嘴是不行的。正在此时，花城出版社寄来了《沈从文文集》稿酬，尽管沈从文自己也并不富裕，但他与家人商量，将稿酬所得，自己再添上一点，凑足一万之数，捐赠给母校。这笔钱对于月工资只有 200 余元的沈从文来说，也是一个大数目。当年 12 月 6 日，他把钱汇到县里，指明是为文昌阁小学改善办学条件使用。沈从文是诚心诚意的。他这样做既不是哗众取宠，也不是为了自己出名，他只是想办一件对社会有益的事而已，类似这样的捐赠行为，在沈从文的一生当中数不胜数。因而，当凤凰县决定把用这笔钱建造的图书馆叫"沈从文藏书楼"的时候，沈从文执意不肯，在给负责此事的领导的信中说，"私意不署名姓为好。区区此怀，望乞俯允，幸甚"。这绝不是什么漂亮话，而是沈从文的真心话。

对待宣传自己的各式各样的活动，沈从文一贯采取"不合作"态度。对凌宇也是这样。凌宇可以说是国内首屈一指的沈从文研究专家，新时期以来，他为沈从文的复出付出了艰辛的劳动，先后出版了《从边城走向世界》《沈从文传》两部专著。但当沈从文得知凌宇正筹办一次规模宏大的"沈从文国际学术讨论会"的时候，他两次致信凌宇，坚决要求取消这样的活动。在 1988 年 4 月 8 日的信中说：

《秋水篇》："大块载我以形，劳我以生，佚我以老，息我以死。"孔子云："血气既衰，戒之在得。"这两句话，非常有道理，我能活到如今，很得力这几个字。但愿你也能记住这几个字，一生不至于受小小挫折，即失望。你目下的打算，万万走不通，希望即此放下痴心妄想。你只知道自己，全不明白外面事情之复杂。你全不明白我一生，都不想出名，我才能在风雨飘摇中，活到如今，不至于倒下。这十年中多少人都忽然成为古人，我亲见到的。应知有所警戒。你不要因为写了几个小册子，成为名人，就忘了社会。社会既不让我露面，是应当的，总有道理的。不然我哪能活到如今？你万不要以为我受委屈。其实所得已多。我不欢喜露面，请放弃你的打算，自己做你研究，不要糟蹋宝贵生命。我目下什么都好，请勿念。并问家中人安好。[①]

同年 4 月 12 日、4 月 16 日，为同一件事，他再度致函凌宇、向成国，让他们"必须放下那些不切事实的打算，免增加我的担负，是所至嘱"。[②] 此时，一贯看透生死荣辱的沈从文不知道，他真的已经进入生命的倒计时了。

1988 年 4 月 21 日，已经交往多年的青年朋友李辉来看望沈从文，他写的《浪迹天涯——萧乾传》已经由中国文联出版公司出版，书出版后他马上就赠给了沈从文一本。由于是熟人，谈起话来也无拘无束，话题还是从李辉的那本萧乾传记开始：

"你的《萧乾传》我看了，写得不错，是那个气氛。你说我和巴金吵架，什么时候我吵过？"沈从文问。

"你告诉我的。巴金在文章中也写到过。你们观点不同，老爱吵，吵完了又没事了。"

"是争吵，不是吵架。我们俩是不同。他有激情，我讲究平和；

---

① 《致凌宇》，《沈从文全集》第 26 卷，第 547 页。
② 《致凌宇》，《沈从文全集》第 26 卷，第 550—551 页。

他的记性好，文章被删掉后，能原封不动地补上去。我就不行。写过了就忘了。"沈从文纠正道。说起记性来，他不由得加了一句："萧乾的记性有那么好，什么事都记得？"

"有的是他讲的，有的是我查的资料，问问老人，包括你。你的书。譬如你们的沙龙。"

"我们不叫沙龙。我们每星期六聚一次。在金岳霖家，东总布胡同，梁思成、林徽因的后院。"

"也在朱光潜家。"李辉插话说。

"对，在慈慧寺。"说到这里，沈从文似乎又想起了年轻时的种种趣事，抿着嘴想笑，憋了好久，才呵呵地笑出来。

李辉看着沈从文今天情绪不错，一个念头突然冒出来。这些年来他一直致力于中国现代文学研究，和沈从文、萧乾都有较多来往，他知道沈从文和萧乾友谊破裂的事，不由得问了一句：

"你和萧乾什么时候闹起矛盾的？是新中国成立前还是新中国成立后？"

"前几年。"

"是为什么？"

沈从文显然不愿意谈这个话题，李辉为了缓解气氛，像是自言自语地说："他也够惨的了，打成了'右派'。"

听了这话，沈从文很吃惊，问了一句："他也是'右派'？"

"怎么不是？你忘记了，当年让你去批判会，还有冰心也去了。冰心发言就说他老离婚，她不同意。"一直坐在旁边听这一老一少对话的张兆和插了一句。

"你们老也老了，和好不行吗？何必还斤斤计较一些往事呢？过去师生关系那么好，现在却形同路人，多遗憾！要是他来见你，你赶不赶他走？"李辉趁热打铁，他不想放过两个老人和好的机会。

沈从文沉吟了一会儿，慢慢地说："来看我，我赶他干什么？"

这样的想法，李辉并没有和萧乾先生商量过，只是他灵机一动说出来的，但以他对萧乾的了解，萧乾会同意他的这个想法的。由于李辉还要到贵州去参加一个笔会，于是与沈从文约定，等他回北京后和萧乾一道来看望他。离开沈从文家，李辉马上把这个消息告诉了萧乾，萧乾二话没说就答应了。

但当李辉再返回北京的时候，他已经永远失去了机会。但无论如何，两位老人的心结算是解开了。[①]

1988年5月10日，沈从文像往常一样，在家里接待客人，多年的朋友吴瑞之来看他，沈从文还谈笑风生，"其间连续几次用右手侧举过头，抿着嘴微笑着画圆圈顺下甩，这是气功师给他的一种方式"。[②]

下午3点还会见了一位故旧的女儿，没有任何征兆。

下午5点，沈从文感到有些气闷和心绞痛，家人立即给急救站打电话，一面去叫一位从医的亲戚，亲戚家又恰好有一位医学专家客人，便一同携带器材进行急救，一会儿急救站的大夫也到了……

王㐨、王亚蓉也从工作室赶来了……

沈从文躺在床上，他的大脑还很清醒，看着晚年自己最心爱的弟子，对他们说："心脏痛，我好冷！"

"您别急，急救车马上就到。"王㐨紧紧握着老人那双冰凉的手，他想用自己的力量留住老人。

---

① 这段叙述参见李辉：《和老人聊天》，大象出版社2003年版，第39—42页；同时参阅李辉的《平和，或者不安分》，载孙冰编《沈从文印象》，学林出版社1997年版，第139—151页。

② 吴瑞之：《尊重事实 尊重历史》，《凤凰文史资料第四辑》，第35—36页。

沈从文静静地看着王矛、王亚蓉，他很满足，脸上慢慢有了笑意……

1988年5月10日晚8时30分，沈从文慢慢地合上了眼睛，离开了这所给他带来无尽欢乐、无尽痛苦的无从毕业的学校……

3

1988 年 5 月 11 日，张允和来到沈从文家里。那个时不时露出顽童模样、总想在恢复训练时偷工减料的沈二哥已经离去了，代替那迷人微笑的是一张披上了黑纱的照片，照片前放着的是大儿子亲手栽培的鲜花……

张允和轻轻地走进三姐的屋里，握着她的手，在无言中表达着自己的哀思。张兆和强压着自己的悲痛，思绪又回到了昨天：

"二哥昨天下午 4 点多钟时，还扶着四妹充和送他的助行器笑着走路。5 点多钟二哥感觉气闷和心绞痛，我扶他躺下，他脸色发白。他不让我离开他……"一个陪伴着自己度过了 50 多年的人就这样走了，50 年的桩桩件件似乎就在眼前，她告诉二姐，"我要写二哥，写他最后的五年……"她要在回忆中使沈从文复活。

巨大的悲痛袭击着沈从文的家人。可是外边的世界却出奇地平静。可能沈从文走得太突然了，那些耍笔杆子的还不知道怎样来"评价"这位著作等身的作家，他们要字斟句酌地推敲文字。

5 月 13 日，《中新社电讯》。

5 月 14 日，《文艺报》以 50 字报道沈从文逝世。

5 月 14 日，《人民日报》海外版发表中新社电讯。

5 月 16 日，《新民晚报》据香港消息编发了一篇报道。

5 月 18 日，新华社刊发电讯稿。

5 月 19 日，《光明日报》刊发了《眷恋乡土多名作，饮誉中外何寂寞——杰出作家沈从文告别亲友读者》一文。

5月21日，《文艺报》重新刊发了《现代杰出文学家沈从文逝世》。

平淡的反应，与沈从文在文学史上的地位不相匹配。在诸多悼念文章中，马悦然的又最为迅速、对沈从文评价最高。沈从文逝世后三天，他即在台北《中国时报》上发表了一篇为沈从文鸣不平的文字：

知道沈从文去了，我很难过。想到他一生的境遇，更觉得伤心。……

最可悲的，中国年青的一代根本就没有读过沈从文的作品；听过他的名字，却不晓得他写些什么。大陆作家高行健在瑞典时，我将沈的作品给他读，因为他也不曾读过。他读完了，大为吃惊：30年代的中国就有这样的文学？！作为一个外国的观察者，发现中国人自己不知道自己伟大的作品，我觉得哀伤。

大陆和台湾的中国人在40年前就该把沈从文视为国宝，不该等到40年后为他写美丽的祭文。中国人应该好好坐下来，好好读他的每一本著作，重新发现沈从文……

他的价值是，包括鲁迅在内，没有一个中国作家比得上他。沈从文是20世纪中国最伟大的作家。越是知道他的伟大，我越为他一生的寂寞伤心。[①]

当然，马悦然的伤心、愤怒不是没有来由的。原来，作为瑞典文学院院士、诺贝尔文学奖评委、著名汉学家的马悦然非常喜欢沈从文的作品。沈从文谢世的消息传到瑞典的时候，这个消息让他感到非常

① 转引自 [美] 马逢华：《敬悼沈从文教授》，载《长河不尽流——怀念从文》，第228页。

震惊，他更愿意相信这不是真的。他赶紧向中国驻瑞典大使馆核实情况，更让他震惊的是大使馆的人竟然不知道"沈从文"是谁！当终于证实沈从文于 5 月 10 日逝世的消息时，他不得不遗憾地摇了摇头。

马悦然的遗憾是有缘由的。把沈从文的作品译成瑞典文的倪尔思·奥洛夫·埃里克松在悼念文章中写道："1988 年秋瑞典出版的两本选集都引起了人们对沈从文作品的很大兴趣，很多瑞典人认为，如果他在世，肯定是 1988 年诺贝尔文学奖的最强有力的候选人。"[①]从此，如果沈从文不过早地去世，他将获得当年度的诺贝尔文学奖的消息开始在民间流传。这一消息最终在 2000 年得到了部分证实，马悦然在《中国的"诺贝尔文学奖"候选人》[②]一文中说：

> 作为瑞典学院的院士，我必定对时间尚未超过 50 年之久的有关事项守口如瓶。但是我对沈从文的钦佩和对他的回忆的深切尊敬促使我打破了严守秘密的规矩。沈从文曾被多个地区的专家学者提名为这个奖的候选人。他的名字被选入了 1987 年的候选人终审名单，1988 年他再度进入当年的终审名单。学院中有强大力量支持他的候选人资格。我个人确信，1988 年如果他不离世，他将在 10 月获得这项奖……

两年后，2002 年 2 月 23 日，《南方周末》发表了《瑞典专家披露中国作家屡屡错过诺贝尔文学奖原因》一文，专家 Joakim Enwall（中文名"阎幽馨"）证实，"当时有几个评委觉得给沈从文文学奖是比

---

① ［瑞典］倪尔思·奥洛夫·埃里克松：《一位真诚、正直、勇敢、热情的长者》，载《长河不尽流——怀念从文》，第 324 页。
② 此文刊《明报月刊》，2000 年 10 月号。

较合适的"。但 1988 年度的诺贝尔文学奖的评选内幕到底是怎样的，只有留待 50 年后评奖文件得以解密的那一天去证实了。①

1988 年 5 月 18 日上午 11 时，沈从文的遗体告别仪式在八宝山举行，这是一个纯粹民间的告别仪式，不带有一点官方色彩：没有主持人、没有悼词、没有哀乐。在贝多芬的奏鸣曲《悲怆》——这是沈从文生前最喜欢听的音乐——的旋律中，来自四面八方的亲友、朋友、同事、学生将精心挑选的一株株月季花放在他的身边……人们以最素朴的方式向这位大师做最后的诀别。特地从上海赶来参加遗体告别仪式的李小林说，这是她参加的最感动人的集体告别仪式。

沈从文逝世后，很多人都为官方媒体对这位文学巨人的冷淡感到不满。5 月 17 日，林放在《迟发的讣文》中率先表达了这种不满：

> 我国著名作家沈从文于本月十日晚在北京寓所因心脏病猝发而去世，但到昨天，亦即事后六日才在上海报纸见到一则非正式的讣闻。
>
> 沈从文是一位国内外都有影响而很少露面的作家。我认为像他这样一位老作家，在他逝世的次日发个消息，是应该的，也是完全可以做得到的。不知为了什么，这么一条新闻也要迟至十六日见报？须得"秘不发丧"吗？似乎没有这个必要。音信隔绝吗？也不至于。需要什么领导机关讨论决定吗？如果一时做不出评价，先发一简讯还是可以的么。
>
> 非正式的讣闻迟迟不发，而要等到开追悼会或举行向遗体告别仪式之日才发的"秘不发丧"式的消息，当然，也不只是沈从

---

① 此处也可参阅马悦然接受凤凰记者访问时的答问，见《名人面对面》录像。

文逝世一事，这不是一个重视新闻时效与否的问题，只是某种淡漠。我们常常讥笑外国缺乏人情味的社会，老人死了三个月才被发现；如果连这类消息也要等海外进口，我们自己也够淡漠了。[1]

几个月后，挚友巴金在《怀念从文》一文中再度表达了自己的不满：

> 一连几天，我翻看上海和北京的报纸，我很想知道一点从文最后的情况。可是日报上我找不到这个敬爱的名字。后来才读到新华社郭玲春同志简短的报道，提到女儿小林代我献的花篮，我认识郭玲春，却不理解她为什么这样吝惜自己的笔墨，难道不知道这位热爱人民的善良作家的最后牵动着全世界多少读者的心？！可是连这短短的报道多数报刊也没有采用……[2]

> 那么他的讣告是不是也来迟了呢？人们究竟在等待什么？难道是首长没有表态，记者不知道报道应该用什么规格？有人说："可能是文学史上的地位没有排定，找不到适当的头衔和职称吧。"又有人说："现在需要搞活经济，谁关心一个作家的生死存亡？你的笔就能把生产搞上去？"
> 我无法回答。[3]

沈从文躺在鲜花丛中，非常平静。86 年的岁月，他已经看清了

---

① 林放：《迟发的讣文》，《新民晚报》1988 年 5 月 17 日。
② 巴金：《怀念从文》，载《长河不尽流——怀念从文》，第 12 页。
③ 巴金：《怀念从文》，载《长河不尽流——怀念从文》，第 28 页。

这世界的荣辱、盛衰，正像张兆和所说的那样：他明白自己一生在大风大浪中已尽了自己应尽的责任，清清白白，无愧于心。

但好在人的价值不是以追悼会的"规格"所决定的，正像老友臧克家在《有的人》一诗中所说的那样：

有的人活着

他已经死了；

有的人死了

他还活着。

有的人

骑在人民头上："呵，我多伟大！"

有的人

俯下身子给人民当牛马。

有的人

把名字刻入石头想"不朽"；

有的人

情愿作野草，等着地下的火烧。

有的人

他活着别人就不能活；

有的人

他活着为了多数人更好地活。

骑在人民头上的，

人民把他摔垮；

给人民作牛马的，

人民永远记住他！

把名字刻入石头的，

名字比尸首烂得更早；

只要春风吹到的地方，

到处是青青的野草。

他活着别人就不能活的人，

他的下场可以看到；

他活着为了多数人更好活的人，

群众把他抬举得很高，很高。

沈从文不是鲁迅。但他像鲁迅一样，在死后被人长久地忆念：

凤凰的沈从文故居已经有100多年了，"为了表示对沈从文先生的崇敬之情，学习他一生中勤学自励、艰苦笔耕，对我国文坛作出卓越的治学精神，鼓励后辈以沈从文先生为楷模，自尊自强"，凤凰县人民政府决定整修沈从文故居。1988年12月21日故居修复完成，修复简记中说：

沈从文先生是我国著名作家、历史学家和考古学家，1902年12月28日诞生在这里。沈从文先生1988年5月10日在北京逝世，享年86岁。一生中著有近五百万字的著作，《边城》《从文自传》是他的代表作品。晚年的专著《中国古代服饰研究》一书填补了我国物质文化史的一项空白。

沈从文先生的童年和少年时代是在故居度过的。十五岁从军，在沅水流域工作，二十岁离开湘西，闯进北京，在京从事文学创作和执教，从边城走向世界，在国内外文坛上产生了很大影响。

沈从文先生故居的修复，是中共凤凰县委、县人民政府决定的，根据历史原貌，拟出了整修方案，县政府指派干部专程赴京向沈老汇报。一九八八年三月十四日至十六日，经沈从文先生和夫人张兆和女士共同审阅整修图样同意后进行施工的。共用资金三万八千元，于一九八八年十二月二十一日正式竣工。

特撰简记，以志纪念。

凤凰县旅游局承修

1988 年 12 月 30 日立 [1]

这是家乡人民的一片心意。

1992 年 5 月 10 日，沈从文逝世四周年，这位在外漂泊了 70 年的游子的骨灰悄然回到了家乡。张兆和知道，沈从文一生不事声张，死后的他肯定也不愿惊动故乡人，他应该悄悄地来，悄悄地走，因而这次骨灰安放也是一切从简。沈从文的骨灰将一半撒入沱江，一半埋进墓园。5 月 10 日，儿子沈虎雏、孙女沈红、助手王亚蓉乘着一叶小舟，从城东水门口码头沿江而下，沈从文的骨灰经由儿子、孙女的手缓缓融入江流，一瓣瓣玫瑰花从王亚蓉手中滑落——这花瓣是张兆和特意从北京带来的，四年来，沈从文的遗照前从未断过鲜花，张兆和把开败的落英细心收藏起来，为的是让这一瓣瓣心香再陪自己的夫君走一程……[2]

沈从文的墓地位于听涛山下，这里没有豪华的墓穴，没有造价高昂的墓碑，只有一块天然五色石，正面的碑文是沈从文自己的手迹："照我思索，能理解'我'，照我思索，可认识'人'"；背面的碑

① 《怀念沈从文》（凤凰文史资料第二辑），1989 年版，第 186 页。

② 参见徐泓：《魂归故乡山与水——沈从文先生骨灰安放记》，《大人物·小人物》，人民出版社 1995 年版，第 130 页。

文是张兆和的四妹张充和书写的"不折不从，亦慈亦让；星斗其文，赤子其人"。离墓碑不远的树荫下，有黄永玉为表叔立的一块石碑，石碑上写着："一个士兵，要不战死沙场，便是回到故乡。"这也是沈从文自己的话，表达着他对养育自己的故乡的一片深情。

2002年12月28日，是沈从文诞辰100周年的日子。在张兆和、沈虎雏的全力支持下，共32卷、1000万字的《沈从文全集》由北岳文艺出版社出版。为纪念沈从文，全国各地以各种各样的形式展开了纪念活动：他的家乡举办了"中国湘西从文文化节"和"沈从文百年诞辰国际学术论坛"；中国历史博物馆为沈从文设置了主页，并举办了纪念沈从文百年诞辰座谈会；中国现代文学馆举办了"沈从文生平与创作展"、香港商务印书馆特意举办了"永远的沈从文"讲座……沈从文的文学地位、学术成就得到了举世的公认，在各种版本的文学史中，沿袭了几十年的鲁、郭、茅、巴、老、曹的大师顺序得以打破，沈从文当之无愧地成为继鲁迅之后的又一位小说大师。至此，关于沈从文的文学史地位的争论终于尘埃落定，虽然沈从文一生淡泊名利，没有得到他应有的官方地位，但他以自己的创作和研究，在读者心目中建立了一座永远不会被岁月侵蚀的丰碑。

沈从文始终相信：论公平还是读者公平。他所期盼的这一天终于到来了。

照我思索，能理解"我"。

照我思索，可认识"人"。

附录
沈从文年表简编 ^①

1902 年 （光绪二十八年）

12 月 28 日，沈从文出生在湖南凤凰，原名岳焕。祖父沈宏富，父亲沈宗嗣，母亲黄英。

1908 年 6 岁

入私塾读书，但对所学课程没有兴趣，不久即逃学。

1915 年 13 岁

入文昌阁小学读书，田名瑜（字个石）在此教书，对沈从文产生了很大影响。

1916 年 14 岁

秋，入预备兵的技术班习武。

1917 年 15 岁

暑假，高小毕业。

秋天，因家道中落，失去继续读书的机会，加入部队，开始了军队生活。

1919 年 17 岁

在怀化镇驻防，任上士司书。

1920 年 18 岁

12 月，所在部队在鄂西遭遇伏击，全军覆没。沈从文因留守辰州，幸免于难，

---

① 本年表编制过程中，主要参考了沈虎雏的《沈从文年表简编》（《沈从文全集·附卷》）和糜华菱的《沈从文生平年表》（北岳文艺出版社，1998 年），有增删，特此说明并致谢意。

年底被遣散回家。

1921年 19岁

年初，投奔舅父黄巨川和七姨父熊捷三，任屠宰税收员。

夏天，借住于熊府，有机会接触林译小说。

1922年 20岁

2月，在湘西巡防军统领部任司书。

冬天，任陈渠珍的书记，负责为其管理书籍、字画，从此开始关注文物，为以后的转业打下了基础。

1923年 21岁

夏天，在陈渠珍所办的报馆担任校对，接触了许多新文学书刊，并产生了到新文化运动的中心北京读书的想法。

8月，经过19天的长途旅行到达北京，从此进入了一生"永远无从毕业的学校"。

1924年 22岁

春天，迁居北京大学附近的学生公寓，开始旁听北京大学课程，同时开始尝试文学写作。

12月22日，在《晨报副刊》发表散文《一封未曾付邮的信》，署名休芸芸，系第一篇公开发表的文章，从此走上文坛。

1925年 23岁

1月，在《晨报副刊》发表日记体小说《公寓中》，系发表的第一篇小说作品。

4月，认识《京报·民众文艺》的编者胡也频，从此两人成为好朋友。几天后，又认识了胡的女友丁玲。

5月，发表《致唯刚先生》（唯刚为北京大学教授林宰平）。

8月，在林宰平、梁启超的推荐下，入熊希龄创办的香山慈幼院任图书管理员。

10月，发表短剧《卖糖复卖蔗》，系第一篇公开发表的戏剧作品。

1926 年　24 岁

9 月，离开香山慈幼院，从此专事写作。

11 月，作品集《鸭子》由北新书局出版，系第一部作品集。

1927 年　25 岁

9 月，在新月书店出版第一部小说集《蜜柑》。

冬天，由北京到达上海，谋求新的发展机会。

1928 年　26 岁

3 月，长篇童话小说《阿丽思中国游记》开始在《新月》连载，从此成为《新月》杂志的长期撰稿人，也因此被看作"新月派"成员。

8 月，《柏子》在《小说月报》发表。

1929 年　27 岁

1 月，与胡也频、丁玲一起创办《红黑》《人间》杂志，并负责《人间》编辑工作，但因不善经营，两个刊物相继停刊。

8 月，经徐志摩推荐，到中国公学任教，被校长胡适破格聘为讲师。

本年，认识了中国公学外国语文系二年级学生张兆和，并产生好感。

1930 年　28 岁

1 月，小说《萧萧》发表在《小说月报》。

3 月，因教学关系，在《新月》上刊发第一篇作家论《郁达夫、张资平及其影响》一文，从此开始了作家论的写作。

5 月，在《日出》月刊发表《论郭沫若》，对郭沫若的小说提出批评。

在中国公学任教期间，认识了后来成为著名学者的吴晗、何其芳、罗尔纲等人。

9 月，任武汉大学国文系助教。

11 月，父亲沈宗嗣病故。

同年冬天，返回上海。

1931 年　29 岁

2 月 7 日，好友胡也频被国民党杀害。

8 月，任青岛大学国文系讲师。

10 月，开始在《时报》连载《记胡也频》。

11 月 19 日，多年来一直关心、扶持沈从文的徐志摩因飞机失事遇难。

1932 年　30 岁

暑期，创作完成《从文自传》。

本年，《沈从文小说选》法文版由北平政闻报出版社出版，这是第一次以外文结集出版小说。

1933 年　31 岁

5 月，好友丁玲被捕，连续发表《丁玲女士被捕》《丁玲女士失踪》等文，公开抗议国民党的滥捕行为。

7 月，开始在《国闻周报》连载《记丁玲女士》。

8 月，应杨振声之邀到北平参加编辑中小学教科书。

9 月，与张兆和结婚。

9 月 23 日起，与杨振声一起主持《大公报·文艺副刊》。

1934 年　32 岁

1 月，开始在《国闻周报》连载《边城》。

在返乡探母途中，创作了《湘行散记》系列。

2 月，母亲黄素英在凤凰病故。

11 月，长子龙朱出生。

1935 年　33 岁

8 月，《八骏图》发表于《文学杂志》。

12 月，短篇小说集《八骏图》出版。

1936 年　34 岁

5 月，《从文小说习作选》由上海良友图书印刷公司出版。

10月25日，在《大公报》上发表《作家间需要一种运动》，对文学创作中的"差不多"现象提出批评。

同年，《湘行散记》出版。《边城》被译为英文。

1937 年　35 岁

1月，《废邮存底》由上海文化生活出版社出版。

5月，《文学杂志》创刊，担任编委。

5月，次子沈虎雏出生。

8月，离开北平。

1938 年　36 岁

4月30日，到达昆明，继续与杨振声一起编教科书。

7月，开始创作长篇小说《长河》，8月7日起在香港《星岛日报·星座》副刊连载。

本年，日文小说集《边城》由东京改造社出版。

1939 年　37 岁

1月，发表文论《一般与特殊》。

6月，被聘为国立西南联合大学师范学院国文系副教授，主讲大一国文、大二各文体习作等课程。

8月，散文《湘西》由商务印书馆出版。

9月，《记丁玲》续集由上海良友公司出版。

1940 年　38 岁

春，出任《战国策》半月刊编委，负责文艺类稿件。

5月，在《中央日报》发表《文运的重建》，被视为"反对作家从政"。

6月，在《战国策》发表《读〈英雄崇拜〉》，表示不同意"战国策派"主将陈铨的一些观点。

1941 年　39 岁

8月，作品集《烛虚》由上海文化生活出版社出版。

1942年 40岁

11月，《新摘星录》开始在《当代评论》周刊连载。

本年，任西南联大师范学院国文系主办的《国文月刊》编委。

1943年 41岁

4月，短篇小说集《春灯集》由桂林开明书店出版。

6月，文论集《云南看云集》由重庆国民图书出版社出版。

7月，短篇小说集《黑凤集》由桂林开明书店出版。

同月，《看虹录》发表于《新文学》杂志。

1944年 42岁

2月，《绿魇》在《当代文艺》发表。

5月，《黑魇》《白魇》在《时与潮文艺》发表。

本年，因张鼎和之妻吴昭毅携一子一女到达昆明，初步了解了烈士张鼎和的生平事迹。

1945年 43岁

1月，《长河》第1卷由昆明文聚出版社出版。

12月，在《大公报·文艺》发表《〈看虹摘星录〉后记》。

1946年 44岁

5月，西南联合大学宣告结束，被聘为北京大学国文系教授。

7月12日，乘飞机离开昆明到达上海。

8月27日，乘飞机抵达北平，就任北京大学教职。

9月22日，在《经世日报·文艺》发表散文《新烛虚》，表达了对内战的反感。

9月，应邀与杨振声、冯至一起主持天津《大公报·星期文艺》副刊。

10月，开始主持《益世报·文学周刊》。

11月，在《大公报》发表《从现实学习》一文，把"内战"比作"玩火"，是"用武力推销主义"。

12月，主编北平《平明日报·星期艺文》副刊。

年底，全家迁入北京大学中老胡同 32 号的宿舍。

1947 年 45 岁

1 月，郭沫若的杂文《拙劣的犯罪》发表于上海《文汇报》，认为沈从文对创造社的看法是"捏造事实，蒙蔽真相，那明明是一种犯罪，而且是拙劣的犯罪"。

2 月，《芸庐纪事》开始在《益世报·文学周刊》连载。

3 月，在《响应十三教授保障人权宣言》上签名，抗议政府抓捕学生的行为。

6 月，《文学杂志》复刊，参与编辑。

10 月，在《益世报》发表政论文章《一种新的希望》，对"政治上的第三方面的尝试"表示欢迎。这篇论文被认为是鼓吹"中间路线"。

1948 年 46 岁

1 月，为纪念熊希龄逝世 10 周年，发表散文《芷江县的熊公馆》。

3 月，香港出版的《大众文艺丛刊》第一辑发表郭沫若的《斥反动文艺》，文中沈从文被认为"一直是有意识地作为反动派而活动着"的作家。

9 月，在半月刊《论语》发表论文《"中国往何处去"》，认为内战"实无可希望"，只有"往毁灭而已"。

11 月 7 日，出席北京大学方向社"今日文学的方向"座谈会，指出：文学除接受政治的指导之外，是否"还可以修正政治，是否只是单方面地守规矩而已？"

11 月 8 日，主编的《益世报·文学周刊》至 118 期停刊。

12 月，北平围城时期拒绝南迁的建议，全家留在北平。

本年，沈从文将自己多年收集的文物、图书捐赠给北京大学博物馆。

1949 年 47 岁

1 月，北京大学贴出了声讨沈从文的大字报，同时转抄了郭沫若的《斥反动文艺》，这给沈从文带来了极大的精神压力。

1 月 27 日，陷入精神危机。梁思成致信沈从文，请他到已经解放的清华园住一段时间，以体察解放区的生活。

1 月 28 日，前往清华园。

3月28日上午，试图自杀，后被送入医院救治。

4月，发表《读春游图有感》，对展子虔的《游春图》的真伪问题进行了讨论，这是在物质文化史领域的第一篇文章。

5月，张兆和到国子监大街华北大学二部第四组学习。

7月2日，中华全国文学艺术工作者代表大会在北京开幕，沈从文被排除在外。

8月，到历史博物馆陈列组工作。

11月，完成《政治无所不在》，记述了自新中国成立以来的感受。

1950年　48岁

3月2日，入拈花寺华北大学学习，后随学校转入华北人民革命大学。

6月，《我的感想——我的检讨》在《光明日报》发表。这是1949年后正式发表的第一篇文章。

12月，从革命大学毕业。

本年，在革命大学学习期间，开始创作以大学食堂的炊事员为原型的小说《老同志》。

1951年　49岁

10月25日，赴四川参加土地改革，途中创作歌词《土改团来到重庆》。

11月11日，在《光明日报》发表检讨性质的文章《我的学习》。

11月，沈从文的三弟沈荃被判处死刑（1983年获得平反）。

1952年　50岁

1月，在内江参加土改期间，完成《老同志》第七稿（但生前未发表）。

3月，土改工作结束后，返京被抽调参加文物行业"五反运动"联合检查组。

7月，历史博物馆成立文物收购组，沈从文为成员之一。

同年，写《"三反运动"后的思想检查》《交代社会关系》；由中老胡同北京大学宿舍迁入临时租住的交道口大头条胡同。

1953年　51岁

3月，迁入东堂子胡同历史博物馆宿舍。

7月，《明代织金锦问题》在《光明日报》发表，这是新中国成立后发表的第一篇物质文化史论文。

7月，志愿军战士王予来历史博物馆参观，沈从文主动为他讲解，两人从此结下了深厚友谊。

7月，第二次全国文学艺术工作者代表大会召开，沈从文作为美术界代表参加，大会期间，受到毛泽东、周恩来接见。

同年，收到开明书店函：因作品已经过时，开明版所有已印作品及纸型均已代为销毁。

1954年 52岁

10月3日，论文《略谈考证工作必须文献与实物相结合》在《光明日报·文学遗产》发表。

1955年 53岁

上半年，应人民文学出版社邀请为《红楼梦》中的服装器物等作注。

同年冬，参加《中国历史图说》的编写工作。

1956年 54岁

1月，被增选为中国人民政治协商会议特邀委员，参加了中国人民政治协商会议第二届全国委员会第二次会议，在发言中对自己过去的政治态度作了检讨，发言全文刊登在1956年2月9日《人民日报》上。

3月，按规定写《沈从文自传》。

4月，在子冈主编的《旅行家》杂志上，发表《春游颐和园》，这是自1949年后发表的第一篇文艺作品。

5月，应故宫博物院院长吴仲超邀请，兼任故宫博物院织绣研究组顾问。

7月，在《人民日报》上发表散文《天安门前》。

11月，作为政协委员视察长沙、湘西等地，曾返回家乡凤凰探望亲友。

1957年 55岁

2月，被聘为历史博物馆学术委员。

3月，出席政协第二届全国委员会第三次全体会议，并作发言《历史文化和民族文化需要些什么雨露阳光》，后刊载于1957年3月23日《人民日报》。

3月，应中国作家协会要求，草拟个人的《创作计划》。

6月，北京大学新闻系学生持介绍信来采访沈从文，动员沈从文"向党提意见"，沈从文没有参加。

7月，《跑龙套》发表于《人民文学》。

8月，经中国作家协会安排赴青岛休养。

9月上旬，参加萧乾批判会，并在会上发言。

10月，《沈从文小说选集》由人民文学出版社出版，这是自1949年后出版的第一部旧作结集。

10月，在《不准联合国干涉匈牙利内政》的宣言上签字，抗议联合国把"匈牙利问题"列入联合国大会议程。

12月，与王家树合编的《中国丝绸图案》由中国古典艺术出版社出版，这是在物质文化史领域公开出版的第一本著作。

1958年　56岁

6月，去十三陵水库工地访问，创作《管木料场的几个青年》。

9月，任《装饰》杂志编委。

11月，《唐宋铜镜》由中国古典艺术出版社出版。

1959年　57岁

1月，因苏联成功发射"月球1号"探测器而非常激动，写信给大哥表达申请加入中国共产党的意愿。

4月，出席政协第三届全国委员会第一次会议，并在会上作了《关于文物"古为今用"问题》的发言。

11月，将沈荃的女儿沈朝慧接来北京抚养。

同年，因在历史博物馆的研究工作困难重重，产生了重操旧业的想法。

1960年　58岁

3月，第一本物质文化史论文集《龙凤艺术》由作家出版社出版。

4月，接受电影《鲁迅传》创作组的访谈。

6月，为创作有关张鼎和的小说到宣化采访吴昭毅，本年9月、10月又曾多次访谈吴昭毅，为写作此小说积累了 10 万字材料。

7 月，第一次以作家身份出席中国文学艺术工作者代表大会。

同年，拟请 1 年创作假，集中精力从事小说写作。

1961 年　59 岁

1 月，因高血压、心脏病前往北京阜外医院治疗。

6 月，至青岛休养，在这里创作了重要理论文章《抽象的抒情》。

10 月，发表论文《从文物谈谈古人的胡子问题》。

11 月，与阮章竞、戈壁舟、蔡天心等人一起访问南昌、庐山、井冈山等地，在旅途中创作了《资生篇》《井冈山之晨》等讴歌新时代的诗作，进入了创作力最为旺盛的一个时期。

本年，担任文化部组织的高等艺术院校工艺美术类统一教材编写组顾问，为各教材拟定编写提纲、参考资料。

1962 年　60 岁

年初，先后在《星火》《人民文学》《文汇报》《光明日报》等报刊发表《资生篇》《井冈山之晨》等诗作。

7 月，到大连休养。

1963 年　61 岁

6 月，在香山审阅工艺美术类教材书稿。

10 月，在政协安排下到广州、佛山、桂林、长沙等地考察。

本年冬，承担《中国古代服饰资料》的编写工作。

1964 年　62 岁

4 月，《中国古代服饰资料》完成隋唐五代部分图文初稿，交领导审查，郭沫若为之作序。

7 月，将《中国古代服饰资料》书稿交中国财经出版社。

1965 年　63 岁

9 月，致函北京市副市长王昆仑，建议抢救上方山庙里保存的 1.7 万卷《大藏经》。

同年，因政治环境日益严峻，《中国古代服饰资料》一书的出版被搁置。

1966 年　64 岁

6 月，到社会主义学院学习。

7 月，运动中受到冲击（后来成立"沈从文专案组"）。

8 月 25 日，接连 3 次被群众组织抄家，原东堂子胡同三间宿舍被压缩为一间，藏书尽失。

1967 年　65 岁

10 月，国庆期间，被集中到中国历史博物馆里居住。

同年，致信江青，希望允许沈朝慧回到身边。

同年，在运动中受冲击，被停发工资，在写检查、打扫厕所、集中学习中度过。

1968 年　66 岁

8 月，第 8 次被抄家。

10 月 1—2 日，按惯例被集中在中国历史博物馆里住了两天。

1969 年

6 月，获得释放。

9 月 26 日，张兆和离京，下放至湖北咸宁文化部五七干校。

11 月 30 日，作为三户老弱病职工之一，被首批下放湖北咸宁文化部五七干校。

1970 年

1 月，在干校负责看菜园。

2 月，转移至双溪，先在区革委楼上打地铺，后迁至一所学校中，居住条件极其恶劣。

7 月，致函博物馆革委会领导，请求回北京，未获准许。

8 月，张兆和请假到双溪照料病重的沈从文。

9 月，作《丹江纪事》《思入蜀》等诗作。

11月，因病入咸宁县医院治疗。

1971年　69岁

1月，致函干校领导，请求回京治病，未获准。

3月，因所住学校要复课，迁移至双溪村一农户家。

8月，迁移至丹江。

同年，开始凭借记忆进行专题研究。

1972年　70岁

2月，获准请假回京，住在仅余的一间房中。

8月，张兆和退休后返京，为解决住房困难，中国作家协会在小羊宜宾胡同分配给她两间宿舍，从此沈从文开始了两地奔波的生活。

同年，在身体极度不适、住房紧张的情况下，坚持修订《中国古代服饰资料》一书。

1973年　71岁

5月，把修改后的《中国古代服饰资料》上交博物馆领导。

11月，关系正式从五七干校转回博物馆。

1975年　73岁

1月，王亚蓉开始帮助沈从文绘图。

9月，会见斯坦福大学钟开莱教授。

1976年　74岁

8月，受唐山地震影响，到苏州暂住。

1977年　75岁

8月，因住房问题致信邓颖超。

11月，致信统战部部长乌兰夫，请求解决住房问题。

1978年　76岁

2月，出席政协五届全国委员会第一次会议。

3月，调入中国社会科学院历史研究所工作。

4月，晋升为研究员。

10月，中国社会科学院在友谊宾馆包房作临时工作室，王予、王亚蓉等协助工作。

1979年　77岁

11月，出席第四次全国文学艺术工作者代表大会。

同年，《中国古代服饰研究》完稿。

1980年　78岁

5月，迁入前门东大街中国社会科学院宿舍。

6月，沈从文研究专家金介甫来华访问，其间多次访谈沈从文。

10月起，应耶鲁大学高辛勇、余英时、倪密、傅汉思等人邀请，与张兆和一起赴美讲学100天，先后在耶鲁大学、哥伦比亚大学、哈佛大学、普林斯顿大学等校讲演23次。

1981年　79岁

9月，《中国古代服饰研究》由香港商务印书馆出版。

1982年　80岁

5月，在黄永玉、黄苗子等陪同下回到湘西故乡。

6月，在中国文联第四届第二次会议上被增补为中国文联委员。

9月，作为访日代表团成员访问日本。

12月，为改善母校的办学条件，捐赠10000元给文昌阁小学。

同年，《沈从文文集》开始由香港三联书店、花城出版社联合出版。

1983年　81岁

1月，朱光潜的《关于沈从文同志的文学成就历史将会重新评价》发表于《湘江文学》。

4 月，突患脑血栓，左半身瘫痪，住进首都医院。

5 月，《〈徐志摩全集〉序》在《读书》发表。

6 月，当选中国人民政治协商会议第六届全国委员会常务委员，但因病缺席会议。

10 月，在王㐨协助下，完成《中国古代服饰研究》增订本的《再版后记》。

1984 年　82 岁

6 月，多次接受凌宇访谈。

10 月，由凌子风执导的《边城》摄制完成。

1985 年　83 岁

6 月，中央组织部发文，按部长级待遇解决沈从文的工资、住房及其他方面问题。

1986 年　84 岁

夏天，迁入崇文门大街 22 号新居。

1988 年　86 岁

3 月，在第七届政协会议上，再度当选全国委员会常务委员。

4 月，力劝凌宇不要召集沈从文国际学术讨论会。

5 月 10 日晚 8 时 30 分，在家中逝世，终年 86 岁。

1992 年

5 月 10 日，沈从文的骨灰一半安放于家乡，一半撒入沱江。

2002 年

9 月 18 日，"中国湘西从文文化节"隆重开幕。

12 月，《沈从文全集》（全 32 卷）由北岳文艺出版社出版。

同年，中国现代文学馆举办"沈从文生平与创作展"；"沈从文百年诞辰国际学术论坛"在湖南凤凰举行；沈从文工作过的中国历史博物馆为沈从文设置了网络主页，并举办了纪念沈从文百年诞辰座谈会。

后记

　　这是作者在极其困难的情况下写作的一本书。本书中的沈从文可能与人们想象中的作家有一定的距离，但这并不是笔者刻意追求新奇的结果，完全是作者所接触的材料使然。笔者的目的只是向读者展示一个更为真实的沈从文，当书稿即将出版的时候，我愿意接受来自各方面的史料的验证。我相信，随着史料的逐步公开，沈从文研究必将进一步地走向深入。

　　本书的完成有赖于文东兄的敦促，他的信任和宽容既给了我写下去的动力，又使我感受到很大压力。自接下这个工作的那一天起，从搜集史料，到编制作家生平年表，每一刻都在紧张中度过。这对闲散惯了的我来说，是向来没有过的事情。因此，在书稿出版之际，谨向文东兄表示衷心的感谢。

　　需要说明的是，尽管写作期间在搜集史料方面已经尽了最大努力，但出于种种原因，许多封存于国家博物馆、中国作家协会、中国社会科学院档案馆中的档案材料未能使用，这种缺憾只能待来日弥补了。

李扬

在喧嚣的世界里，

坚持以匠人心态认认真真打磨每一本书，

坚持为读者提供

有用、有趣、有品位、有价值的阅读。

愿我们在阅读中相知相遇，在阅读中成长蜕变！

好读，只为优质阅读。

沈从文的最后 40 年

策划出品：好读文化　　　　　监　　制：姚常伟

责任编辑：卓挺亚　　　　　　装帧设计：仙　境

产品经理：罗　元　　　　　　内文制作：三　喜

特邀编辑：张　翠　　王颖越

图书在版编目（CIP）数据

沈从文的最后40年 / 李扬著. — 杭州：浙江人民
出版社, 2023.10
ISBN 978-7-213-11079-5

Ⅰ.①沈… Ⅱ.①李… Ⅲ.①沈从文（1902-1988）
—生平事迹 Ⅳ.①K825.6

中国国家版本馆 CIP 数据核字（2023）第 091473 号

沈从文的最后 40 年

SHEN CONGWEN DE ZUIHOU 40 NIAN

李扬　著

出版发行	浙江人民出版社（杭州市体育场路 347 号　邮编　310006）	
责任编辑	卓挺亚	
责任校对	汪景芬	
封面设计	仙　境	
封面插图	姑苏阿焦	
电脑制版	三　喜	
印　　刷	文畅阁印刷有限公司	
开　　本	880 毫米 × 1230 毫米　1/32	
印　　张	11.25	
字　　数	200 千字	
版　　次	2023 年 10 月第 1 版	
印　　次	2023 年 10 月第 1 次印刷	
书　　号	ISBN 978-7-213-11079-5	
定　　价	59.80 元	

如发现图书质量问题，可联系调换。质量投诉电话：010－82069336

不折不从，星斗其文，

亦慈亦让，赤子其人。